E

The ANNALS of TIGERNACH

VOLUME ONE

CONTENTS

VOLUME 1:

THE FRAGMENT IN RAWLINSON B. 502 from *Revue Celtique* 16, 1895, pp. 374-479   4-49

SECOND FRAGMENT (RAWLINSON B) A.D. 143-361 from *Revue Celtique*, 17, 1896, pp. 6-33   50-77

THIRD FRAGMENT from *Revue Celtique* 17, 1896, A.D. 489-766, pp. 119-263   79-223

NOTE:
This book has been repaginated on the bottom of each page. The numbers at the top of each page are from the original articles in *Revue Celtique*.

Also published by Llanerch:

THE ANNALS OF CLONMACNOISE being Annals of Ireland from the earliest period to A.D. 1408 translated into English by Conell Mageoghagan and edited by Denis Murphy, first published at Dublin in 1896. Facsimile reprint 1993.

For a complete list of our small-press editions and facsimile reprints write to:
LLANERCH PUBLISHERS, FELINFACH, LAMPETER, DYFED SA48 8PJ.

The ANNALS of TIGERNACH

VOL. 1

Reprinted from *Revue Celtique* 1895/96
by LLANERCH PUBLISHERS, Felinfach, 1993.
ISBN 0947992 98 7

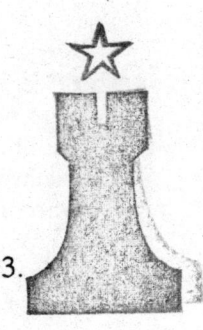

THE ANNALS OF TIGERNACH

I. — THE FRAGMENT IN RAWLINSON B. 502.

Tigernach hua Braein was a learned abbot of Clonmacnois, who died in the year 1088. Of the Annals ascribed to him there are now extant only the following fragments:
1. From the time of the prophets Oseas, Amos, Isaias, Jonas and Michæas to the time of Antoninus Pius.
2. From B.C. 322 (or thereabouts) to A.D. 360.
3. From A.D. 489 to A.D. 766.
4. From A.D. 975 to A.D. 1088.

The first of these fragments, now for the first time printed, is preserved in Rawlinson B. 502, a twelfth-century vellum in the Bodleian, ff. 1^a-12^b.

The second, third and fourth fragments are in Rawl. B. 488, ff. 1^a-19^b, a vellum of the 14th century, also in the Bodleian. These fragments have been edited by dr. O'Conor, with gross inaccuracy, in his *Rerum Hibernicarum Scriptores,* Buckingham, 1825, vol. II, pp. 1-314. The fourth fragment is followed by an anonymous continuation (ff. 20-26) in Irish, from A.D. 1088 to A.D. 1178, which has not hitherto been printed.

A fifth fragment of Annals, which dr. Todd supposed to be part of Tigernach's work, is found at the beginning of a MS. in the library of Trinity College, Dublin, marked H. 1. 8. This fragment consists of four leaves of vellum written, I think, in the 14th century, and covers the time from A.D. 34 (or thereabouts) to A. D. 378. It has not been printed.

The Annals of Tigernach. First Fragment.

The sources of the Irish portions of the fragment now published are not now discoverable. But the non-Irish portions are, for the most part, compiled from the following works:

1. S. Hieronymi Interpretatio Chronicae Eusebii Pamphili (Migne's *Patrologia latina*, t. XXVII).
2. Pauli Orosii... Historiarum libri septem (I have employed Havercamp's edition, Leiden, 1738).
3. Chronicon siue de sex huius seculi aetatibus, printed in *Bedae Opera*, ed. Giles, London, 1843, vol. VI, pp. 270-332.

Besides these, Tigernach used the Vulgate, Isidorus Hispalensis' *Etymologiarum Libri XX*, a Latin translation of Josephus' *Antiquities of the Jews*, and, possibly, also the lost *Chronicon* of Julius Africanus.

There is a facsimile of two pages (ff. 6ᵇ, 7ᵃ) of the following fragment in Gilbert's *National MSS. of Ireland*, Part I, plates xliii, xliv. And six of the Irish glosses have been edited in this *Revue*, t. VII, p. 374.

RAWL. B. 502, Fo. 1ᵃ 1.

---

esse ferunt, quem multo ante tempore regnasse praescripsimus. Osse, Amos, Essaias, Ionas *et* Michias *in* Iudea profetant, ut alii aiunt.

KK. Faccea filius Manachem rexit ISrael annis .u.
Romulus et Remus generantur Marte et Ilia.
KK. Al[c]meon rexit Athenenses annis .u.
Faccea filius Romeliæ rexit Israel annis .xx.
KK. Carpus¹ regnauit Athenenses annis .x.
KKK. Turimas rexit Macidoniam annis xxx ix.
KKKKKK. IOtham moritur.
K. Achaz filius Iotham rexit IUdam annis .xui. Ab hoc conductus Teglad Fallazar rex Assiriorum Rassin regem Siriæ inter-

1. leg. Charops

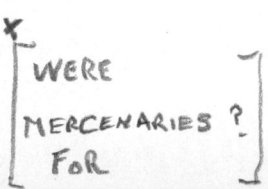

376   *Whitley Stokes.*

fecit et habitatores Damasci transtulit Cirinen. Aesimides [1] rexit Athenenses annis .x.

KKK. Achaz horologium [2] inuenit. Eliates [3] rexit Lidios annis .xiiii.

K. Romulus *regnauit* annis xxxix.

KKK. Osse filius Hela rexit Israel annis .ix., qui fuit nouissimus decim tribuum rex.

KKK. Roma condita *est* in monte Palatino .xi. kal. Maias a geminis Remo et Romulo filiis Reæ Siluiæ, q*uae* erat filia Numitoris filii Prochæ, *cuius* filius fuit Amulius rex. quae Rea uirgo uestalis fuit, sed *con*stuprata, ideo in terram uiua defossa *est* ab Amulio patris sui fratre, qui eius filios in Tib[e]rim fluuium expossuit. quos in ripa fluminis inueniens Acca Laurentia primi armentarii *et* regii Faustuli uxor, q*uae* Lupa dicebatur, rapuit inde aluitq*ue*, et ideo Romulus a lupa nutritus dicitur. Siue Faustulus ipse eos in ripam expositos ab unda, ut magis putandum *est*, inuenit *et* detulit ad Accam uxorem suam, quae postea eos aluit, qui cum adoleuissent, collecta pastorum manu, Amulium regem fratrem aui sui Numitoris [4] in uindictam matris suæ *et* mersionis suæ in flumine interfecerunt, [fo. 1ᵃ 2] auumqu*e* suum Numitorem in regnum constituunt, sed non diu in regno remansit. Nam Romulus ad consecrationem regni sui interfecit eum.

Tertio anno priore Teglad Fallazar rex Assiriorum sub Facceafilio Romeliæ rege Israel transtulit primo Ruben et Gad *et* demedium tribus Mannasse in Assirios *et* dispersit eos in terra ex(ilii).

K. Calidicus [5] rexit Athenenses annis .x.

K. Remus occissus *est* rutro (.i. o sunn) pastorali a Fabio duce Romuli ob uallum (.i. murum) saltu [6] transilitum anno ab Urbe condita tertio. Romulus fratris sui (.i. Remi) sangine

  1. MS. Aesimides
  2. MS. horalogium
  3. leg. Alyattes
  4. MS. numutoris
  5. leg. Cleidicus.
  6. in marg. ob assili impunitatem [magna Romulo multitudo coniungitur, Euseb. Hieron., p. 366].

muros, regnum aui (.i. Numitoris), templum soceri (.i. Titi Tatii[1] regis Sabinorum) dicauit. In Consualibus[2] ludis Sabinæ a Románis raptæ et uiolatæ sunt.

M... oidus rexit Medos annis .xl.

K. Romulus milites ex populo elegit ac centum a populo nobilissimos[3] uiros elegit, qui ob ætatem senatores, ob curam uero ac sollicitudinem rei publicæ patres uocati sunt.

KK. Amoyses rexit Ægiptios annis .xlii.

K. Achaz mort[u]us est in hoc tempore, ut Eusebius ait. Regnum defecit .x. tribuum qui erant in parte Samariæ et uictæ a Sencharim qui et Salmanasar rege Caldeorum et translatæ sunt in montes Medorum. Beda uero refert in sextó anno Ezechiæ Samariam deletam esse. Ezecias filius Achaz rexit Iudam annis .xxix. Meles rexit Lidios annis .xii.

KKKKK.

Nunc incipit captiuitas .x. tribuum.

Sexto Ezechiæ anno Salminasar rex Assiriorum capta Samaria transtulit Israel in Assirios, ad Ninuen scilicet ciuitatem[4], [fo. 1[b] 1] cuius regnum a primo Hierobuam ante steterat annis .ccclx[5].

Secundo anno priore Hipomenes[6] rexit Athenenses annis .x.

Regnatum est in Samaria annis .ccl. Samaritanorum gens sumsit exordium ab Assiriis, qui transmigrati habitauerunt in Samaria, qui interpretantur custodes, eo quod captiuata plebe Israel in terram ad custodiam collocati sunt.

Hoc tempore Essaias et Osse profetabant.

KKKKKKK. Candaules rexit Lidios annis .xuii.

Quarto decimo anno Ezechiæ ascendit Sinchirib filius Salminasar regis Assiriorum in terram Iudæ, et indixit Ezechiæ xxx tallenta auri et xxx tallenta argenti. Tallentum habet tria milia siclorum, siclus autem xxx (uel xx, ut alii) obelos. Obelus autem est demedium scriptuli.

1. MS. (here obscure) seems titustatus
2. MS. consodalibus, the d being inserted to prevent hiatus.
3. MS. nouilissimos
4. Here the words « Tunc Tobias captus est » are inserted.
5. « cclx » in Beda, VI, 286, from whom this sentence is taken.
6. MS. hipomenses : leg. Hippomenes

K. Leocrates rexit Athenenses annis .x.

Hos annos .xu. qui sequntur addidit Dominus Ezechiæ egrotanti mortemque tunc certissimam per Essaiam sibi profetam praestulanti ac petenti et peccata sua deflenti. Sole reuerso ab occassu pene ad ortum et umbra per x linias in horologio Achaz in signum sibi uitæ deferendæ reuertente: quo tempore quoque occidit Deus per angelum .clxxxu. milia Assiriorum propter deprecationem Ezechiæ querentis (.i. no ereged) superbiam Sinchirib et Rapsacis ducis eius uerba.

KK. Perdica rexit Macidonios annis .li.

Cobtach Cóel Breg mac Ugaine Móir do loscud co trichait rig imme i nDind rig Maige Ailbe hi[m]Brudin [fo. 1ᵇ 2] Tuamma Tenbath sainrud, la Labraid Loingsech Móen mac Ailella Áne maic Loeguire Luirc maic Ugaine Móir, i ndigail a athar 7 a senathar romarb Cobthach Cóel. Cocad ó sein etir Laigniu 7 Leth Cuind.

[« Cobthach the Slender, of Bregia, son of Úgaine the Great was burnt, with thirty kings around him, at Dind Rig of Magh Ailbe, in the Hostel of Tuaimm Tenbath precisely, by Labraid the Dumb Exile, son of Ailill Áne, son of Lóeguire Lorc, son of Úgaine the Great, in revenge for his father and his grandfather whom Cobthach the Slender had killed. Warfare thence between Leinster and Conn's Half[1] ».]

KKKKKKKK. Absander[2] rexit Athenenses annis .x.

KKKK. Hoc anno Ezechias mort[u]us est.

Romulus qui rexit Romam xxxix annis, cum apud paludem Capream deambulasset nusquam comparuit. Post hunc senatores uno anno rem puplicam rexerunt.

[in marg. iiimcccuiii.] K. Mannasses filius Ezechiæ rexit Iudam annis .lu., apud quem Essaias profeta serra in caput adacta per longum in duas partes diuissus est. Hic ob scelera sua catenatus et compeditus in Babiloniam ductus est, sed ob penitentiam et preces restituitur in regnum.

Gisses rexit Lidios annis .xxxui.

---

1. the northern half of Ireland.
2. leg. Apsander

The Annals of Tigernach. First Fragment.

Romanor*um* secund*us* Numa Pompili*us*[1] *regnauit* ann*is* .xli. q*ui* Capitolium a fundam*en*tis ædificauit, q*ui*q*ue* uestales uirguines pr*imus* instituit, duosq*ue* m*en*ses, Ia*n*uariu*m* *et* Februariu*m*, .x. m*en*sib*us* anni adiecit. T*un*c quoq*ue* Sibella Samia claruit.

KKKKK. Erixias[2] *rexit* an*nis* .x. Athen*e*ns*es*.

KKKKK. Dinastia Ægiptior*um* int*er*mittit*ur* an*nis* .c.xii. Rurs*um* Ægiptior*um* dinastia renascit*ur* *et* *regnauit* Amartius Saitis an*nis* .ui.

Sexto anno priore c[o]epit regnare Medos Cardeceas, q*u*i *regnauit* an*nis* .xiii.

KKKK. Athenis annui principes .ix. *con*stituti s*un*t cessantib*us* regib*us*. T*un*c finis Athenensis regni fuit.

KKK. Nefrites *rexit* Ægiptios an*nis* .ui. [fo. 2²1 in marg.: Or*osius* hoc ait]. K. Multis praeliis undiq*ue* scatescentib*us* regnum ad Scithias exiit, ac deinde ad Medos *per* Dioc*um* reductum, *et* post ad Caldeos ac subinde ad P*er*sas uagatum *est*. Quint*us* Medor*um* rex Dioces, qui *regnauit* an*nis* .liiii.

KKKKK. Anchoris *rexit* Ægiptios an*nis* .xii. Dinastia *uiges*ima nona Nindissior*um*.

KKKKKKKKKKK. Mutes *rexit* Egiptios anno uno. Ardes *rexit* an*nis* xxxuii. Lidios.

K. Neferioces *rexit* Ægiptios .iii. m*en*sib*us*. Nectinebis *rexit* Ægiptios an*nis* .xuiii.

KKKKK. Quinto anno priore cepit regnare (*sic*) Macidonios Acneus. an*nis* .xxxix. regnans.

Secundo an*no* priore regnare c[o]epit Latinorum *ter*ti*us*, Tull*us*[3] Hostili*us*, q*ui* *regnauit* an*nis* .xxu, q*ui* prim*us* regum[4] Romanor*um* purpora *et* fascib*us* ussus *est*, *et* adiecto monte Celio Urbem ampli[fi]cauit.

KKKKK. Bizantium .i. C*on*stantinopolis[5], a Pausania *con*dita *est*.

KKKKKKK. Mannasse mort[u]*us* *est*.

1. MS. *pampilius*
2. MS. Frigas: leg. Eryxias
3. MS. tullius
4. MS. regnu*m*
5. MS. *con*stantinapolis

K. Teo rexit Ægiptios annis .ii.

Ammon filius Mannasse rexit Iudam annis duobus iuxta Ebreos. secundum uero .lxx. Interpretes annis .xii.

Histrus (.i. ciuitas) in Ponto condita est.

K. Ammon a seruis suis interficitur.

K. Iosias filius Ammon rexit Iudam annis .xxxi. Hic mundata Iudea et Hierusalem templo etiam innouato post abiectas sordes idolatriæ pascha celiberrimum Domino fecit .xuiiiº anno regni sui. Et cum Nechaone Ægiptiorum rege congressus [fo. 2ª 2] in campo Macedo, qui[1] nunc Maximinopolis uocatur, occisus est.

K. Hoc tempore Tales Melesius primus fissicus clarus habetur.

Profetantibus in Iudea Heremia Sofonia et Olda uxore [2] Sellum.

Nectanibus rexit Ægiptios annis .xuiii. Huc usque mansit hoc regnum.

KKKKKKKKKKKKKK. Caditates rexit Lidios annis .xu.

Romanorum quartus Ancus Marcius Numæ ex filia nepos regnauit annis .xxxiii., qui Auentinum montem et Ianiculum Urbi addedit et supra mare .xui. (.i. sexto decimo) ab Urbe miliario Ostiam (.i. insolam uel ciuitatem) condedit.

K. Hóc tempore Elchias sacerdos claruit. Hóc anno ut praescripsimus Iosias mundata Iudea, et reliqua. Hic Iosias .iiii. filios habuit, id est Ionan, Iochim, Sellum, Sedechiam.

Secundo anno priore c[o]epit regnare Medos Fraortes annis quatuor .xx. regnans:

KKK. Pilippus rexit Macidonios annis .xxxuiii.

KKKKKKKKK. Hóc anno Iosias occisus est in campo Macedo a Nechaone rege Ægipti, ut praescripsimus.

K. Iochim filius Iossiæ rexit Iudam annis .xi. post uero Iosiam statim regnauit filius eius Iochaz, qui est Sellum nominatus, tribus mensibus, quem Nechao uinctum ducens in Ægiptum Eliachim filium Iossiæ fratrem eius constituit regem, et uocauit nomen eius Iochim.

1. MS. quae
2. Here there is an erasure.

KK. Nunc incipit captiuitas duarum tribuum.
Anno tertio Iochim Nabcodonosór [fo. 2^b 1] rex Babilonis capta Hierusalem et plurimis captiuatis, in quibus erant Daniel, Annanias, Azarias, Misæl, partem uassorum templi Domini Babiloniam transtulit..

INcipit regnum Caldeorum.

K. A quarto anno Iochim Scriptura regnum Nabcodonosor computat, qui[1] e[r]go non solum Caldeis et Iudeis, sed et Assiriis et Ægiptiis et Moabditis aliisque innumeris gentibus incipit regnare.
Quarto anno priore c[o]epit regnare (sic) Lidios Aliates annis .xlix. Alii ferunt Iochim hunc a Nabcodonosor esse captum et in Babiloniam ductum.
KKKKKKKK. Mortuo Iochim filius eius qui et Iechonias regnauit tribus mensibus ac diebus .x. Hic circumdata a Caldeis Hierusolima exiit ad regem Babilonis cum matre sua, et ductus est in Babilonem cum populo suo anno octauo regni Nabcodonosor.
Romanorum quartus regnauit Tarquinnius Priscus annis xxuii, qui circum[2] Romæ ædificauit, numerum senatorum auxit, Romanos ludos instituit, muros et cloacas[3] ædificauit, capitolium extruxit: qui ab Anci Marci filiis occissus est. Hunc Tarquinnium in tempore Iossiæ regnare Beda in Cronica refert.
Quarto anno priore regnare Medos Ciraxires annis .xxxii. regnans in tempore Nabcodonosor.
K. Sedecias qui et Mathián rexit Iudam annis .xi. Huius anno [fo. 2^b 2] undecimo regis autem Babilonis .xix. (.i. nono decimo) Iudea captiua in Babilonem ducta est, totaque Hierusalem distructa est, et templum incensum est a Nabuzardan duce Nabcodonosor anno ex quo fundari cepit ccccxxxiiii.
Hic est Sedechias quem Nabcodonosor duobus oculis dempsit,

1. MS. quam
2. MS. circium
3. .i. inna fannacon

et in conspectu p*a*tris f*i*li*os* suos occidit *et* ipsum cec*um* postea
i*n* Babiloniam duxit. Q*ui* autem reliqui fueran*t* Iudei transfu-
gerun*t* in Ægiptum q*u*a po*st* annos quinq*ue* a Caldeis perc*us*sa
i*n* Babiloniam su*n*t *et* ipsi transmigrati.

K. Tres pueri Sedrac, Misac, Abdinago i*n* caminum ignis
a Nabcodonosor missi s*un*t, et inde eos incolumes D*eu*s eripuit.

K. Daniel in lacc*um* leon*um* mittit*ur*, *sed* uerius a Dario
rege Medor*um*, post euersa*m* Babiloniam, i*n* t*er*ra Medor*um*
Daniel miss*us est* in lacc*um* leon*um*.

KKKKKKKK. Hebreor*um* captiuitas in Babilonia annis
.lxx. INt*er* captiuitate*m* aut*em* Samariæ q*uae* fuit in Niniue *et*
captiuitate*m* Hierusale*m* q*uae* fuit i*n* Babilonia anni s*un*t cxliiii.

Hoc tempore Sapho mulier in d*i*uerso poemate claruit, et
Solon leges Athenensib*us* dedit.

Finit qu*a*rta ætas. INcipit qu*i*nta, qu*ae conti*net annos
.dlxxxix. ut poeta ait..,

O dóerad in phopuil co gein Fíadat fedil
cóic cét is nóe mbliadna och*t*moga co demi*n*,
O Ádam co ngénair óenmac Maire mini
it dá blia*da*in cóicat nóe cét is trí míli....,..,

[From the Captivity of the People till the Birth of enduring
God (are) five hundred and eighty-nine years assuredly. From
Adam till gentle Mary's one Son was born there are fifty-two
years, nine hundreds, and three thousands.]

[fo. 3ª 1] Quinta mundi ætas ab ext*er*min[i]o c[o]epit regni
Iudaici, q*uod* iuxta Heremiæ profetiam ..lxx. an*n*is p*er*mansit.
Hoc tempore ignis ab altario sublat*us et* in puteo absconditu*s*
po*st* .lxx. annos uiuus i*n* aq*u*a inuent*us est*.

KKKKK. Europ*us* rex*it* Macidonios an*n*is .xxui.

KKKKKKKKK. Anno xiiii. po*st*q*uam* percussa *est* ciuitas,
qui *est* uigissim*us* q*u*i*n*t*us* transmigrationis regis Iochin, Eze-
chel uidit i*n* uissionib*us* renouationem ciui*tatis* ac templi cere-
moniar*um*q*ue* eius.

KKKKKKKKKK. Nabcodonosor moritu*r* uigissimo q*ui*nto
anno po*st* eu*er*sionem Hierusale*m*.

K. Romanor*um* sext*us* Seru*i*us Tuilli*us* r*e*gnauit an*n*is
xxxiiii, qui .iii. montes Urbi addidit, Quirinale*m*, Esquilinu*m*,

12

Uiminalem. Fossas circum muros duxit. Census Romanorum primus ciuium instituit. Qui a Tarquinnio Superbo genero suo occissus est.

Nono anno priore c[o]epit regnare (sic) Medos Astiages qui et Asuerus. qui regnauit annis .xxxuiiii.

Croessus rexit Lidios annis xu. Croessus postea a Ciro captus est, et Lidorum regnum distructum est, quod stetit annis .cc.xxx.

[in marg. iiimccclxxx.ix.] Euilmoradach filius Nabcodonosor annis regnauit xuiii. Anno xxui. post euersionem Hierusolimorum subleuauit Euilmoradach rex Babilonis, anno quo regnare c[o]epit, qui est annus trigesimus septimus transmigrationis Iochin [fo. 3ᵃ 2] regis, caput regis Iochin de carcere, et possuit tronum eius super tronum regum qui fuerunt cum eo in Babilone.

Ni ar dóeri trá adrimi Matha hoc tempus acht ar méit inna hairmiten roboi do Iochin inti.

[So not as captivity does Matthew reckon hoc tempus, but for the greatness of the honour which was paid to Iochin therein].

IOseppus hoc ait (Beda ait, si Ioseppus scripserit et non liber mendosus fallit) id est centum fere annos ab euersa Hierusalem usque ad euersionem regni Káldeorum. Nabcodonosor enim, teste sacra Scriptura. xxu. post euersam Hierusalem uixit annos. Euilmoradach filius eius regnauit annis .xuiii. Negasar[1] filius eius annis .xl. cui successit filius eius Labosordach mensibus .ix. Hóc defuncto ad Ballazar, qui Nabóan nuncupatur, imperium transisse dicit, qui cum .x. et .uii. annis regnaret, captam a Ciro Persarum et Dario Medorum rege Babiloniam exequitur[2].

Eusebius ait annos .xxx. a[b e]uersione Hierusalem usque ad initium Cirii regis Persarum[3]. Iulius autem Africanus .lxx. annos computat. Hieronymus autem in tractatu Danielis ait: Tradunt Ebrei huiuscemodi fabulam usque ad septuagissimum annum, quo Heremias captiuitatem populi Iudeorum dixerat soluendam esse. De quo Zacharias in principio uoluminis sui

---

1. sic MS. as a correction of Egessar. The Neriglissar of Josephus is meant.
2. sic Beda, VI, MS. dicit
3. Here MS. inserts Hieronymus ait.

loquitur: Irritam putans Dei pollicitationem Baldazar, falsumque promissum, usque in gaudium fecit grande conuiuium, insultans quodammodo spei [fo. 3ᵇ 1] Iudeorum, et uassis templi Dei. Sed statim ultio diuina consecuta est. Tunc apparuit Baldazar pugnus sine manu scribens in pariete tria uerba, id est Mane Techél Fares, quam scripturam interpretatus est ei Daniel profeta significantem imperium Caldeorum in Medos et Persas esse tran[s]ferendum, dicens, Mane, id est numerus, numerauit enim Deus regnum tuum et compleuit illud. Techél, id est appensio: appendit enim Deus regnum tuum in statera et inuentum minus habens. Fares, id est diuissio: diuissit enim Deus regnum de manu tua et dedit Medis et Persis.

Eusebius ait: Mortuo Nabcodonozor rege Babiloniorum suscepit imperium eius Maradochius imperator, cui successit frater eius Baldazar.

Heremias profeta ait: Ecce ego mittam et assumam uniuersam cognationem aquilonis, ait Dominus, et Nabcodonosor, seruum meum, et adducam eos super terram Israel, et seruient Israhelitæ regi Babilonis annis .lxx. [1] Cumque impleti fuerint .lxx. anni, uisitabo super terram Caldeorum iniquitatem eius, et ponam illam in solitudines sempiternas [2] et his qui cum Iachonia ducti sunt in Babilonem.

Ait ailibi: Cum c[o]eperint in Babilone impleri .lxx. anni, reducam uos ad locum uestrum, ait Dominus [3].

INcipit nunc regnum Persarum [4].

[fo. 3ᵇ 2. In marg. iiiimcccxxiii.] K. Persarum primus Cirus regnauit annis .xxx., qui, deuicto auo suo materno Astiage Medorum rege, Medis et Persis ipse regnauit.

Hic primo anno regni sui Babiloniam expugnauit, regemque

1. Jer. XXV, 9, 11.
2. Jer. XXV, 12.
3. Jer XXIX, 10.
4. marg. sup. Adde .iiii annos super xx.ui. praescriptos ut fiat numerus .xxx. annorum a uersione Hierusalem secundum Eusebium, et sic hic numerus congruit.

eius Baldazar occidit. q*uod* incredibile pene ap*ud* mortales erat
[in marg. Orosi*us* dic*it*], nanq*ue* Baboniam a Nebróth gigante
fundatam,-a Nino *autem uel* a Samiramide uxore *eius* reparatam
esse ferunt. Muror*um eius* firmitas et magnitudo uix credibilis
relatu *est*. Mur*us* coctili latere atq*ue* inter*fusso* bitumine compactus erat. latitudine cubitor*um* .l. *et* altitudine qu*ater* tanta,
et ambitu .cccclxxx. stadiorum circumuenitur. Ipsa *autem* quadrata erat, et *in* consummatione pinnarum media intercapedine uigenas quadrigas capit. A fronte muror*um*, c*entum*
portæ aereæ [1]. Domus intrins*ecus* geminæ qu*ater* habitationes
erant.

Ipsa tam*en* a Ciro *et* Dario sine minima pene mora uicta ac
subuersa *est*. Nanque Eúfraten longe ualidissimum et mediam
Baboneam *inter*fluentem in .cccc.lxxx. fossas diriuauit; p*er*
cui*us* alueos [2] Ciri exercit*us* ciuitatem clam nocte subintrauit,
eamq*ue* totam uastauit, q*uod uel* humano opere extrúi *uel* humana uirtute distrui utrumq*ue* pene ap*ud* mortales [fo. 4ª 1]
incredibile fuit. Quicquid *autem est* opere constructum *et* arte
ædificatum labi *et con*sumi uetustate Babilon capta *con*firmat.

Hic Cirus primo anno regni sui laxata Hebreor*um* captiuitate .l. fere milia hominum regredi fecit in Iudeam, restituens
éis omnia uassa templi Domini aurea *et* argentea quinq*ue* milia quartcenta (*sic*) quae Nabcodon[o]sor de Hierusalem *in* Babiloniam transtulit. Qu*i* Iudei *con*gregati in Hierusalem m*ense*
.uii. ædificauer*unt* altare, *et* a primo die m*ensis eius*dem c[o]eperunt offerre holochaustum Domino.

K. Anno *autem secundo* aduent*ús* sui m*ense secun*do templi
fundam*enta* iecer*unt* anno incensionis *eius* iuxta Affr*ic*anum,
lxx.ii.; iuxta uero Cronicam Eusebi, xxxii. S*ed* impedient*ibus*
Samaritis *inter*missum *est* opus usq*ue* ad annum Dari *secun*dum,
qui etia*m in* regno Assueri et Artarxer[x]is scripser*unt* accussationem aduer*sum* Iudeos, *et* rescripsit Artarxerxes ne aedificaret*ur* Hierusalem.

KKK. Alcetas rex*it* Macidonios an*n*is .xxix.

---

1. MS. adds capit.
2. MS. albeos

KKKKKKKKK. Lidorum regnum defecit, quod stetit annis .ccxxx.

KKKKKKKKKKKKKKKKKK. Cirus a Tamire regina Scithiæ occissus est.

[in marg. iiimccccxxxi] K. Cambases filius Ciri regnauit annis .uiii., qui secundus Nabcodonosor dicitur. Hic deuicta Ægipto cunctam eius relegionem abhominatus quaerimonias[1] eius et templa deposuit. [fo. 4ᵃ 2] Babilonem in Ægipto[2] ædificauit. Hunc aiunt ab Hebreis secundum Nabcodonosor uocari, sub quo Iudith historia conscribitur, quae caput Olfernis amputauit, et secum furtim abstulit. Unde ab exercitu eius dictum est: Deest caput Olfernis.

KK. Amintas rexit Macidonios annis .l.

K. Romanorum septimus Tarquinnius Superbus, Tarquinni Prisci filius, regnauit annis .xxx.ii., qui causa Tarquinni Iun[i]oris filii sui, qui Lucretiam corruperat[3], quique alio nomine Aruns uocabatur, regno expulsus est.

KKKK. Cambisses filius Ciri a magis suis occissus est.

K. Fratres magi regnauerunt mensibus .uii.

Hiessus sacerdos magnus, filius Iosedech et princeps gentis Iudeæ Zorobobél filius Salathel filii Iochin filii Iosiæ et Aggeus et Zacharias et Malachias profetæ claruerunt.

Pithagoras fissicus clarus filosophus habetur, qui primus filosophos et filosophiam nomina nominauit, respuens se sapientem uocari.

K. Darius Persicus, filius Istai[s]pis, regnauit annis .xxui. Inter Darium et Cambassen regnasse duo fratres magos in libris cronicorum Eusebi reperimus. uerum Hieronymus in expositione Danielis scribit post Cambassén Smerdén magum regnasse, cuius Pantharchen filiam Cambassis ducit uxorem, qui cum a septim magis fuisset occissus, et in locum eius Darius suscepisset imperium, eadem Pantarches nubsit Dario, qui ex ea Xerxén filium genuit.

K. secundo anno Darii septuagissimus annus captiuitatis Hierusalem [fo. 4ᵇ 1] impletur, ut uult Eusebius testem adhibens

1. i. e. caerimonias
2. i. e. Cairo
3. MS. corrumperat

Zachariam profetam, ad quem secundo anno Darii loquitur angelus dicens: Domine exercituum, usquequo tú non missereberis Hierusalem, et urbium Iuda quibus iratus[1] es? Iste septuagesimus annus est [Zach., i, 12]. Item quarto Darii anno ait idem profeta: Cum ieiunaretis et plangeretis per hos .lxx. annos, nunquid ieiunium ieiunastis mihi? [Zach., vii, 5].

KKKK. Sexto anno Darii templi ædificatio completa est. die tertia mensis Adar (.i. Martius), qui est xl.mus sextus annus ex quo sub Ciro fundamenta eius sunt iecta. Unde in euangelio dicunt Iudei: xl et ui. annis ædificatum est hoc templum. C[o]eperunt Iudei autem ædificare templum anno secundo Darii mense sexto die uigissima quarta et anno .uii., ut dictum est, mense .xii., die tertia compleuerunt. Ex quo apparet opus templi et antea non parua ex parte peractum. Annos autem lxx. a distructione illius usque ad perfectam restaurandi licentiam esse computandos.

KKKK. Ab egressu[2] Scottorum de Ægipto mille anni sunt usque ad decimum hunc annum Darii regis Persarum.

KKKKKKKKKKKKKKKKKK. Pulsis Urbe regibus qui imperauerunt annis .ccxliii. uix usque ad quintum decimum lapidem Roma tenebat imperium.

Romæ post exactos reges primum consules a Bruto esse c[o]eperunt. Deinde tribúni plebis ac dictatores, qui quinque annis regnauerunt populum, [fo. 4^b 2] et rursum consules rem puplicam obtenuerunt per annos ferme .ccccxliiii. usque ad Iulium Cessarem, qui primus singulare arripuit imperium olimpiade .clxxx[iii.]

KKKKKKKK (iiimlxxxuiiii). Xerxes filius Dari regnauit annis .xx. Hic Ægiptum, quae a Dario discesserat, capit. Qui aduersus Graeciam pugnatur .dcc. milia armatorum de regno et .cccm. de auxiliis, rostratas etiam naues mille duocentas, onerarias autem .iii. milia numero habuisse narratur. Attamen uictus Leonida rege Spartanorum cum .dc. uiris contra se cum .dc. milibus suis pugnante patriam refugit.

Sub his tribus regibus, Ciro scilicet et Dario et Xerxe, Oro-

1. MS. natus
2. MS. ingressu

si*us* refert decies nouies centena milia de uisceribus uni*us* regni P*er*sici *ess*e occissa.

Herodot*us* historiar*um* scriptor *et* Zeuxis pictor agnoscuntur.

KKKKKKKK. Alaxander r*exit* Macidonios an*n*is .xliii.

KKKKKKKKKKK. Escilus, Pindar*us*, Sofocles *et* Euripides tragoediar*um* [1] scriptores celebrant*ur*.

[in marg. iiimcclxxix.] K. Arctabanu*s* r*exit* P*er*sas m*ensi*bus .uii. q*u*i occidit Xerxen in regia sua, ut Orosi*us* ait.

Socrates nat*us est*.

K. Artarxerxes (*sic*) q*u*i *et* Longimanus, i*d est* Μακροχείρ [leg. Μακρόχειρ] regn*auit* an*n*is .xl.

KKKKKK. Huiu*s* anno .uii. prima die m*en*sis primi Ezras, sacerdos *et* scriba legis Dei, ascendit de Babilone c*um* epistolis regis, *et* i*n* prima die m*en*sis q*u*inti uenit i*n* Hierusalem c*um* uiris mille .dcc. Tunc Ezras profeta tota*m* Scripturam ueteris testam*en*ti [fo. 5ᵃ 1] a Caldeis incensam renouauit ·Spiritu Sancto perfusus, et, i*n*ter alia strennue gesta, castigauit filios transmigrationis ab uxoribus alienigenis. [Ezra, x., 10.]

KKKKKKKKKKKK. E*ius*dem regis anno uigissimo Nemias [2] pincerna regis de Sussis castro adueniens mur*um* Hierusalem .lii. diebu*s* restituit *et* genti ducatum .xii. annis praebuit.

Huc us*que* diuina Scriptura temporum siriem continet : q*uae* post haec apu*d* Iudeos sun*t* [di]gesta de libro Machabeorum *et* Ioseppi atq*ue* Affricani scriptis exhibentur, q*u*i deinceps uniu*er*sam historiam usq*ue* ad Romana tempora persecuti su*n*t. *Et* q*u*idem Affrican*us* in q*u*into temporum uolumine hu*ius* temporis ita meminit : Mansit *er*go imperfectum op*us* us*que* ad Nemiam *et* uicesim*um* annum Artarxer[x]is, q*u*o tempore regni P*er*sarum .cxu. anni fuerant euoluti. Captiuitatis *autem* Hierusalem centissim*us* octuogissim*us et* q*u*intus erat annus. *Et* tunc primu*m* Artarxerxes iusit muros extrui Hierusalem, cui op*er*i praefuit Nemias. Et aedificata *est* platea *et* muri circundati su*n*t ei. *Et* ex illo tempore, si numerare uelis,

---

1. MS. trogoediarum.
2. MS. nemais

The Annals of Tigernach. First Fragment. 389

.lxx. annorum ebdomadas¹ us*que* ad *Christ*um poteris rep*er*ire.
Aristarchus eti*am* et Aristofanes et Democrit*us* 'tragoediar*um*²
scriptores hóc tempore credunt*ur* fuisse.
Captiuitas *autem* Samariæ [fo. 5ᵃ 2] et captiuitas Hierusalem
simul indulgentiam p*er*ceperunt, *et* in uno tempore p*er* Zorobabel *et* Iessum sacerdotem *et* Ezram p*ro*fetam *et* Nemiam ad
t*er*ram suam ascenderunt, q*u*i fuer*unt* in Ninue annis .dccxu.
Pop*ulus autem* Hierusalem annis .lxx. *in* Babilonia. Immalle dodechuid deichthreb ó Assardaib 7 déthreb a Babiloin.
[« Together went the ten tribes from Assyria and the two
tribes out of Babylon. »].
Hi*er*onymus ait: *inter* captiuitatem Samaria[e] in Ninue *et* Hierusal*em* in Babilonia anni sunt .cxlu. *et* menses tres. Ambæ
captiuitates simul indulgentiam p*er*ceperunt, ut pr*ae*diximus, *et*
uno tempore p*er* Ezram *et* Nemiam et Zorobabel ad suam t*er*ram ascenderunt.
Illi Samaritæ *in* Ninuen annis .ccxu. *et* hi qui fuerunt in
Hierusalem annis lxx. fuer*unt* in Babilone.
Iochi*m* fili*us* Iesu cognomento Iosedech pontifex fuit, p*os*t
q*uem* tenuit pontificátum Eliasub, ac deinde Iodas filius Lasib,
et p*os*tea Iohannis tenuit pontificatum.
KKKKKKKKK. Perdica r*ex*it Macidonios an*nis* .xxix.
KKKKKKKKKKKK. Xerxes r*ex*it P*er*sas m*en*sibus duobus,
p*os*t q*uem* r*ex*it P*er*sas Sogdianus m*en*sibus .uii.
Plato nasct*ur*. Hipochrates medic*us* insignis habet*ur* *et* Dem[o]crit*us*.

INcipit *nunc* temp*us* Machabeor*um*.

K. Darius cognom*en*to Noth*us* r*ex*it Persas [fo. 5ᵇ 1] *an*n*is*
xix. Ægiptus recessit a P*er*sis.
Reu*er*sis de captiuitate Iudeis n*on* reges s*ed* pontifices p*rae*-

---

1. In marg. is hí so sectmain danel [« this is Daniel's week »], and interlined : .i. anni lunares ccccxc. solares *autem* ccclxxu, id *est* xu. anni *inter* se.
2. MS. trogoediarum

fuer*unt* us*que* ad Aristobulum, q*ui* c*um* dignitate pontificis eti*am* regale sibi c[o]epit usurpare uocabulum.

KKKKKKKKKKKKKKKKKKK. Archelaus rexi*t* Machidonios an*nis* .xxiiii.

K. Artarxerxes *(sic)* q*ui* cognom*inatus* es*t* Mnemón [1], Darii e*t* Parisaditis fi*l*i*us*, an*nis* .xl. regn*auit* Persas. Sub hóc rege uide*tur* Hester historia fuisse *com*pleta. Ipse quippe es*t* q*u*i ab Hebreis Assuer*us*, e*t* a .lxx. I*nter*p*reti*b*us* Artarxerxes uocat*ur*.

Athenenses .xuiii. litt*er*is uti c[o]eperunt, c*um* an*tea* .xui. tant*um* litt*er*as haberent.

KKKK. Galli Zenones [2] duce Brenno [3] Roma*m* i*n*uasserunt excepto Capitolio [4], et *sex* m*en*sib*us* uastauerunt, *et* mille libris auri p*re*tium descesionis paciscuntu*r*.

Tribúni militares p*ro* *con*sulib*us* esse c[o]ep*er*unt.

Aristotiles, octauum decimum ætatis annum gerens, Platonis auditor es*t*.

KKKKKKKKKKKKKKKKKKK. Nectanebu*s* rexi*t* Ægiptios an*nis* xuiii.

K. Orestis rexi*t* Macidonios an*nis* .iii.

KKK. Achelaus rexi*t* Macidonios an*nis* .iiii.

KKKK. Amintas rexi*t* Macidonios an*no* uno.

K. Pausias rexi*t* Macidonios an*no* uno.

K. Amintas rexi*t* Macidonios an*nis* .ui.

KKKKKK. Argellis rexi*t* Macidonio*s* an*nis* .ii.

KK.K. Artarxerxes, qui e*t* Ochu*s*, rexi*t* Persas [fo. 5ᵇ 2] an*nis* .xxui. Iste Ægiptu*m* suo i*m*p*er*io adiunxit, Nectanebo rége ei*us* i*n* Ethiopiam pulso in quo Ægiptiorum regnum di[st]ructu*m* es*t*.

Amintas rexi*t* Macidonios an*nis* xuiii.

Demóstenes orator o*m*nium rumore celebrat*ur*.

Romani Gallos su*p*erant.

KKKKKKKKK.KKKKKKKK. Alaxander rexi*t* Macidonios anno uno.

1. MS. memnón
2. .i. Liberpaterda. Libe*r* pa*ter* eni*m* Steno dicitur. Galli *auiem* Stenonés uocantur qu*ia* Liberu*m* Patre*m* hospitio recip*er*unt.
3. MS. brennio
4. MS. capitalio

The Annals of Tigernach. First Fragment.

Ptolomeus, qui *et* Oloretes d*ictus est*, regi*t* Macidon*ios* an*nis* .iiii.

K. Plato philosophus mort*uus est, post* qu*em* Achademiam Speusipp*us* tenuit.

KKK. Perdica rex*it* Macidon*ios* an*nis* .ui.

KK.K. Arses Ochi filius rex*it* Persas an*nis* .iiii.

Hóc tempore Iudeorum pontifex maxim*us* Iadas clar*us* ha-bet*ur,* c*uius* frater Mannasses templum i*n* monte Garrazim co*n*struxit.

Speusipp*us* morit*ur*, cui successit Xenocrates.

K. Pilipp*us* Amintæ[1] filius, q*ui* cum Athea Scitharum rege conflixit *et* fraudulentia[2] magis q*uam* uirtute eum uicit, ac .xx. [milia] captiuorum secum duxit, reg*nauit* Macidonios an*nis* xxiii. C*uius* anni duob*us* exceptis ante exacti su*n*t, q*uia* Eusebium in sirie Macidonicorum regum secuti sumus, q*ui* lxx I*n*terpr*etes* sequ*itur*, quiq*ue* semper regum. tempora protelat, ideo i*n* scribendo c*om*puto regali deuiauim*us*. Pilipp*us autem* iste i*n*t*er* filium suum Alaxandru*m et* generum Alaxandru*m* Epirota*m* a q*uo*dam nobili uiro, Pausania[3] nomine, occiss*us est.*

[fo. 6ª 1] KK. Quarto anno Arsis (*uel* Xerxis) filii Ochi Alaxander Pilipi *et* Olimpiadis filius, .xx. ætatis annum gerens, Macidonibus regnare incipit.

K. Dari*us,* qui *et* Melas d*icitur*, Arsámi filius, rex*it* P*er*sas an*nis* .ui.

Alaxander aduersum Ilirios et Tracas felicit*er* demicans, subuersis Tébis, in P*er*sas arma corripuit, et ap*ud* Gr*a*nicum[4] flume*n* regiis[5] ducib*us* oppresis, urbe*m* Sardis capit. Idem capta Tiro Iudeam capit, a q*ua* fauorabilit*er*[6] except*us* Deo uictimas i*m*molat *et* pontificum templi Iodam, q*ui* i*n* uisione pri*us* ei apparuit, honoribus plurimis pr*o*sequ*itur,* Andromacho locoru*m* c*us*tode demissó.

1. MS. amincæ
2. MS. fraudelentia
3. MS. nobile uiro p*us*samia
4. MS. graminidem
5. MS. regeis
6. MS. faborabunt

KKKKK. Alaxander *septimo* anno regni sui Alaxandriam in Ægipto *condedit*. Nec mora Babilonem obtenuit, *interfecto* Dario in quo P*er*sar*um* regnum distructu*m* est, quod steterat annis .ccxxxi.

Latini a Romanis p*er*domiti s*unt*.

KKKK. T*un*c etia*m* bellu*m* Agidis[1] Spartano*rum* regis i*n* Gr*ae*cia co*n*tra Antipatris copias, Alaxandri [regis] Epiri[2] i*n* Lucania co*n*tra Bru*tt*ios [3] Lucanosque cu*m* xxx milib*us* suis. Zopyrionis[4] p*rae*fecti Ponti in Scithia gestum *est* co*n*tra Scithas. q*ui* omnes a Scithis i*nter*fecti s*unt*, q*ui* om*n*es cu*m* su*i*s exer- citib*us* in his bellis dileti s*unt*.

K. Alaxander p*os*t mortem Darii .u. annis regnauit. Na*m* antea .uiii. Qui Hircanos et Mardos[5] subiecit [fo. 6ᵃ 2]. T*un*c uenit ad eum Thalestris siue Minothaea[6] cum .ccc. mulie- ribus gratia subolis[7] ab eo *su*scipiend*æ*. T*un*c Parthos agg*re*s- s*us* diu obsistentes propemodum dileuit an*te*quam uicit. Inde Drancas, Eu*er*gitas, Parapamenos, Adaspios[8] subegit. Urbe Alaxandria sup*er* amnem Tanaim co*n*stituta, Indiam adiit c*um* Poro fortissimo Indóru*m* rege cruentissimum bellum gessit, i*n* quo Alaxander cu*m* ipso Poro singularite*r* co*n*gr*e*ssu*s*, occisso- q*ue* deiectus equo, co*n*cursu satilitu*m* mortem euassit. Porus multis uulnerib*us* co*n*fossus *et* captus *est;* quo ob testimonium uirtutis i*n* regnum restituto, duas ibi *co*ndedit ciuitates, Nicia*m* *et* Bucifalen, quam de nomi*ne* equi sui ita uocari praecepit.

Reu*er*tens in Ammóne *co*ndedit Parthonium. Idem Indicum us*que* ocianum uictoriis poti*us* qua*m* bellis p*er*uenit, ac Babi- lonem reu*er*sus .xxxii. uitæ, regni *aute*m sui .xii. anno, ueneni austu p*er*iit. P*os*tq*uam* translato i*n* multos imperio, Ægiptum Ptolome*us* Lagi[9] fili*us* tenuit, Macidonas Pilipp*us*, qui *et* Ari- de*us*, frat*er* Alaxandri, Siria*m* *et* Babiloniam *et* omnia regna

1. MS. hagidis
2. MS. eperi
3. MS. brutros
4. MS. zophirionis
5. MS. mandos
6. MS. alestris siue manutha
7. MS. sabolis
8. MS. adsapios
9. MS. largi

22

The Annals of Tigernach. First Fragment.

orientis Seleucus Nicanor, Asiæ minori regnauit Antigonus, qui apud Danielem [fo. 6ᵇ 1] per .iiii. hirci qui arietem contereret cornua designantur.

K. Ægipto primus regnauit Ptolomeus .i. qui et Soter Lagi[1] filius annis .xl., qui Hierusolimis et Iudea in ditionem[2] suam dolo reductis plurimos captiuorum in Ægiptum transtulit.

Appius Claudius cæcus Romæ clarus habetur.

Hóc tempore Iudeorum pontifex maximus Onias Iodæ filius clarus habetur.

KKKKKKKKKKK. Tertio decimo anno Ptolomei Siriæ et Babiloniæ et superioribus locis regnare incipit Seleucus Nicanor. A quo tempore Machabeorum Hebrea historia Graecorum supputat regnum, et a quo Ediseni sua tempora computant.

Seleucus Laudaciam Seleuciam, Antiochiam, Appaniam, Edessam, Beroeam[3] et Pellam urbes condedit. Seleucus in eas urbes quas extruxerat Iudeos transfert, ius eis ciuium et mun[i]cipalem (.i. cista) ordinem concedens æquali honore cum Graecis. Iudeorum pontifex maximus religiosisimus ac piissimus Simón Oniæ filius clarus habetur, post quem Eliazarus frater eius suscepit templi ministerium filio eius Onia paruo admodum derelicto.

Regno Siriæ et Alaxandriæ in minori Assia conregnatum est, et primus regnauit ibi Antigonus annis .xuiii. Ptolomei primo anno[4] regnare inchoans. Hic igitur annus .xiii. est [fo. 6ᵇ 2] Antigoni sicut Ptolomei.,

Conregnatum quoque est in Macidonia Ptoloméis et Seleúcis, et primus regnauit ibi post Alaxandrum Pilippus, qui et Arideus[5], frater Alaxandri, annis .uii. regnans, primo anno Ptolomei regnare incipiens.

KKKKK. Undecimo anno priore Arideus frater Alaxandri, qui et Pilipus, rex Macidonum[6], cum sua uxore Euridice a Ma-

1. MS. Largi.
2. MS. decionem
3. MS. berocam
4. Here begins the first fragment of these Annals in Rawl. B. 488.
5. leg. Arrhidaeus
6 MS. macidonibus uel um

cidonib*us* ipsis, suadente Olimpiade (*et* ipsa p*ost*ea a Casandró *inter*fecta *est*) m*at*re Alaxandri, occissus *est*: p*ost* quem regnauit in Macidonia Cassander an*nis* xix, a quo Hercoles, Alexandri Magni filius, xiiii. an*no* aetatis suae *cum* Roxa[na] m*at*re sua in*ter*fectus *est*. i. in Ancipolitana [1].

Antigon*us* rex Assiae minoris a Seleuco *et* Ptolomeo in bello occissus *est*: p*ost* quem regnauit Demetri*us*, cui nom*en* Poliorcetes [2], filius eius, annis .xuiii.

In anno .xuiii. Ptolomei fuit initiat*us* regnare in Emain Cimbǽd filius Fintain, qui regnauit .xxuiii. annis. Tu*nc* Echu Buadach pa*ter* Ugaine in Temoria regnase ab aliis f*er*tu*r* liquet [3] p*rae*scripsim*us* oliim Ugaine imp*er*asse. Omnia monim*en*ta Scottorum usq*ue* Cimbǽd incerta erant.

Hóc tempore Zenón zoicus [4] *et* Minander comicus *et* Teufrastus philosophus [5] claruer*unt*.

KKKKKKKK. Cassander rex Macidonie obit, cui succedunt filii eius Antigon*us*[6] *et* Alaxander annis .iiii.

KKKK. Alaxander filius Casandri bellum parans fra*tri* uindicare m*atre*m disp*ó*nens a Demetrio occidit*ur*.

[fo. 7ᵃ 1] Antipater frater eius a Lisimacho [7] socero suo in*ter*em*tus* est. Post quos regnauit Demetri*us* filius Antigoni an*nis* .ui.

KKKKKK. Demetrio a Seleuco *et* Pirro Epirota a Macidonia expulso *in* Siciliam, ibiq*ue* eodem capto *et* int*er*fecto Seleuc*us* Assiam minore*m* tenuit. Pirrusq*ue* Macidoniae regnu*m* inuassit, s*ed* n*on* tenuit. Na*m* reuerso eo ad Epiru*m* Lissimach*us* regnau*it* in Macidonia an*nis* .ui.

KKKKKK. Lisimach*us* a Sileuco *in* bello int*er*fectus *est*.

Quarto an*no* priore Ptolom*eus* Soter perit, *et* Ptolom*eus* Philadelph*us* [8] regnare c[o]epit, ut Hebraica u*er*itas testat*ur*.

1. leg. in urbe Amphipolitana?
2. MS. poliercites
3. i. e. licet
4. i. e. stoicus
5. MS. teufras tris philósophi. *Theophrastus*, of course. is meant.
6. interlined: *uel* Antipat*er* nom*en* eius, qui m*atre*m sua*m* Tesolonicen manu sua in*ter*fecit.
7. marg. sup.: qui filium suum Agothoclen exos*us* in*ter*emit.
8. MS. philodelphus

24

K. Seleuc*us* a Ptolomeo, *cuius* sororem Lisimachus habuit uxorem, insidiis circum*uentus* occissus *est*.

Hic *est* finis Macidonici belli, extinctis xxx.iiii. ducib*us* Alaxandri.

Post Lisimachum reg*nauit* in Macidonia Ceraun*us*, qui *et* Ptolome*us*, m*en*sibus .ix., Miliarg*us* m*en*sibus .ii., Antip*ater* dieb*us* xlu.

Quarto an*no* priore Ptolomeus Philadelph*us*[1] regnare coepit, qui reg*nauit* ann*is* .xxxuiii. Ptolomeus Iudeos q*ui* in Ægipto erant libe*ros* e*ss*e per*m*issit, *et* Eleazaro pontifici multa Hierusolimam *et* in templi donaria uássa transmittens[2] .lxxii. Interpretes. petit, q*ui* scrip*turam* s*anc*tam in G*ra*ecum u*er*terent eloquium. No*n* solum *enim* gentium scripturas, *sed* diuinas litteras in bibliothecam suam *con*tulit. Nam .lxxx. milia librorum undiq*ue* collocauit.

Tantæ *autem* potentiæ fuisse narra*tur* P*t*olome*us* iste Philadelph*us*[3] ut Ptolomeu*m* pa*trem* uinceret. Narrant *enim* historiæ eu*m* habuisse peditum [fo. 7ª 2] cc. milia, equit*um* .xx. milia, curr[u]um .ii. milia. Elifantos, q*uos* primos adduxit ex Ethiopia, q*u*adrincentos. Naues long*as*, q*u*as liburnas dicim*us*, mille q*u*incentas. Alias ad portanda militu*m* cibaria mille, *et* cetera.

[in marg. Isi*dorus*] Per ide*m* temp*us* Aratus astrologus agnoscitur. Atq*ue* argentei nummi primum Romæ constituuntur.

K. S*us*tenes rexit Macidonios annis .ii.

Sostrat*us* Cnidi*us* far*um* in altissimo urbis Alaxandrinæ loco *con*struxit.

IN loco Seleuci in Siria et Babilonia *et* tota pene Assia reg*nauit* Anteoch*us*, qui *et* So*ter* dict*us* *est*, ann*is* xix.

K. Echu Eulfechuir mac Fedaich reg*nauit* in Emain annis xx.

Iudeor*um* pontificat*um* p*ost* Elizar*um* auuncul*us* eius Mannasses accepit.

K. Antigon*us* reg*nauit* Macidonios an*nis* .xxx.ui.

---

1. MS. philodelphus.
2. MS. transmittentes.
3. MS. philodelph*us*.

KKKKKKKKKKKKKKKKK. Anteoch*us*, q*u*i uocab*atur*
ΘΝΥsecor [Θεὸς σὖτος] *id* est *d*e*us* iste, reg*nauit* in Assia pene
tota an*nis* .xu., q*uem* occidit Laudecé uxor sua ueneno, causa
Bernicis filiæ Ptolomei Philadelphi[1] in loc*um* suu*m* ductæ, *et*
Bernicen c*um* filio suo Iáchadione ab Anteocho genito Iacha-
dioni *et* Geneo, pri*n*cipib*us* Anteochiæ, occidenda*m* tradedit.
Maiorem*que* fili*um* suu*m* Seleucu*m* cognom*en*to Callicinum[2],
et in loco p*a*tris sui regem *con*stituit. Habebat *e*n*i*m Laudecé
duos filios ab Anteocho ΘΗΥsecok (*sic*) genitos, Seleucu*m*
Callicinum[2] e*t* Anteochu*m* cognom*en*to Maiorem. Cumq*ue* Se-
léuc*us* Maior fr*a*te*r* tertio anno regni sui ocdss*us* esset i*n* Frigia
p*er* dolum Nicanoris Anteoch*us* Magn*us* imp*er*auit.

[fo. 7[b] 1] Huamchend mac Co..aind reg*nauit* i*n* Emain an-
nis .l.

K.K.K.K.K.K.K.K.K.K.K.K.K.K.
Ptolomeus Euergites fr*a*te*r* sup*er*ioris regis reg*nauit* annis
.xxui. Qui abinde Euergites ab Ægiptiis *est* uocat*us* q*u*ia
capta Siria *et* Calicia et p*ro*pe modum uniu*er*sa Assia *inter* in-
numera argenti pondera ac uassa pr*e*tiosa qu*a*e cepit etia*m* deos
eoru*m* retulit. quos[3] Cambases, capta Ægipto, in Pers*a*s por-
tauerat.

Anteochus ΘΗΥsecok ab uxore sua ut pr*a*edixim*us* occiss*us*
est. Cui sucessit fili*us* eius Seleuc*us* Callicin*us*[4] .iii. annis.

IUdeorum pontifex Onias Simonis I*us*ti, fili*us* clar*us* habe-
tur. C*uius* item fili*us* Simón non minori gloria fulget. Sub quo
Hiesus fili*us* Sirach Sapientiæ libru*m* co*m*ponens q*uem* uocant
Panarethon[5], etia*m* in eo fecit Simonis mentione*m*.

KK. Seleuc*us* Callicin*us*[4] *in* Frigia a Nicanore i*nter*fect*us* *est*
ut præscrips*im*us. Cui sucessit fr*a*te*r* suus Anteoch*us* Magn*us*,
q*u*i reg*nauit* an*n*is xxxui.

Hóc an*n*o Pirr*us* rex Epirotarum ap*u*d Argos urbem saxo

---

1. philodelphi
2. leg. Callinicum
3. MS. quos retulit.
4. leg. Callinicus. Rawl. B. 488, fo. 1ª 2, gives this in Irish: An*t*eochus
Enysecok a bean posta fein romarb e, 7 is 'na inadh do thoscadh a mac
fen .i. Seleucus Caillecinius, etc.
5. leg. πανάρετον

ictus interit, *et* Sextilia uirgo uestalis .i. qu*i*a in adult*er*io deprehensa *est,* uiua defossa *est.*

KK. Demetri*us* regn*auit* in Macidonia annis .x.

KK. Ap*ud* Formas ciui*tatem* mul*tis* ic*ti*s fulminu*m* moenia undi*que* combu*sta et* desolata su*nt* ap*ud* agr*um* Calenum repente scissa *terra* ign*em* eructauit. Tribus diebus tribusq*ue* noctibus exestuans .u. ag*ri* iugera in cinerem extorruit. INt*er* multa prodigia sanguis e *terra*, lac uissu*m est* manare de caelo in signu*m* belli Cartaginensis, [fo. 7^b 2] Tiberis insolitis auctus imbrib*us et* ultra opinionem *uel* diurnitate *uel* magnitudine redundans omnia Romæ ædificia in plano posita deiecit.

Antigon*us* r*egnauit* in Macidonia ann*is* .xii.

KKKKKKKKKKKK.K.K.

Seleuc*us* Ceraun*us*[1] r*egnauit* .iii. ann*is*, qui a Nicanore in Frigia in*ter*fect*us* *est*.

Antioch*us* Magn*us* regn*are* incipit.

K.K.K.K.K. Ptolome*us* Philopato*r* fil*ius* Euergi*t*is r*egnauit* Ægip*t*ios ann*is* .xuii. Ab isto Philopatore Iudei praelio uicti .lx. milia armator*um* corrueru*nt*, Siciliamq*ue* Marcell*us* c*ons*ul obtene*t*.

Pilip*us* r*egnauit* i*n* Macedonia annis xlii.

KKKK. Anteoch*us* rex Siriæ, uicto Philopatore, Iudeam sibi sociat.

IUdeoru*m* pontifex maxim*us* Onias fil*ius* Simonis insignis habe*tur*. Ad q*uem* Lac[e]demonior*um* rex Arius legatos mittit. Ho*c* tempore Anteoch*us* diis gentiu*m* Iudeos immolare cogebat.

KKKKKK. Conchobor Rot *mac* Cathair r*egnauit* i*n* Emain annis xxx.

IN Piceno flume*n* sanguinis fluxit, et ap*ud* Dacos caelum ardere uissu*m est; et* Armini noctem ultra lucem claram offulsise, ac tris lunas distantib*us* caeli regionib*us* exortas aparuise dic*unt*. Tunc quo*que* magno *terre*motu Caria *et* Rodus insolæ adeo concussæ *sunt* ut labentib*us* uulgo tectis ingens ille Colos*us* rueret.

K. Anteochus Magn*us* moritur. Cui succesit Seleuc*us* Philopator fil*ius* suus r*egnauit* ann*is* .xii.

1. MS. geraunus

KKKKK. Ptolomeus Epifanes *filius* Philopatoris *regnauit* an*nis* .xxuii.

Prim*us* lib*er* Machabeoru*m* apu*d* Iudeos h*uius* temporis gesta *con*tenet.

Onias sacerdos assumptis Iudeor*um* [fo. 8ᵃ 1] plurimis fúgit in Ægiptum, *et* a Ptolomeo honorifice su*s*cept*us*, accepit ea*m* regione*m* qu*ae* [H]eleopoleos uo*c*abat*ur*, *et con*cedente rege te*m*plu*m* extruxit i*n* Ægipto simile templi Iudeor*um*, q*uod* p*er*mansit usq*ue* ad imp*er*ium Uespesiani an*nis* ccl. Sub occassione *igitur* Oniæ pontificis i*n*finita examina Iudeorum i*n* Ægiptu*m con*fugeru*nt*. Eo tempore *ei* Cirine eoru*m*¹ multitudine repleta est. Ha*ec autem uel* Oniæ *uel* cet*e*ris Ægiptu*m* causa petendi fuit, q*uia* pugnantib*us con*tra se magno Anteoco *uel* Seleúco Philopatore magiis et ducib*us* Ptolomei, possita i*n* medio Iudea i*n con*traria studia sci*n*debat*ur*, aliis Anteocho, aliis Ptolomeo fauentib*us*.

Hác ætate poeta Enni*us* fuit.

[in marg. sup.] Oro*sius*. His etiam diebu*s* Annibal apu*d* Prusia*m* rege*m* Bethiniæ cu*m* a Romanis reposceret*ur* uenéno se necauit.

KKKKKKK. Seleuc*us* Philopator morit*ur*.

K. Anteoc*us* Epifanes, fr*ater* Seleuci .i. *filius* Antiochi Magni, sucessit Seleuco. *regnauit* annis .xi.

Eus*ebius*. Hóc anno Antioch*us* morit*ur*, cui sucessit *filius* suus Sele*u*c*us* Philopator, q*ui* r*egnauit* an*nis* .xii.

KKKKKKKKKKKKKKKKK. Fiachna m*ac* Féidilimthe r*egnauit* i*n* Emain annis xui.

[in marg. iiiimdcccix] KKK. Hóc anno Seleuc*us* m*oritur*, cui sucessit in regnu*m* fr*ater* su*us* Anteoch*us* Epiphanes, q*ui* r*egnauit* an*nis* .xi.

Ptolomeus Philometor r*egnauit* an*nis* .xxxu. Hu*nc* Ptolomeum Anteoch*us* p*r*aelio sup*er*ans Iudeos uaria calamitate oppr*es*it.

P*er* idem temp*us* Scipio ² Affricam uicit.

---

1. This is a correction of « *et* Cireneoru*m* », the reading of Beda, VI. 297.
2. .i. a scipa d*icitus* .i. óud luirg

Aristobulus natione Iudeus peripateticus [1] philosophus agnoscitur. qui ad Philometorem Ptolomeum explanationum in Moysen commentarios scripsit.

Anteochus Epifanes qui post Seleucum Philopatorem annis .xi. regnauit, in Siria Iudeorum legem impugnans omniaque idulorum sordibus complens, in templo Olimpii Iouis simulacrum ponit. Sed et in Samaria super uerticem montis [fo. 8ᵃ 2] Garizim Iouis Perigrini delubrum [2] ædificat, Samaritanis ut id faceret precantibus. Uerum Mathathias .i. pater Machabeorum, sacerdos patrias leges uindicat aduersus Anteochi duces arma corripiens. Quo mortuo ducatum Iudeorum suscepit filius eius Iudas Machabeus.a quo Machabi fratres eius dicti sunt, anno .c.xl.uii. (.i. centisimo quadragisimo septimo) regni Graecorum, uigisimo autem Ptolomei. Olimpiade uero c.l.u. (.i. centissima quinquagesima quinta): qui mox Anteochi duces de Iudea expellens et templum ab idulorum imaginibus emundans patrias leges post triennium suis ciuibus reddedit. Unde post secessum Oniæ sacerdotis in Ægiptum, et mortem Alcemi qui effugato Onia pontificatum indignus possidere temptabat, omnium fauore [3] Iudeorum Machabeo sacerdotium decernitur: quod post mortem eius frater Ionathas sortitus est .xix. annis, quod plurima ministrauit industria. Refert enim Eusebius egressum Oniæ in Ægiptum multis de sacerdotio contendere. IArsón enim frater Oniæ et quidam Iessus contendebant illud.

Post quos Minalaus, qui occissus est a iuniore Anteocho, et Alcimas, qui ambitione indebita pontificatum inuadit. Ob quod Onias filius pontificis Oniæ Ægiptum transmigrans, in [H]iliopolitano pago ciuitatem sui nominis condedit, templo ad similitudinem templi patrii [4] constructo.

Perses regnauit in Macidonia annis .x. quo defuncto regnum Macidoniæ defecit.

[fo. 8ᵇ 1] KKKKKKKKKK. Anteochus Epifanes sub quo

---

1. MS. perhipatheticus
2. MS. delubruum
3. MS. fabore
4. MS. patris

Elizarus *et* .uii. Machabei simul *cum* ma*t*re sua Machaba passi *sunt uersus* in amen*tiam* disp*er*atione *et* merore i*n* Tebes oppido Persidis peri*i*t.

In marg.: licet in martirilogio desin*t*iria e*t* uermib*us* e*sse* c*on*su*m*pt*us*...r *uel* dici*t*ur.

KK. Anteoch*us* (.i. ali*us* iunior) *regnauit* i*n* Siria .ii. an*nis* lxx. p*r*aescriptis.

K. Dáre *mac* Forggo regn*auit* i*n* Emain an*nis* .lxxi.

Demetri*us* regn*auit* i*n* Siria *et* minore simul Asia an*nis* .xii.

KKKKKKKKKK.K. Demetrius mort*uus,* cui sucessit Alaxander an*nis* x.

KKKKKK.KKKK. Alaxander mort*uus,* cui sucessit Demet*rius* an*nis* .iii.

[In marg. iii*m*dcccxxxuiii] K. Ptolome*us* Eu*er*gites ali*us* regn*auit* an*nis* xxix.

KK. Demetri*us* mort*uus,* cui sucessit Anteoch*us,* q*ui* et Sitides dicitur, an*nis* .ix.

KKKK. Ionathas dux Iudeor*um et* pontifex *cum* Romanis *et* Spartanis[1] amicitias facit: q*uo* a Trifone in*ter*fecto, i*n* sacerdoti*um* fra*ter* ei*us* Simon[2] assumit*ur* anno regni Eu*er*gitis .uii., q*uod* .uiii. annis strennuissime gerens Iohanni reliq*ui*t. Hic aduers*us* Hircanos bellum gerens Hircani no*men* accepit, *et* a Rómánis iús amicitiæ postulans decreto senát*us* in*ter* amicos relat*us est.*

Samariam*,* q*uae* n*o*stro tempore Sebaste uocat*ur,* obsidione captam soló coæquauit, q*uam* po*s*tea Herodes i*n*staurans Sebastia*m* in honore*m* Augu*s*ti appellari uoluit. Hóc tempore *cum* Hierusolimam Anteochus (.i. Sitides[3]) obsideret Hircan*us* princeps Iudeor*um* reserato Dauid sepulcro tria milia tallenta auri inde abstraxit, ex q*uibus* Anteocho [fo. 8ᵇ 2] xxx. tallenta dedit ut obsidionem relinqu*er*et, atq*ue* ut f*ac*ti inuidiam demeret fert*ur* ex reliqua peccunia instituise p*r*im*us* cenedochia[4],

1. MS. sportanis
2. in marg. C*uius* morte .ccui an*n*us reg(ni) Siriæ i*m*pletus *est*... ad illud temp*us* In... Ma)chabeorum prim*us* historiam con*t*inet c*om*putanturq*ue* a pri(mo) anno Cirii (regi)s Persar*um* us*que* (ad) finem primi uo(lu)minis Macha(be)or*um et* mortem pontificis Simónis ...cccxxu.
3. leg. Sidetes
4. leg. xenodochia

q*ui*b*us* aduentum susciperet pau*per*um *et* perigrinorum. Un*de* *et* uocabulum su*m*sit. Nam cenedochiu*m*¹ perigrinorum susceptio d*icitur*.

Hóc tempore p*er* c*on*sule*m* Brutu*m* Hispania a Rómanis ob*ten*ta *est*.

KKKKK. Anteoch*us* Sidites² morit*ur*. Cui successit Demetr*ius* an*nis* .iiii.

KKKK. Cui successit Anteoch*us*, q*ui* et Griphus³, an*nis* .xii.

KKKKKKKKKKK. Anteochus Griph*us*³ morit*ur*. Cui successit Anteoch*us* Cizichin*us*⁴ an*nis* .xix., q*ui* iecto Grippo Siria*m* obtenuit. Ac rurs*us* Grip*us* sup*er*ato Cizicino eande*m* recipit. Ita ex successione regnaban*t* i*n*uicem adu*er*su*m* se demicantes.

IOhannes tenuit pontificatu*m* quarto an*n*o priore an*nis* xxuiii. KKKKKKK.K. Ptolomeus Fisco*n*⁵, q*ui* *et* Soter, *regnauit* an*nis* .xuii.

Cicero Arpini nascit*ur*, matre Heluia, p*at*re *autem* equestris ordinis ex regio Uulscor*um* g*en*ere.

Uarro nascit*ur*.

Traces Romanis subieciunt*ur*.

Hircano i*n* pontificatu*m*, q*uod* ipse .xxui. an*nis* tenuit, Aristobul*us* succedit an*n*o uno, q*ui* rex parit*er* *et* pontifex prim*us* ap*u*d Iudeos deadematis sumpsit i*n*signe po*st* cccc annos lxxxiiii Baboloniæ captiuitatis, po*st* q*uem* *regnauit* Iane*us* cognom*en*to Alaxander an*nis* xxuii., q*ui* pontificatum q*uoque* administr*ans*, crudelissi*me* [fo. 9ª 1] ciuib*us* praefuit.

KKKKKKKKKK. Anteoch*us* Cizicin*us* obit, cui sucessit Pilip*us* annis duob*us*.

K. Húc usq*us* Siria possessa⁶ p*er* reges i*n* Romana*m* dicione*m* cessit.

KKK. Aristobul*us* .uii. an*n*o priore coepit regnare, q*ui* pri-

---

1. leg. xenodochium (ξενοδογεῖον).
2. MS. Stidies: leg. Sidetes (Σιδήτης).
3. MS. oriphus: leg. Grypus (Γρυπός).
4. leg. Cyzicenus (Κυζικηνός).
5. leg. Physcon (Φύσκων).
6. MS. possesia

Revue Celtique, XVI.

mus reuersus de Babilone deadema Graeciæ potestatis insigne cum honore pontificatus assumpsit. Cui successit Alaxander Ianeus, rex pariter et pontifex, qui rexit populum annis xxuii.
[in marg. iiimdccclxu.] K. Ptolomeus, qui et Alaxander[1], annis .x.
[in marg. sup.]Enda mac Rochada annis .u. regnauit in Emain.
Hóc tempore rethorica ars in Roma reperta est.
Siria per Gabinum ducem in Romanorum dominium transit septimo anno Ptolomei capto Pilippo a Gabino.
Poeta quoque Lucretius nascitur, qui postea sese, furore amatorio[2], interfecit.
KKKKK. Fiac mac Fiadchon regnauit in Emain annis .lxu.
[In marg. iiimdccclxx.iii.] KKKKK. Ptolomeus Fiscon, qui a matre sua Cleopatra in Ciprum fuerat deiectus, regnauit annis uiii., qui regressus iterum regnum obtenuit.
Per idem tempus Gallus Romæ rethoricam docuit.
Primus tunc Salustius historiographus[3] nascitur.
[in marg.] Silla uastat Athinenses.
KKKKKKKK. Ptolomeus Dionissius regnauit annis xxx.
[interlined] iiimdcccciii quia Alaxandrum, qui ante eum regnabat, ob interfectionem matris suæ ciues pepulerant[4].
K. Findchad mac Baicci regnauit in Emain annis duobus.
KK. Tricha rig robói de Laignib for Herind óthá Labraid Loiṅgsech co Cathaer Mór.
[« Of Leinster there were thirty kings over Ireland, from Labraid the Exile to Cathaer the Great »].
Conchobur Mǽl mac Fuithi regnauit in Emain [annis] .xii.
K. Quinto anno Ptolomaei Alaxandria uxor Alaxandri pontificis, post mortem eius regnauit Iudeis annis .ix., ex quo tempore Iudeos rerum confussio et uariæ cladés oppreserunt. Post cuius mortem [fo. 9ª 2] Aristobulus et Hircanus filii eius inter se de imperio demicantes occassionem praeb[u]ere Romanis ut Iudeam inuaderent. ITaque Pompeus Hierusolimam ueniens, capta

---

1. MS. Alaixander
2. MS. furorem amatorem
3. MS. historiagraphus
4. MS. populerant

The Annals of Tigernach. First Fragment. 403

urbe et templo reserato, usque ad sancta sanctorum accessit. Aristobulum uinctum secum Romam abduxit. Pontificatum fratri eius tradedit Hircano, quod ipse tenuit .xxiiii. annos. Tunc primum Romanis gens Iudeorum facta est tributaria, post quem Herodes filius Antipatri Ascolonitæ qui, interfecto a se Hircano regnum Iudeorum, senatus consultu accepit, et qui primus alienigena Iudeis praefuit.

KKKKKKKKKK. Appollodorus praeceptor Augusti clarus habetur.

K. Cormacc mac Laidich regnauit in Emain annis .xuiii.

K. Cicero laude oratoria celebratur.

K. Cato philosophus [H]oratiusque nascuntur.

K. Uirgilius Maro in pago qui dicitur Andis haut procul a Mantua, nascitur, patre Scimacóne figulo, matre uero Maia.

KKK. Pompeus uictus a Césare in campis .ui. Tesalicis[1] in Ægiptum fugit, ibique ut litus affigit mox iusu Ptolomei adolescentis in gratiam Cessaris uictoris occissus est.

KKKKKKK. Cessar Germanos et Gallos cepit.

KK. Brittannos quoque stipend[i]arios fecit. Uirgilius Cremonæ studiis eruditur.

[in marg. iiimdccccxxu] K. Cleopatra soror Ptolomei regnauit annis duobus [in marg. uel xxii] tantum.

K. Regnum Graecorum defecit.

[fo. 9ᵇ 1] INcipit regnum Romanorum, quod permanebit usque in finem saeculi.

K. Tertio anno regni Cleopatræ Iulius Cessar, qui Cleopatram uiolauit, primus Romanorum singulare obtenuit imperium, a quo Romanorum principes Cessares apellati sunt.

Mochta mac Murchorad regnauit in Emain annis iii.

K. Cessar a caeso[2] utero matris dictus est.

K. Cassius, .i. dux Románus, Iudea capta templum Hierusalem spoliauit.

1. MS. tesalicif
2. MS. ac cesso

K. Euchu mac Dare regnauit in Emain annis .iii.

Orosius: Cessar, postquam orbem domuit et Pompeum uicit, Romam redit: ibi, dum rei puplicæ statum contra exempla maiorum clementer instaurat, auctoribus Bruto et Cassio, conscio etiam plurimo senatu, post .iiii. annos et .ui. menses monarchiæ suæ, in cúria .xx. et iii. uulneribus a suis confosus interit. In coniuratione contra eum fuisse amplius quam .lx. conscios ferunt, duo, scilicet, Brúti et Gaius Cassius aliique[1] quam plurimi. Cuius corpus in Foro fragmentis tribunalium ac subselliorum crematum est. Ab hinc imperatores.

[in marg. iiimdcccclxui.] K. Anno ab Urbe condita .dccx. interfecto Iulio Cessare Octauianus[2], qui testamento Iulii Cessaris auunculi sui et hereditatem et nomen asumpserat, quique postea rerum potitus Augustus est dictus, regnauit annis quinquaginti sex et mensibus .ui. et diebus xii, quorum .xu. uiuente Cleopatra quadragenti uero et unum postea uixit annos. A quo Augusti reges Rómanorum apellati sunt. Qui statim ordinatus quinque bella ciuilia gessit, Mutinense[3], Pilipense[4], Perusinum[4], Siculum[5], Actiacum[4]: e quibus duo, hoc est, primum ac nouissimum aduersus Marcum Antonium, secundum aduersus[6] Brútum et Cassium, tertium aduersus Lucium Antonium, quartum [fo. 9ᵇ 2] aduersus Sextum Pompeum Pompei Gnei filium confécit.

KK. Echu Sálbude mac Loch regnauit in Emain annis .iii.

KKK. Fergus mac Leti, qui conflixit contra bestiam hi Loch Rudraige[7] et ibi demersus est, regnauit in Emain annis .xii.

KKKKK. Natiuitas Conculainn maic Soaltaim.

[« Birth of Cúchulainn son of Soaltam »]

Undecimo anno Augusti, deficiente in Iudea pontificatu, Herodes, nihil ad eam pertinens, utpote Antipatri Ascolonitæ

1. MS. aliiqui
2. MS. octouianus
3. .i. campus
4. campus
5. insola
6. MS. aduersums
7. « in Loch Rudraigi », now Dundrum Bay. See the story, Ancient Laws, I, 64, 70-74.

et Cipriadis (.i. matris) Arabicæ filius, postquam occidit Hircanum pontificem, a Romanis suscepit imperium Iudeorum, quod tenuit annis xxxui. Qui ne ignobilis forte *et* a Iudeorum semine argueretur extraneus, combussit libros omnes quibus nobilitas gentis Iudeæ in templo reseruabatur asscripta. Hác tenus qui uocabantur Lagidæ[1] in Ægipto regnauerunt .i. annis .ccxcu.

INsuper etiam ut sobolem suam regio illorum generi Herodes commisceret, proiecta Doside femina Hierusolmitana, quam priuatus acceperat uxorem, *et* nato ex ea filio Antipatro sociat sibi Miriamne filiam Alaxandri[2], neptem Aristoboli fratris Hircani, qui ante eum rexerat Iudeos. Haec quinque ei filios genuit, quorum duos, Alaxandrum et Aristobolum, ipse necauit in Samaria. Nec mora etiam post matrem illorum qua nihil carius nouerat, peremit. E quibus Aristobulus Herodem ex Beronice susceperat filium quem in Actibus Apostulorum ab angelo percussum legimus.

KKKK. Marcus Antonius Niger uictus ab Augusto in Alaxandria sese propria manu interfecit, *et* Cleopatra uxor eius serpentis morsu in sinistra tacta exanimata est.

Hóc anno cepit regnare in Emain Conchobor mac Nessa, qui regnauit annis .lx.

Rorannad Hériu iársin hi cóic, iar n-árcain [fo. 10ᵃ 1] Conare Móir maic Etarsceóil hi mBrudin Dá Dergga, etir Conchobur mac Nessa ocus Coirpre Nia fer 7 Tigernach Tétbannach 7 Dedad mac Sin 7 Ailill mac Mágag.

ISin tsechtmad bliadain iar ndith Conairi rogab Lugaid Reoderg rigi.

[« Thereafter Ireland was parted into five, after the slaughter of Conare the Great, son of Etarscél, in the Hostel of Da Derga, among Conchobar son of Nessa, and Cairbre Nia fer, and Tigernach Tétbannach, and Dedad son of Sen, and Ailill son of Mága.

In the seventh year after the destruction of Conare, Lugaid Redstripe seized the sovranty. »]

---

1. MS. lagidiæ
2. MS. Aianxandri

KKKKKKKKKKKKKK. Maria mater Domini nata est.
KKKK. Slógad Tána bo Cúalngi.
[« the Expedition of the Driving of the Kine of Cualnge »].
Uirgilius Maro in Brundissi[o] .lii. ætatis suæ anno mort[u]us
est. Cuius ossa in Neapoli [1] humata sunt, hóc epitaphio, quod
ipse ante mortem suam dictauerat, tumulo eius superposito :

> Mantua me genuit, Calabri [2] rapuere, tenet nunc
> Parthinope. cecini pascua [3], rura [4], duces [5].

KKKKKKK. Finit quinta ætas mundi continens annos
.d.lxxxix. INcipit sexta mundi ætas ab Incarnatione Christi
usque ad diem iudicii. Beda boat breuiter sequentia haec.

Sexta mundi ætas nulla generatione uel sirie temporum certa,
sed ut ætas decrepita ipsa totius saeculi morte consumanda.

Cétna bliadain tossaich óigtathcuir is hi sein in bliadain ria
gen Crist. Bliadain tanaisse immorro de nóidécdu hi rogenair.

[« The first year of the beginning of the cycle, that is the
year before Christ's Nativity. (It was), however, the second
year of the decennoval in which he was born »].

[in marg. iiimdcccclii] K. Ab initio mundi umcxc iuxta .lxx.
Interpretes. Secundum uero Ebreicam ueritatem, iiimdcccclu. Ab
Urbe uero condita anno .dcclii. Anno quoque imperii Cessaris
Augusti xlii. Anno secundo decinouenalis et uii. feria Iesus
_Christus Filius Dei sextam mundi ætatem suo aduentu consecrauit.

Beda ait : Anno Cessaris Augusti .xlii. A morte uero Cleopatræ
et Antonii quando et Ægiptus in prouinciam uersa est anno
xxuii. Olimpiadis centissimæ .lxxxxiiii. anno tertio. Ab Urbe
autem condita anno .dcclii .i. eo anno quo compresis cunctarum
per orbem terræ gentium motibus firmissimam uerissimamque
pacem ordinatione [fo. 10ᵃ 2] Dei Cessar compossuit,
Iesus Christus Filius Dei sextam mundi ætatem (con)secrauit
aduentu .i.

1. MS. necapoli
2. MS. calubri
3. .i. Bocolica
4. .i. Georgica
5. .i. librum Ænedæ

K. Mors *Co*nchulaind fortissimi herois Scotto*rum* la Lugaid
*ma*c trí *con* (.i. rí M*u*man) 7 la Ercc (.i. rí Te*m*rach) *ma*c
Coirpri Niad fir 7 la trí maccu Calattin de Cho*n*nachtaib. Uii.
mblia*dna* a áes i*n*tan rogab gaisced .xuii. mblia*dna* da*no* a aes
i*n*tan mbói i*n*degaid Tána bó Cuáilge, xxuiii. blia*dna* im*m*orro
a aes i*n*tan atbath.

[« The death of Cúchulainn the bravest hero of the Irish,
by Lugaid son of Three Hounds, king of Munster, and by
Erc King of Tara, son of Carbre Niá fer, and by the three
sons of Calatin of Connaught. Seven years was his age when
he assumed arms, seventeen was his age when he followed the
Driving of the Kine of Cualnge, but twenty-seven years was
his age when he died. »]

in marg.] Mors Emiri uxoris *Co*nculaind.
in marg.] Mors Eirc *ma*ic Corpri ríg Te*m*rach 7 Lugdach
*ma*ic *Co*nroí la *Co*nall Cer*n*ach, 7 i*n*riud cet*hr*i coiced n-Erenn
la secht Maini o Ultaib.

[« The death of Erc son of Carbre king of Tara and of
Lugaid son of Cú-roi by Conall Cernach, and the invasion of
the four fifths of Ireland by the seven Maines of Ulster. »]

Kii. Kiii. Ku. Kui. Anno *im*perii Augusti .xluii. Herodes
mori*tur*. Hic *enim* igne extri*n*sec*us* urebat*ur*, i*n*tri*n*sec*us* qu*o*q*ue*
uasto i*n*cendio, i*n*explebilis auiditas cibi[1]. Omne corp*us* ei*us*
putridi*ne* corrupt*um*, febris magna, prurigo i*n*tollerabilis, colli
dolor, pedu*m* tumor. P*o*stea oleo lit*us*, oculi *eius* soluti s*un*t,
Disp*er*ans *autem* omnes primarios *et* nobiles plebis ad se collegi
iubet *et* in uno loco recludi. Qui cu*m* collecti s*un*t ait sorori
suæ: Nóui Iudeos de mea morte gauissuros, *et* ideo, ut ha-
beam lugentes *cum* spiritu*m* exálauero, omnes i*n*terficite. Ig*itur*
fil*i*is suis .iii. a se an*te* necatis[2] cultr*um* poscit ut pom*um*
more solito purgaret, ipse eleuans i*n* se dexteram suam obit.

Beda ait: Herodes morbo i*n*tercutis aquæ *et* scatentib*us* toto
corpore u*er*mibus miserabili*ter* s*ed* digne mori*tur*.

K. uii. Archela*us* fili*us* Herodis r*e*gnauit an*n*is .ix. id *est* usq*ue*
ad fin*em* Augusti.

1. MS. ciui
2. sic. leg. anteuocatis?

K. i. K iii. K. iiii. K. u. K. ui. K. i. INitium indictionis.
[*Interlined*] Ab initio mundi iuxta .lxx. Interpretum, .umccx.
secundum Eusebii ueritatem .iiim̃.dcccclxi. Ab Incarnatione uero
anni .x.

K. iii. Octauianus[1] mort[u]us est in Campania, annis .lui.
mensibus .ui. et diebus xii. regnans.

Archelaus filius Herodis mort[u]us est. Cui successerunt .iiii.
fratres eius, Herodes [fo. 10ᵇ 1] tetrarcha et Pilippus et Lissias
et Antipater.

in marg. iiimdcccclxxx.ix.]K iiii. Tiberius filius Augusti, uel
magis priuignus[2] eius, hoc est Libiæ uxoris eius filius ex supe-
riore genitus coniuge, regnauit annis .xxiii.

K. uii. Herodes tetrarcha Iudeis imperat, a quo Iohannes
Babtiza decollatus est in Macheruntha oppido, et sub quo Iesus
Christus crucifixus est. Ac Iacobus Zebedei ab eo decollatus est.

Kuii. Ki. Ab initio mundi iuxta lxx Interpretes .umccxx.
secundum autem Ebreos iiimdcccclxxi.

Kii. Ab Incarnatione .xx. Herodes tetrarca, qui regnauit annis xxiiii., in honorem Tiberii et matris eius Libiæ Tiberiadem
et Libiadem condedit.

Kiiii. Ku. Kui. Conchobur mac Nessa in uiii. anno Tiberii
quieuisse dicitur.

Kuii. Kii. Kiii. Kiiii dcccclxxxx] Duodecimo anno regni Tiberii Pontius Pilatus in Iudeam missus est.

Ku. Kui. Ki [in marg. iiimdcccclxxx] .i. Anno .xu. Tiberii
Cessaris ab Iohanne Babtiza Iesus Christus babtizatus est in
Ennon iuxta Salem.

Hóc tempore Christus elegit apostolos xii.

Ab initio mundi secundum Ebreos peractis (.iii m. uel iiii m.,
ut Eusebius ait), iuxta autem lxx. umccxxxii. Ab Incarnatione
quoque xxx., quo tempore I[o]hannes babtiza occisus est.

Kii. Eusebius ait quod .xui. anno Tiberii principium fuerit
.lxxxi. iubelii secundum Ebreos. quare autem[3] nostra supputatio

---

1. MS. octouianus
2. MS. preuignus
3. sic. Beda, VI, 191, li, Rawl. B. 502. hº. Rawl. B, 488.

undeuigenti minus ponendas¹ estimauerit annos facile qui superiora huius libelli legerit inueniet.
IUxta uero Cronicam Eusebii eadem quae ipse de utraque editione ut sibi uidebatur compossuit anni sunt umccxxuiii.
Kiii. Ku. Anno .xuiii. Tiberii Cessaris Iesus Christus crucifixus est anno .xxxiii. ætatis suæ cum semesse anni. uel xxx.iiii., ut Eusebio placet, qui xiiii luna traditus est et .u. feria, xu. autem luna et ui. feria.passus. xuiiᵃ autem luna die dominica resurrexit .ui. uel .uiii kl. Aprilis.
Agrippa cognomento Herodes filius Aristobuli filñ Herodis regis accussator Herodis [fo. 10ᵇ 2] tetrarchæ, Romam profectus a Tiberio in uincula coniecitur. Ubi plurimos sibi assciuit ad amicitiam et maxime Germanici filium Gaium.
Kui. Hóc anno .xix. ut alii aiunt, Christus crucifixus est.
Madat cethri bliadna trichat beite i n-áis Christ is for .xii. kl. April xiiii. luna pascæ. Madat tri .xxx. col-leith immorro namma is for ochtkl. April in cessad 7 for sexkl. ind eiseirge, quod a multis auctoribus constat esse uulgatum. Hic est numerus ab initio ind óigthathchuir co cessad Crist dlxui.xu. luna. Crucifixus est .ui. feria, uiii kl. april. Prima feria resurrexit, hi sexkl. april, hi sechtmaid dec escai. Non sic autem in ciclo Dionissi inuenies.

[« If it is 34 years that are in Christ's age, (the Passion) is on the 12th of the kalends of April, the 14th of the paschal moon. If however it is only 33 1/2 years, the Passion is on the 8th of the Kalends of April and the Resurrection is on the 6th of the Kalends, quod, etc. This is the number from the beginning of the complete cycle to Christ's Passion, 566. On the 15th of the moon he was crucified, on a Friday, the 8th of the kalends of April. On a Sunday he arose, on the 6th of the kalends of April, on the 17th day of the moon. Non sic, etc. »]

Hóc anno Maria mater Domini quieuisse .xlui. ætatis suæ anno asseritur, uel, ut ali[i] aiunt, sequente anno.
IAcobus Iustus episcopus æclessiæ Hierusolimorum ordinatur ab apostulis.

---

1. sic: leg. ponendos, as in Rawl. B, 488.

Conchobur mac Nessa obiit, cui sucessit filius eius Causcraid, qui regnauit in Emain annis tribus.

Cath Artig for coiced n-Olnecmacht la Cuscraid mac Concobair. Cuscraid obit la Mac cecht. Mac cecht do thuitim fochetoir la Conall Cernach ic Crannaig Maic cécht. Glasni mac Conchobair .ix. annis regnauit.

[« The battle of Artech gained over the province of Connaught by Cuscraid son of Conchobar. Cuscraid died by the hand of Mac Cecht. Mac Cecht fell at once by the hand of Conall Cernach at Crannach Maic Cecht. Glasne son of Conchobar reigned for nine years »].

Kuii. Ki. Kiii. Kiiii. Tiberius ambiguis ueneni signis obit.

Ku. Gaius Callicola[1] regnauit annis .iiii.[2] non plenis, ut Orosius. Homo omnium flagitiossissimus, qui dixit : Utinam populus unam ceruicem haberet ! In cuius secreto post mortem eius duo libelli reperti sunt, quorum alteri pugio, alteri gladius pro signo nominis ascriptum est. Et in eodem secreto inuenta est ingens arca uariorum uenenorum, quae iubente Céssare Claudio in mare effussa ingens strages piscium per proxima litora inuenta est.

Gaius Agrippam Herodem amicum suum uinculis liberatum regem Iudæ fecit, qui permansit in regno annis .uii. id est usque ad .iiii. Claudii annum, quo ab anguelo percusso successit in regnum filius eius Agrippa, et usque ad extermin[i]um [fo. 11ᵃ 1] Iudeorum, id est xxvi. annis, perseuerauit. Herodes Tetrarcha[3] et ipse Gai amicitiam petens[4], cogente Herodiade, Romam uenit, sed accussatus ab Agrippa, etiam tetrarchiam perdedit, fugiensque in Hispaniam cum Herodiade ibi perit.

Matheus euangelium scripsit in Iudea in tempore Gai, qui postea mort[u]us est in Macidonia, uel, ut alii aiunt, in Persidia, sed uerius in Ethiopia occissus est.

Ab initio mundi iuxta lxx.ii Interpretes .umccl., secundum uero Ebreos iiim.dccccxci.

---

1. leg. Caligula.
2. uel .iii. uel .uii. annis, mensibus x. diebus uiii, ut Beda ait.
3. MS. detrarcha
4. MS. ad amicitiam perdens

Kui. Gai*us* statuam Iouis i*n* templo Hierusalem sub nomine suo poni iussit.

Pilat*us* q*ui* senten*t*iam damnationis i*n* Christ*u*m dixerat, tantis irroganti' Gaio angorib*us* coartat*us* ·[est,] ut se sua manu i*n*terfecerat.

Ki. Gaius a protectoribus suis interfect*us* est.

iiiim uiiii menses uii dies. Kii. Claudi*us* regnauit an*n*is xxuiii (uel xuiii, ut Orosius), q*u*i xxx.u. senatores et .ccc. equites Romanos minimis causis interfecit.

Kiii. Petr*us* cum Anteochenam æclesiam fundasset ad expugnandu*m* Simone*m* Magum Roma*m* uenit, ibiq*ue* .xxu. an*n*is episcopale*m* cathedra*m* tenuit us*que* ad ultimu*m* Neronis annum.

Íriél Glúnmar mac Conaill Chernaig regnauit in Emain an*n*is xl.

[« Iriel Big-Knee son of Conall Cernach reigned in Emain 40 years. »]

Kiiii. Togail Bruidne da Berga (ut alii aiunt, sed certe fallunt*ur*) for Conaire Mór.

[« The destruction of the Hostel of Da Berga on Conaire the Great. »]

Kui. Quarto anno Claudi fames grauissima, c*u*ius meminit Lucas², facta est.

Claudi*us* iiii. anno regni sui Brittania*m* adit, q*u*am neq*ue* an*te* Iulium Cessarem nec post eum quisqua*m* attingere auss*us* erat, sine ullo praelio ac sangine i*n*tra paucissimos dies plurimam insolæ partem in deditione*m* recepit. Orcadas etiam insolas Romano adiecit imperio, ac sexto postqua*m* profect*us* erat mense Romam redit.

Kuii. Marc*us* in Italia euangeliu*m* scripsit (.i. in Roma singulariter, ut Beda ait), q*u*i postea a Petro ad Alaxandriam misus est, ibiq*ue* epis*copus* ordinat*us* est.

Ki. Kii. Kiii. Lugaid Réoderg mac na trí Find n-Emna regnauit in Temoria an*n*is xxui. Trícha rig do Leith Chuind óthá [fo. 11ª 2] Lugaid co Diármait mac Cerbaill.

[« Lugaid Red-stripe, son of the three Finds of Emain, rei-

1. MS. arrogantiæ
2. Acts, XI, 28.

gned in Tara twenty-six years. Thirty-six kings from Conn's Half (reigned in Tara) from Lugaid to Diarmait son of Cerball ».]

Claudius Roma expulit Iudeós tumul[tu]antes.

Kui. Fames in Roma.

Kii. Kiii. Claudius manifestis ueneni signis obit. iiimxxii. uel xiii annis mensibus .uii. diebus .xxuiii. uel xiii annis non plenis, ut Orosius.

Kiiii. Nero in re militari nihilomnino aussus Brittaniam [pene] amisit. Nam duo oppida nobilisima illic sub eo capta atque (euersa sunt).

Nero regnauit annis xui., qui primus imperator Christianos persecutus est. Qui fuit transgressor scelerum auunculi sui Gai Callicolæ [1]. Nam matrem suam et sorores suas et omnes cognatas et amicas suas pulluit. Uirum in uxorem duxit, ipse a uiro ut uxor acceptus est. Qui etiam [nunquam] minus mille carrucis [2] confecisse iter traditur. Qui calidis ac frigidis ungentis lauaretur. Qui retibus aureis quae lineis trahebantur purpureis [3] piscaretur. Denique urbis Romæ incendium uoluntatis suæ spectaculum fecit. Per sex dies septemque noctes ardens ciuitas regios pauit aspectus. Omnium pene senatorum diuitias igne ereptas uiolenter rapuit. Qui post omnia scelera beatissimos Christi apostulos ob magi Simonis necem, a demonibus ab apostulis in nomine Christi adiuratis, ab aere dimisi et in .iiii. partes corpore in terra diuissi. [Qui] per Agrippam praefectum Petrum cruce, Paulum gladio occidit.

Ku. Secundo anno Neronis Festus Iudeæ procurator sucessit Felici, a quo Paulus Romam uinctus mittitur, et biennium in libera custodia manens: post haec ad praedicandum demittitur, necdum Nerone in tanta scelera quanta de eo narrant historiæ erumpente. Festo magistratui Iudeæ succedit Albinus, Albino Florus, cuius luxoriam et auaritiam ceteraque flagitia Iudei non ferentes, contra Romanos rebellauerunt. Aduersus quos Uespesianus magister militiæ missus plurimas urbes Iudeæ cepit.

1. i. e. Caligulae
2. .i. o charptib l. o charraib « of chariots or of cars ».
3. purpureis funibus extrahebantur, Orosius, VII, 7.

The Annals of Tigernach. First Fragment. 413

[fo. 11ᵇ 1] Kuii. Ki. Kii. Kiii. Ab initio mundi .umcclxiii. iuxta .lxx. Interpretes, secundum uero Ebreos iiiimxiiii. Ab Incarnatione .lxiii.
Ku. Kui. Maria Magdalena moritur.
Kuii. IAcobus frater Domini, cum xxx annis Hierusolimorum rexisset æclesiam, lapidatur a Iudeis, qui de pinna templi praecipitatus fuste fullonis in caput percussus interit.
Kii. Marcus in Alaxandria moritur, cui successit Annianus annis .xxii.
Kiii. Perseus poeta moritur.
Kiiii. Nero Iohannem apostulum in doleum feruentis olei missit, ut Tertulianus ait, qui inde purior et uigetior exierat quam introierat.
Tomaidim Locha Rib maic Maireda dar Mag n-Airbthen.
Tomaidim Linmuine tar Liathmuine, edón Locha Echach aitt dollégad síl nDubthaich Dóeltengad acht Curcufoche namma combrathair side in Dubthach do Fergus mac Roaig.
[« The outbreak of the lake of Rib son of Mairid, over Mag Airbthen.
The outbreak of Linn-múne (« stagnum mictus ») over Liath-muine, to wit, of Lough Neagh, in a place where the seed of Dubthach Chafertongue, save only the Corcu-foche, was overwhelmed. This Dubthach was a comrade of Fergus son of Roach »].
Ku. Kuii. Ki. Lucanus (.i. poeta) ac Seneca (.i. preceptor Nerónis) interficiuntur (.i. a Nerone).
Kii. Nero ignominiosse fugiens a senatu ad quartum ab Urbe lapidem sesé ipse interfécit.
Hoc anno Petrus et Paulus a Nerone anteaquam semet ipsum interficeret occissi sunt.
Linus papa .ii. annis.
Kii. Galua cum Pissóne adoptiuo filio regnauit .uii. mensibus, qui ab Othone interfecti sunt.
Othón .iii. mensibus, qui semet ipsum interfecit.
Uitellius .uiii. mensibus, qui fuit uorator cibi [1], qui a senatu

---

1. MS. ciui

excarnificatus crebris compunctionibus et unco tractus in Tiberim misus caruit sepultura.

Euodius, episcopus post Petrum xxiii annis, in Anteochia m̄sus. [in marg. xxxi].

Uespesianus cum Tito filio suo regnauit annis .ix. mensibus .xi. diebus xxii. Hic apud Iudeam imperator ab exercitu appellatus et bellum Titó filio suo commendans, Romam per Alaxandriam proficiscitur, qui secundo anno Iudeæ regnum subuertit. Templum soló strauit post annos primæ ædificationis eius mille .lxxxix. Consummatum est hoc bellum annis .iiii., duobus quidem Nerone uiuente et duobus aliis postea.

Uespessianus [fo. 11ᵇ 2] inter alia magnorum operum facta in priuata adhuc uita in Germaniam, deinde et Brittaniam a Claudio missus tric[i]es et bis cum hoste conflixit, duas ualidissimas gentes .xx. oppida, insolam Uectam Brittaniæ proximam Romano adiecit imperio. Colossus erigitur habens altitudines .cuii. pedes.

Kiii. Hóc anno uindicta crucis a Uespisiano et Tito filio eius, postquam enim Uespessianus Rómam reuersus est, Titus filius eius ciuitatem Hierusalem expugnauit. Templum soló strauit. Regnum Iudeorum subuertit. Ubi undecies centum milia capta esse et ducta Euseppus¹ perhibet.

Ku. Anencletus² papa annis .xx.

Kui. Kuu. Ki. Ab initio mundi .umcclxxix iuxta .lxx. secundum uero Ebreos iiiimxxx. Ab Incarnatione autem lxxui.

Lugaid Réo derg occissus est óna trib Rúadchennaib (.i. de Laignib). Nó commad im claideb dodoléced conn-abbad de chomaid a mná .i. Deirbe forgaill, nodechsad.

[« Lugaid Red-stripe was slain by the three Red-heads of Leinster. Or it may be that he betook himself to (his own) sword and died of grief for his wife, Derb forgaill, who had gone. »]

Kiii. Cremthann Nia Náir regnauit annis .xiii.

Kiiii. Andreas crucifixus est in Patras ciuitate .i. Achaiæ, ab Egia (.i. proconsule).

1. leg. Iosephus
2. leg. Anacletus

The Annals of Tigernach. First Fragment. 415

Ku. Uespesianus in uilla propria circa Sabinos profluuio uentris mort[u]us est.
Pilipus in Hierapoli ciuitate Frigiæ crucifixus et lapidatus est. [in marg. iiiimxl] .Kui. Titus filius Uespesiani regnauit post patrem suum annis .ii. ac mensibus .ii. Iste in utraque linga tanto facundissimus exstetit ut causas latine égerit, poemata et tragoedias graece componeret. Tanto autem bellicosissimus[1] fuit ut in expugnatione Hierusolimorum .xii. propugnatores .xii. sagittarum confoderet ictibus. Porro in imperio tantæ bonitatis fuit ut nullum omnino puniret, sed conuinctos aduersum se coniuratione demitteret, atque in eadem famili[a]ritate quam antea habuerat reteneret. Huius etiam inter omnia [fo. 12ª 1] fuit illud celebre dictum, perdedisse diem qua nihil boni faceret.

Ki. Titus, segregatis a numero principum[2] Othone et Vitellio, in cuius tempore Babius[3] mons profudit incendia, quae uicinas regiones cum urbibus hominibus deleuerunt, cum ingenti omnium luctu in eadem uilla qua pater eius perit morbo absumptus est. Qui fuit uir omnium uirtutum mirabilis adeo ut amor et diliciæ humani generis diceretur. Hic amphitheathrum Romæ ædificauit et in dedicatione eius .u. milia ferarum occidit.

Kii. Domitianus frater Titi iunior regnauit [annis] .xu. et mensibus .u. Hic secundus post Neronem Christianos persecutus est, sub quo Iohannes apostulus in Pathmo insola religatus est, et Flauia Domitilla, Flauii Clementis consulis ex sorore neptis[4], in insolam Pontianam ob fidei testimonium exiliatur: qui et ipsum Iohannem fertur in feruentis olei dolium missise, sed Iohannes tam immunis redisse [dicitur] a poenis quam a corruptione carnis manebat semper immonis.

Iriel Glúnmar .i. mac Conaill Cernaig, die dominica hi Seimniu occissus est o Cremthand Nia Náir, uel a Gallis, ut alii dicunt.

---

1. MS. belliocissimus
2. MS. principium
3. sic, leg. Vesuvius
4. .i. donn ingin. gebes lasin fersa in tsiur (« of the daughter, whom the sister has by this man »).

[« Iriél Big-knee, son of Conall Cernach, was killed on a Sunday in Semne by Cremthand Nia Náir, vel etc. »]

Kiii. Fiacha Findamnas mac Ireil Glunmair regnauit in Emain dieis a athar annis .xx.

[« Fiacha Find-amnas, son of Iriél Big-knee, reigned in Emain after his father for twenty years ».]

Kiiii. Domitianus multos senatorum in exilium misit ac peremit.

Kui. Domitianus cunctos qui de genere Dauid erant interfici iussit, ut nullus Iudeorum ex regali origine superesset.

Kuii. Abilius episcopus Alaxandria[e] annis xiii.

Ki. Kii. Kiiii. Cremthand Nia Nar mort[u]us est.

Ku. Feradach Find mac Cremthaind regnauit annis .xxii.

Kui. In hóc tempore claruit Morand mac Móin.

Kuii. Tomas apostulus in Culania iugulatus est.

Kxii. Clemens discipulus Petri, episcopus Romæ ordinatur .ix. annis.

Bartholomeus decollatus et sepultus.

Kiii. Ignátius Anteochiæ episcopus annis xuii.

Kiiii. Carpri [fo. 12ᵃ 2] Cend cait .u. bliadna con-ebailt.[1]

« [Carbre Cat's head, five years till he died »].

Ab initio mundi .umccxc. secundum lxx Interpretes, secundum uero Ebreos iiiim.lxxi. Ab Incarnatione uero xcui.

K.u. Domitianus ab Augusto nonus occissus est.

K.ui. Nerua senex a[2] Petronio præfecto prætorio et Parthinio spadone Domitiani interfectore in regnum ordinatus, regnauit anno uno, et mensibus iiii et diebus octo, qui Traianum secum in regnum adoptauit. Hic primo edicto[3] suo cunctos exules reuocauit. Unde et Iohannes apostulus hác generali indulgentia liberatus Ephessum rediit. Et quia concussam se absente per hereticos uidit æclæsiæ fidem, rogatus ab episcopis Asiæ, confestim hanc descripta in euangelio suo uerbi Dei æternitate stabiliuit.

Nerua morbo confectus obit.

1. This entry seems inserted man. rec.
2. MS. e
3. MS. edictito

Kuii. Traianus genere Hispanus regnauit .xix. annis et mensibus .ui. et diebus .x. Iste Assia et Babilonia capta usque ad Indiæ fines post Alaxandrum accessit.
Ki. Traianus tertius persequitur Christianos.
Kii. Cerdon primus episcopus Alaxandriæ annis .xii. qui fuit quartus ab apostulo.
Kiiii. Iohannes apostulus lxxuiii. anno post Passionem Domini, ætatis autem suæ nonagissimo uiii. anno Effessi placida morte quieuit.

Clemens papa Petri discipulus, apud Cersonam ciuitatem a Traiano in mare demersus est anchora collo conligata, a cuius corpore in feria eius anniuersaria semper trium milium spatio tribus diebus mare recedit, Christianis Domino ad corpus eius iter praebente.

Kui. Simon Cleopæ filius apostulus, ut alii aiunt, Ierusolimorum episcopus crucifixus est a Traiano, senex .cxxi. annorum.

Kuii. Kii. Fiatach Find regnauit in Emain annis xiii.
Kiii. Kiiii. Ku. Madianus apostulus interfectus est.
Kuii. Ignatius Anteochiæ episcopus Romam perductus a Traiano bestis traditus est, qui suadentibus eum captoribus suis fugere respondit [fo. 12ᵇ 1] Non. Christi frumentum sum[1] et dentibus bestiarum molar[2]. Alaxander quoque Romanæ urbis episcopus marterio coronatus, et uno ab Urbe miliario uia Numentana, ubi decoliatus est sepelitur.

Plinius secundus, Nouocomensis[3], orator et historicus habetur, cuius plurima ingenii opera extant.

Ki. Pantheum Romæ quod Domitianus fecerat fulmine[4] concrematum est. cui nomen datum est inde, quod omnium deorum sit ipsa domus habitaculum.

IUdei per diuersas terrarum partes seditionem mouentes digna c[a]ede sternunt.

Traianus Romani imperii, quod post Augustum defensum

1. MS. suum
2. MS. moiiar
3. a Nouocoma ciuitate, l. nuathescthid [« new cutter »? « new shaver »?] ab aliis libris.
4. MS. fiumine

magis fuerat quam nobiliter[1] amplificatum, fines longue láteque diffudit[2].

Kii. Feradach Find Fechtnach defecit, cui successit filius suus Fiacha Finnfolad annis .xui.

Kui. Ab initio mundi .umcccix secundum lxx, secundum Ebreos iiiimc. Ab Incarnatione cxu.

Iustus Alaxandriæ episcopus annis xi.

Kiiii. Kui. Timothius Pauli discipulus quieuit.

Kiiii. Titus episcopus in Creta quieuit.

Ki. Traianus apud Seleuciam Isauriæ urbem profluuio ...uentris mort[u]us est[3].

Kii. Adrianus, consubrinæ Traiani filius, regnauit annis xxi. Hic per Quadratum discipulum Apostulorum, et Aristidem Athenensem uirum fide sapientiaque plenum, et per Serenum Graneum Legatum libris de Christiana relegione compositis instructus, praecepit per epistolam Christianos sine obiectu creminum non damnari. IDem Iudeos secundo rebelles ultima cæde perdomuit, etiam introeundi ablata eis licentia Hierusolimam quam ipse in optimum statum murorum exstructione reparauit, et Eliam uocari de suo nomine praecepit. IDem eruditisimus in utraque lingua bibliothecham Athenis miri operis construxit.

Kiii. Elimm mac Conrach regnauit in Emain [fo. 12ᵇ2] annis x.

Ku. Kui. Kuii. Aquila Ponticus interpres secundus post lxxii. habetur.

Ki. Kii. Eumenes Alaxandriæ episcopus anno uno et mense unó.

Kiiii. Marcus Alaxandriæ episcopus .xiii. annis.

Ku. Fiacha Findfolad interfectus est, in Teomoria uel himMaig bolg ut alii aiunt, o hElimm mac Conrach .i. ó rig hUlad, qui et ipse cecidit hi cath Aichle la Tuathal Techtmar in uindictam patris sui.

[« Fiacha Findfolad was slain at Tara, or, as some say, on Mag Bolg, by Elimm son of Connra, i. e. by the King of

---

1. MS. nouiliter
2. MS. defudit
3. Here in marg. an entry beginning (F)iatach...rí Ulad.

Ulster, who himself fell in the battle of Aichle by Tuathat Techtmar in vengeance for his father ».]

Kui. Kuii. Ki. Tuathal Techtmar *regnauit* annis xxx. Is dó cetaronasced 7 *fris* roiccad bórama Lagen [artús] [« 'Tis by him that the *borama* (« tribute ») of Leinster was first imposed, and to him it was first paid »].

Mál mac Rochride *regnauit* in Emain annis xxxiii.

Kiii. Kiiii. Kii. Kui. Kuii. Kii. Ab initio mundi *um*ccc xxxuiii. *secundum* lxx Interpretes: iuxta uero Ebreos iiiimc.xix. Ab Incarnatione .cxxxiiii.

Kiii. Kiiii. Celadion ep*iscopus* Alaxandriæ annis .xiiii.

Ku. Hierusolimæ *primus* ex gentibus ep*iscopus* constituitur Marcus, cessantibus his q*ui* fuer*unt* ex Iudeis, q*ui* s*unt* nu*mer*o .xu. *et* prae*tu*erant a Pasione Domini p*er* annos fere .c *et* uii.

Basilides heresiarches(?) agno*scitur*.

Adrian*us* Elias morbo mort[u]*us est*.

Kuiii. Antoni[n]*us* cognome*nt*o Pius, c*um* filiis suis Aurelio *et* Lucio, *regnauit* an*nis* .xxii.

Ki. Iustinus philosoph*us* libr*um* p*ro* Christ*iana* religione *com*posit*um* Antoni[n]o tradedit, benignu*mque* e*um* erga Christianos homines fecit. Q*ui non* longue p*ost*, sus*citante persecutionem* Crescente[1] Cynico (*uel* Canino), *pro* Christo sangi*nem* fudit.

Kii. Sulpicio Romæ episcopo Hermes scripsit libr*um* q*ui* di*citur* Pastoris, *in* q*uo* praeceptum angueli con*tenetur*, ut pascha die dominico celebraretur.

Kiii. Policarp*us* Romam ueniens, multos ab heretica labe castigauit, q*ui* Ualentini *et* Cerdonis nuper doctrina fuerant corrupti.

Kii. Antoni[n]*us* ideo Pius cognominat*us est*, qu*ia in* om*ni* regnó Romano cautionib*us* incensis cunctorum debita relaxauit. Un*de* Pater Patriæ appellát*us est*.

London, 17 July 1895.

Whitley STOKES.

---

1. '*proprium*

THE ANNALS OF TIGERNACH

SECOND FRAGMENT. A.D. 143—A.D. 361.

(RAWL. B. 488, Fo. 4ᵃ 2.)

KKKK. Antoni[n]ó regnante[1] Valentin*us et* Marci*on* haeresiarchae[2] *pr*oducunt*ur* [leg. agnoscuntur ?].
K. Galenus[3] medic*us* P*er*gamo geni*tus* Romæ praeclarus habetur[4].
K. Agripínus Alax*andriae* epis*copus* an*nis* .xii.
KKKKKKK. uii. Kl.[5] KKKK. Tuathal Techtmur occiss*us est* la Mal m*ac* Roc*h*raidhe, la ri[g] n-Uladh, ac Lind in Gabund i nDail Araidhe.
[« Tuathal Techtmar was slain by Mál son of Rochraide, king of Ulaid, at Linn in Gobann (« the Smith's Pool ») in Dalaradia ».]
Kl. Feidlimidh Reachtmur m*ac* Tuathail T*ech*tm*air r*egnauit an*nis* .ix.
K. Antoninus[6] ad [fo. 4ᵇ 1] *duo*deci*mum* ab Urbe lapid*em* morbó in*ter*it .iiii*m*.c.xxx.
Marc*us* Anton*ius* Verus *cum* frat*re* Lucio Aurelio Comodo [regnauit annis] .xix. *et* m*ense* únó. Aurelius p*os*t Part*i*c*um* bellum in*ter*it apoplexia[7] .i. o sceíth fola [« by vomiting of

1. MS. rēg gante
2. hernarches
3. Gallian*us*
4. hent*ur*
5. Kb.
6. Aristonius
7. *interi*tap opleri (see Orosius, VII, 15).

50

The Annals of Tigernach. Second Fragment.

blood »]. Hi primum aequo iure[1] *imperium* administrauerunt[2] cum us*que* ad hoc *tempus* singuli Augusti fuerint[3]. Qui deinde con*tra* Partos bellum admirabili[4] uirtute *et* felicitate[5] geserunt.

Ku. Iuilian*us* Alax*andriae* episcopus annis .x.

Bresal *mac* Briuin *regnauit* a n-*Emain* annis .xix., q*ui* Loch Láigh subintrauit. Cuius *con*iunx Mor a ben issi adbath dia chumaidh[6]. a qua[7] nominatur Raith Mór Muighe Line [« Bresal, son of Briun, reigned 19 years in Emain. 'Tis he that went secretly into Loch Láig, and whose wife Mór died of grief for him, *a quá* etc.].

Kui. Persecutione[8] orta in Aissia, Policarp[us] *et* Pyoni[u]s fecere[9] marter[i]um.

Kuii. IN Gallia quoque plurimi gloriose pro Christo sanguinem[10] effudere, nec multo post uindex[11] scelerum lues late multas prouincias, Italiam maxime Romamque uastauit.

Montan*us* heretec*us*, cataf[r]icar*um* auctor, *et* Tatianus[12] a quo hereisis Encratitarum[13] exorti sunt.

Kiii. Kiiii. Cathair Mor cecidit la Luaigni Temrach [« Cathair the Great fell by the Luaigni of Tara »].

Ku. Conn Cetchathach *regnauit* in Temoria annis[14] .xx. [« Conn of the Hundred Battles reigned in Tara twenty years »].

K.uii. K.i. Randta on Ath cliath co chele iter Cond Cétcathach 7 Mogh Nuadhad, cui nomen erat Eogan Taidleach, a quo nominatur Eoghanacht [« Ireland was divided, from the one Áth cliath (Dublin) to the other (in Galway), between Conn of the Hundred Battles and Nuada's Slave, whose name was Eogan the Splendid, from whom the Eoganacht is named »].

[In marg. Initium cicli]. Kl.ii. Dionysius[15] episcopus Corinthiorum.

1. MS. hipium aquo iore
2. administraderunt
3. funint
4. admirabil. e 7
5. feletitate
6. cumaigh
7. quo
8. percecucone
9. pacere
10. sanginum
11. iudex
12. tustianus
13. encraticarum
14. ando
15. Dionisisimus

51

K.uii. Demetr[i]us Alax*andriac* e*pi*s*copus regnauit* an*nis* .xl.iii. c*uius* te*mpore* Orig*i*nes ¹ claruit.

K.u. An*ni* .lxxu. O feraib Mu*m*an righe cach'la fecht co tanic Co*nn* Cétcathach, ar it .uii. riga do Chruithnechaib rofollamnaighsed Eri*nn* [« The kingship (was taken) by men of Munster every second time until Conn of the Hundred Battles came, for seven kings of the Picts had ruled Ireland »].

Luc[i]*us* Britania[e] rex, missa ad Eleutherium ² Roma[e] e*piscopum* epistola, [ut Christianus efficiatur impetrat].

K.ui. Anto[n]i[n]o *imperatori* Militó Assian*us* Sardian*us* episcopus apologeticum ³ [pro Christianis tradidit].

Kuii. Ki. Kiii. Apollinaris Assian*us* H[i]erapoli clar*us* ha*bet*[ur].

Kuii. Ku. Marc*us* Antoni[n]us i*n*fando ⁴ morbo mor*tuus est*.

K.ui. iiiim .xl. l. iii. Luci*us* Antoninus Commodus ⁵ post morte*m* patris ⁶ sui r*egnauit* a*nnis* xiii. Hic aduersum Germanos bellum felici*ter* geissit. IPse uero p*er* om*n*ia luxuria[e] *et* obscenitati⁷ mancipat*us* nihil paternae ⁸ uirtutis *et* pietatis simile geisit.

Ki. Tipraide Tireach r*egnauit* a nEmui*n* [« In Ema*i*h »] an*nis* .xxx.

Kii. Irenaeus ⁹ e*piscopus* Lugdonensis insignis h*abetur*.

Kiii. Comod*us* imp*erator* capite Colossi ¹⁰ subla[to] sue imaiginis caput ei ¹¹ iusit imponi.

Theodotion Ephesi ¹² *interpres* ter*cius* h*abetur*.

K.ui. Cond Cétchathach occidit Mogh Nuadad a Muig Lena [« in Mag Lena »].

K.uii. K.i. Cond Cetcathach occissus ¹³ *est* hi Tuáith Amrois la Tibraidi Tireach la righ Ulad dia-mairt i n-orus Con-nacht, nó a n-Irr*us* Domnand, ut alii aiunt ¹⁴. [« Conn of the Hundred Battles was slain in Tuath Amrois by Tibraide Tirech

---

1. MS. orighinis
2. Euleutiu*m*
3. apologedicum
4. i*n*pando
5. Andtonius commodius
6. priusc.
7. obscentitate
8. prestare
9. Hermi*us*
10. sisso
11. capite
12. Teothotion effesi*n*
13. occsiss*us*
14. aiuínt

The Annals of Tigernach. Second Fragment.

king of Ulster on a Tuesday in... of Connaught or in Irrus Domnann, as others say »].

Art Aenfer [« Art the Lone One »] regnauit annis xxxii.

Kiiii. Ku. Kui. Kuii. Comodus Lucius incomodus cunctis in domu Vestiliani¹ strangulatus² interit.

iiiim.c.xl.iii.

K.ii. Pertinax³ Senex regnauit mensibus .ui. Hic Iuliani⁴ iurisperiti scelere in P[al]atio occissus est. Quem mense .uii. post quam c[o]eperat imperare Seuerus apud Pontem iuxta Romam Multiuium belló ciuili uictum interfecit.

Uictor tercius decimus Rome episcopus datis late [li]beliis constituit Pasca die dominico celebrari, sicut et pre[de]cessor eius Eleut[her]ius a .xu.⁵ luna primi mensis usque .xxi. Cuius decretis⁶ fauens Teophilus Caesareae⁷ Pala[e]stine episcopus scribsit aduersus [eos] qui .xiiii. luna cum Iude[i]s pasca celebrant⁸, cum ceteris qui in eodem Concilió aderant⁹ episcopis, sinodicam¹⁰ ac ualde utilem [fo. 4ᵇ 2] epistolam¹¹.

K.iii. anni iiiim.c.lx.ii. Seuerus, genere Affer, Tripolitanus ab opidó [Lepti], qui se ex no[mi]ne reigis quem Iulianus peremit¹² Pertinacem appellari uoluit, regnauit annis xuiii.

Kiiii. Clemens Alaxandrinae eclesie prespiter et Panthenus¹³ stoicus p[h]ilosophus in disputatione dogmatis¹⁴ nostri disertissimi habentur.

K.u. Narcissus Hierusolimorum episcopus et Teophilus Caessareensis¹⁵, Policarpus quoque et Bachulus, Assiane prouincie episcopi, insignes habentur.

Kl. uii. Persecutio a Seuero, quarta¹⁶ persecutio in Christianos facta. Plurimi per diuersas prouincias¹⁷ inter quos Leonides pater Origenis mártirio coronati sunt.

K. Tertullianus Africane¹⁸ eclesie episcopus clarus habetur.

1. MS. uestiliam
2. scrangualatus
3. Pertimax
4. iuiianus... scelóre
5. ante .xiiii.
6. de credis
7. cexaria
8. selebrant
9. eodeim consilio erant
10. sinodaciam
11. ep.alem
12. uultus funat
13. pantimus
14. inndispuntatió dogmatiss
15. cessanensius
16. quartó
17. prouinchias
18. Terculianus aferme

Kl.ii. Origines Alax*andriae* studiis[1] erudit*ur*.
Kiii. Simmachus *interpres* quart*us* cognoscit*ur*.
K.u. H*oc* ann*ó* Leonidem *interfectum* alii aiunt[2].
K.ui. K.uii. K.i. P*er*petua *et* Felicitas apud Cartaginem bestiis[3] deputate s*un*t nonis Marti[i]s.
K.iii. K.iiii. Ku. Kui. Kii. K.iii. Menses efficiunt[4] hunc annum[5].

Clodio[6] Albino, qui se in Gaillia Cessarem fecerat, Lugduni[7] *in*t*er*fectó Seue*ru*s *in* Britan[n]ós bellum transfert[8]; ubi [ut] receptas prouincias[9] ab incursione barbarica faceret[10] securiores, magn*um* firmissimumque[11] uallum creb[r]is eti*am* tuirrib*us* comm[un]itum p*er* .c.xxx.ii. milia passuum a mairi usque ad mare deduxit: qui Eboraci (.i. Caere ebroc) morbo obit.

Ogaman m*a*c Fiatach Find regn*au*it a n-Eamuin [« in Emain annis[12] xii.

.iiiim.c.lxix.

Kl. iiii. Aurailius Antoni[n]u*s* Baissian*us* filius Seueri idemque Car[a]calla d*ic*tus *es*t regn*au*it annis[12] .uii. q*u*i de nomine uestiss in tempore illi[u]s inuenti Car[a]calla d*ic*tus *es*t.

Kl. iiii. Alaxa*nder* episcopus Cappadociae[13], cum desideriò sanctorum[14] locorum Hierusalem uenisset[15], uiuente adhuc Narcisso eius[16] urbi[s] episcopó p*er*senilis etatis uiro[17], ipse ibi[18] ordinatur episcopus, Domino ut id fieri deberet[19] per reuelatione[m] monente.

Cath Chind Abrad ria maccaib Ail*ill*a Uluim 7 risna tri Chairpri .i. ria maccaib Conaire maic Moga lama, for Lugaidh Macc con 7 for desc*er*t Er*enn*, a torchair Nemidh m*a*cc Sraibcind, ri Erand, 7 Dareara druth Dairine. Docher Dareara la hEogan m*a*c Ail*ill*a, 7 docear Nemeadh la Cairpri Rigfota, 7 is andsa

1. MS. Originis... statonis	11. frimisimumqu*e*
2. auint	12. ando
3. felecitus apr. partagin. besstiis	13. capadoció
4. effisiunt	14. scotorum
5. andum	15. uenisit
6. cloidhio	16. *est*
7. lugdanensi	17. uiso 7
8. transferat	18. ibe
9. refc.as prouinchias	19. deberad
10. Ab incarnat.one barbiricca facerat	

chath-sin dobacaighedh Mac con la Coirpre Musc nó la
hEógan mac Oililla don rindcne .i. do sleigh Aililla.
[« The Battle of Cenn Abrat (gained) by the sons of Ailill
Bare-ear and by the three Carbres, that is, by the sons of Conaire son of Mugh láma, over Lugaid Mac con and the South
of Ireland, wherein fell Nemed son of Srabchenn, king of
Erann, and Darera, the buffoon of Darine. Darera fell by Eogan
son of Ailill, and Nemed fell by Carbre of the long fore-
arm ; and 'tis in that battle that Mac con was lamed by Carbre
Musc, or by Eogan son of Ailill, with the *rindcne,* that is,
with Ailill's spear »].

Kl. uii. In [I]erichó quinta editio [1] diuinarum scripturarum[2]
inuenta *est, cuius* auctor *non* apparet [3].

Kl. i. Tertullianus [4] Afer, centurionis proconsularis fili*us,*
omnium eclesiarum [5] [sermone celebratur].

Kl. ii. Heracleus [6] Alax*andriae* epis*copus* an*nis* .ui.

K.iiii. K.u. Antoni[n]*us* Car[a]calla in*ter* Edisam *et* Carrhas [7]
occis*us est* a Parthis [8] .iiii.*m.*c.lxx.

Kl. Opil[i]us Macrinus [9] pr*ae*fect*us* pr*ae*tori, cum filio Dia-
dum*e*no; cum quo imperium inuasit, r*e*gnauit anno unó, quo
ambo militari [10] tumultu ap*ud* Archilaidem [11] occisi [12]. s*u*nt.

Abgar*us* [13] uir s*anctus* r*e*gnau*i*t Edisae, ut Affrican*us* uult.

Cath Muighe Mucruma dia dardain ria Lugaidh Mac con,
a torchair Art Aenfear mac Cuind Chetchathaig 7 .uii. maic
Ailella Uluim. Lugaid Laga robith Art a Turlach Airt. Bende
Brit *immorro* robith Eoghan mac Aililla. Ailii aiunt [14] Lugaid
Mac con post hoc bellum in Temporia regnase [annis xuiii] *uel*
xxx. ut alii aiunt.

[« The Battle of Mag Mucruma on a Thursday, (gained)
by Lugaid Mac con, wherein fell Art Oenfer son of Conn of
the Hundred Battles and seven sons of Ailill Bare-ear. Lugaid

1. MS. editia
2. scribtarum
3. appared
4. Terculian*us*
5. eclinar*um*
6. Heracléis
7. carpascin
8. parthir
9. l. marcin*us*
10. mili atri
11. acilla
12. occisus
13. Abagr*us*
14. auint

55

Laga slew Art in Turloch Airt. But Benne the Briton slew Eogan son of Ailill. *Alii aiunt* etc. »].

Cormac Ulfata h*ua* Cuind [« Cormac Longbeard, grandson of Conn »] *regnauit* annis xlii.

Marc*us* Aureli*us* Antonin*us*[1], qui fuit sacerdós Eliogabali templi, *regnauit* annis .iiii.

In Palaestina Nicopolis, quae pri*us*[2] Em[m]aus uocabat*ur*, urbs condita *est*, legat[i]o*ni*s [industriam] pro [MS. p*ost*] ea sus[ci]piente Iulio[3] Africano scriptore[4] temporu*m*. Ha*ec est* Em[m]aus q*uam* Dom*i*nu*s* p*ost* resurrectionem[5] suo ingress[u], sic*ut* Lucas narrat, sanctificare[6] dignat*us est*.

[fo. 5ª 1] Kl. ii. Hipolit*us* epis*copus,* multoru*m con*ditor opusculor*um* temporu*m* canonem quem[7] scripsit huc usq*ue* perduxit, qui etia*m* decinouenale*m* pascha circulum repe*r*iens Eusebió qui sup*er* eodem pascha decinouenalem circulum compossuit, occasione*m* dedit[8].

K.iii. Sexta [editio Scripturarum] inuenta *est* Necapoli. Sapellius [leg. Sabellius] heresiarch*us* ort*us est*.

Dionisi*us* episcop*us* Al*a*xandriae annis xuii.

K.iiii. Aeng*us* Gaibnenn mac Fergu*sa* Gailine r*e*gn*auit* a n-Emain [« in Emain »] annis[9] xu.

Marc*us* Auril*ius* militari[10] tumultu c*um* matre sua occiss*us est*.

Ku. Kui. iiiim.c.lxxxuii.

Kl. Aurilius Alax*ander* uigesim*us* prim*us* ab Augu*s*tó r*e*gnauit annis[11] .xiii. Hic in [Mam]meam matrem suam unice pius[12] fuit *et* ob id om*n*ibu*s* amabilis. qui Xerxe*n* P*er*sarum regem[13] uicit.

K.uii. Urbanus Rome epis*copus* multos nobilés ad fide*m* Chr*is*ti *et* martir[i]u*m* perduxit.

K.i. Origines[14] Al*a*x*andriae* i*m*mo toti orbi clarus habetur[15].

1. MS. min*us*
2. palistina necapolis q*ui* pri*mus*
3. Iuiïuo
4. scribtore
5. ressurect.one*m*
6. sci. facer
7. qui
8. occisione*m* detit
9. a*n*no
10. militaire
11. anno
12. .uiii. cepius
13. regi*m*
14. Originis
15. hent*ur*

The Annals of Tigernach. Second Fragment.

Deinde Mammea[1] ma*ter* Alaxandri audire[2] eu*m* curauit, *et* ad Antiochiam acci*tum* su*m*mo honore habuit.
Rome insignis[3] Alfini*us* Treuirensis[4] ha*betur*.
Kl. Cath Granaird ria Cormuc hua Cuind for Ulltaib. Cath Medha for Cond*ach*to. Cath Anæith. Cath Cind doire. Cath Sritha for Ultu. Cath Sligedh Cuailghne.
[« The battle of Granard (gained) by Cormac grandson of Conn over the Ulaid. The battle of Mid (?) over Connaught. The battle of Anaeth (?). The battle of Cenn doire. The battle of Srith (?) over the Ulaid. The battle of the Road of Cuailgne. »]
K.iii. Cath Atha Beitheach. Cath Ratha duine.
[« The battle of Áth Bethech. The battle of Ráith dúine. »]
K.u. Cath Chuile Tocuir fot*hri*, 7 tri catha a nDuibfidh.
[« A battle of Cúil Tochuir thrice, and three battles in Dubfid. »]
K.ui. Cath Allamuig 7 .uii. catha Eilline.
[« The battle of Allamag and the seven battles of Eilline. »]
Kl.uii. Cath Muighe Techt. Loingeas mór Cormuic m*aic* Airt tar magh rein fri re teora mbli*adan*.
[« The battle of Mag Techt. The great fleet of Cormac, son of Art, over the sea-plain for the space of three years. »]
K.i. Ceit*hri* catha for Mumain la Cormac. *cath* Berre. *cath* Locha Lein, *cath* Luimnigh, *cath* Grene. For Mumain beo*us*, *cath* Clasaigh, *cath* Muirisc, *cath* Ferta a torchair Eoch*aid* Taebfada m*ac* Ail*ill*a Uluim, *cath* Aird caim. Ocus orgain na n-ingen isi*n* Claenferta a Temraig la Dunlang m*ac* n-Enna Niadh, rig Laigean .i. xxx. rigingen 7 c*et* ingen la gach n-ingin dib .xxx ar .ccc. uile sin. Da righ déc robíth Cormac iarom do Laighnib ar galaib aenfir, 7 fonaid*m* na borum*a* como torm*ach* lais.
[« Four battles gained over Munster by Cormac: the battle of Berre, the battle of Loch Léin, the battle of Luimnech, the battle of Grian. Over Munster also, the battle of Clasach, the battle of Muiresc, the battle of Fert, wherein fell Eochaid Longsides, son of Ailill Bare-ear; the battle of Ard Cam. And the slaughter of the maidens in the Cloenferta at Tara by Dunlang

1. MS. Deinnde mame
2. audiri
3. insigne
4. treuiruiris

son of Énna Nia, King of Leinster, to wit, thirty royal maidens, and a hundred girls with each of them, thirty and three hundred (rectius 3000) in all. Then Cormac slew in single combat twelve kings of the Leinstermen, and fastened the *boroma* (« tribute ») with an increase. »]

Kl.ui. Cormuc hua Cuind d'athríghadh o Ulltaib.

[« Cormac, grandson of Conn, was dethroned by the Ulaid. »]

K.iiii. K.u. K.ui. Aurelius Alaxander apud Moguntiacum[1] militari tumultu interfectus est.

Paulus herimita natus est.

K.i. Maximinus regnauit annis .iii. Hic aduersus ecclesiarum[2] sacerdotés et clericos[3] .i. doctores[4], persecutionem exercet, et maxime contra christianam Alaxandri, cui successerat[5], et Mammeae[6] matris eius familiam, uel praecipue propter Origenem praespeterum.

K.u. Fiacha Araidhi regnauit a n-Eamuin [« in Emain »] annis[7] .x.

K.iii. Pontianus et Anteros[8] Rome urbis episcoipi marterio coronati sunt, et in cimitherió Calixti sunt sepulti.

Maximus episcopus Alaxandriae annis .xuiii.

Bellum[9] oc Fothaird Muirthemne. memaidh[10] re Cormac hua Cuind 7 re Fiachaigh Muillethan righ Muman for Cruithniu 7 for Fiachaigh Araidhe, ubi et ipse cecidit, ut alii aiunt[11].

[« A battle at Fothaird Muirthemne, in which Cormac grandson of Conn, and Fiacha Broadcrown, king of Munster, routed the Picts and Fiacha Araide, ubi etc. »]

Maximinus[12] primus ex militari corpore absque decreto[13] senatus imperator[14] efectus, Christianós persecutus a Pupianó in Acquilea ciuitate[15] occisus est.

iiiim.c.x.ui.

Kl.iiii. Gordianus imperat annis[16] .ui.

1. MS. Arailins... mogantiacum
2. eclinarum
3. cleiricus
4. docteros
5. sucerunt
6. meamea
7. ando
8. Anterius
9. Beliom
10. muirrtemne. mebuigh
11. ibse... auint
12 Machiminus
13. decredo
14. imperatur
15. ciuin
16. anno

The Annals of Tigernach. Second Fragment.

Iulius Africanus inter scriptores ecclesiasticos[1] habetur, qui in chronicis[2] quae scripsit refert[3] se Alaxandriam properare [H]eracl[i]e opinione[4] celeberrima prouocatum, quem et in diuinis et in p[h]ilosophicis [studiis] atque omni[5] Graecorum [doctrina] instructissimum fama loqueretur.[6]

K.uii. Origines in Cesaria Palaestinae[7] Teodorum cognomento Gregorium et Athenodorum[8] adolescentulos fratres Ponti[9] postea nobilissimós episcopos diuina philosophia [fo. 5ᵃ2] imbuit.[10]

K.i. Fabianus testimonio[11] Spiritus in specie columbe super caput ipsius discen[den]tis Rome episcopus ordinatur, liquet [leg. licet] de Zeuerino hoc uerius affirmant.

K.ii. K.iiii. Gordianus fraude Pilipi praefecti interfectus est. Kiiii. iiiim.cc.iii.

In marg.: inicium cicli.

Kl. Pilipus pater cum filio suo Pilipó regnauit annis[12] .uii. Hic primus imperator[13] omnium imperatorum christianus fuit.

K.ui. Kuii. Origenes aduersus quendam[14] Celsum Epicureum[15] p[h]ilosophum, qui contra nós libros conscripserat, octó[16] uoluminibus responndit, qui ut breuiter dicam, tam scribendi sedulus fuit ut Hi[e]ronimus quodam loco .u. milia lib[r]orum eius manu[17] se legise meminerit..

Post tertium[18] Pilipí annum[19] millesimus a condic[i]one Urbis Rome annus expletus est. Ita magnificis ludis augustissimus[20] omnium praeteritorum[21] hic natalis annus a[22] Christiano imperatore celebratus est.

Fergas Duibdetach [« Black-toothed »] regnauit a nEamuin [« in Emain »] cum duobus fratribus .i. Fergus Foiltleabar

1. MS. scribtoires eclinasticos
2. cronicus
3. scribsit referunt
4. opinianó
5. antonium
6. lo quatur
7. palistina. Pales
8. cognamento Grigoriam 7 athinedorum
9. Pontio
10. impuit
11. testimonia
12. anno
13. imperatur
14. quendum
15. epicorum
16. libross conscripserunt actó
17. annus
18. tercum
19. andum
20. magnificus laudis augustinus
21. praetmorum
22. e

[« Longhaired »] *et* Fergus Caisfiaclach [« of the Twisted Teeth »], q*ui* Bót fo Breagaib [« Fire throughout Bregia »,] *regnauit* annis .iiii.

K.u. K.iii. Teasbaidh Chormuic h*ui* Chuind *fri* re .uii. miss. [« Absence of Cormac, grandson of Conn, for the space of seven months »].

K.iiii. Aithrighadh Cormuic h*ui* Cuind o Ulltaib iaro*m*. Cath Crinda Bregh ria Cor*m*ac 7 ria Tadhg m*ac* Cen m*aic* Ai*li*lla Ul*uim con*a trichaid righ 7 *con*a .l. cathmil*ed* 7 *con*a sluagh diairmidhi arcena 7 ria Lugaidh Lagha m*ac* Mogha Nuadhat, for Ulltaib, a torcradar na *tri* Ferghais .i. Ferg*us* Foiltleab*ur* 7 F*er*gus Casfiaclach 7 F*er*gus Duibdetach, lasi*n* n-aenoclach, la Lug*aid* Laghai, co tuc lais a *tri* cindu, coro taiselb do Cor*m*ac a n-eraic a atha*r* .i. Airt m*aic* Cuin*d* robith-so*m* a Muig Mucraime, 7 robris Tadg .iiii. catha isin aen ló-sin .i. cath *Con*achaigh 7 cath Sithbe 7 *cath* Dro*m*a Fuaid 7 *cath* Cairn Eolairg. IArsna cathaib dobreath [do] Tadg an ni doti*m*chillfid a carpad do Muig Bregh o ro memaidh[1] in cath co haidhchi. IS edh di*diu* dothimchill, *tri*ucha c*ét* Cian*ach*ta .i. o Glaiss Nera co Cnoccaib Maile Doaigh ic Abui*n*d Life.

[« The dethronement of Cormac, grandson of Conn, by the Ulaid then. The battle of Crinna in Bregia gained over the Ulaid by Cormac and by Tadg, son of Cian, son of Ailill Bareear, with their thirty kings, and their fifty battle-soldiers, and their countless host besides, and by Lugaid Laga, son of Mug Nuadat, wherein fell the three Ferguses, namely, Fergus Longhair and Fergus of the Twisted Teeth and Fergus the Blacktoothed, by a single warrior, Lugaid Laga, who brought their three heads and displayed them to Cormac in compensation for his father, Art son of Conn, whom he, Lugaid Laga, had slain on Mag Mucraime. And Tadg broke four battles in that single day, to wit, the battle of Conachach and the battle of Sithbe and the battle of Druim Fuait and the battle of Carn Eolairg. After the battles, there was given to Tadg so much of the plain of Bregia as his chariot would surround from the gaining of the battle till night. 'Tis this, then, that it surround-

1. MS. mebuigh

ed, the cantred of the Cianachta, that is, from Glass Nera to the Hills of Mael Doaid at the river Liffey »].

K.u. Ross mac Imchadha *regnauit* a n-Emain [« in Emain »] an*no* u*no*.

Duo Pilipi, *pater* scili*cet et* filius[1], militari[2] tumultu *et* fraude[3] Decii, quamuis[4] diuersis locis, *interfecti* [sunt].

In marg. .iiii*m*.cc.uii.

Decius an*no* uno et m*ensibus tribus.* Hic *cum* Pilipos, *patrem* [et filium] int[er]feciset, ob odium[5] eo*rum* in *Christi*anos *persecutionem* mouet, in q*ua* Fabianus in Urbe [Roma] martirio[6] coronat*us*[7] sedem sui epi*scopatus* Cornilio deriliquit, qui *et* ipse martirio[8] a Decio coronatus *est*.

Aengus Find mac Fergusa Duibdetaig *regnauit* a n-Emain [« in Emain »] an*no* u*no*[9].

Alax*ander* Hiresolimo*rum* episc*opus* apu*d* Caesaream[10] *et* Antiochie Babilas[11] interficiunt*ur.* Haec[12] *persecutio*, ut Dionissius Alax*andriae* episc*opus* refert, *non* ex *praecepto imperatoris* sumpsit exordium, se*d*[13] an*no*, .inquit, in*t*igro principalia *prae*uenit edi*cta* minist*er* demonu*m*, q*ui* dicebat*ur*[14] in ciuitate nostra diuinus[15], s*u*p*erst*[it]iosum *contra* [nos] exagitans uulg*us.*

S*anctus* Antonius monac*us* Eighiptó *dicitur* exort*us.*

Decius cu*m* filio suo a barbaris[16] occis*us est.*

Cath Crin*na* Frigabuil ria Cormac h*ua* Cuind for Ulltaib, ubi cecidit Aeng*us* Find mac Fergus*a* Duibdhetaig *co* n-ar Ul*ad.*

[« The battle of Crin*na* Frigabuil gained by Cormac, grandson of Conn, over the Ulaid, wherein fell Oengus the Fair, son of Fergus the Blacktoothed, with a slaughter of the Ulaid »].

K.i. iiii.*m*.cc.uii.

Rl. Gall*us*[17] *cum* Volusianó[18] filió suo *regnauit* annis[19] .ii.

1. MS. filios
2. militairi 7
3. fraudi
4. aruis
5. odiam
6. orbe... mairtiro
7. MS. inserts *est*
8. martino
9. *In the MS. next after* Duibdetaig
10. cessar*um*
11. babillis
12. *Haec* .h.
13. *sed* n.
14. decebatur
15. nr. duina
16. ab arbairis
17. Galli*us*
18. uolluisianó
19. anno

m*ensibus* iiii. Hu*ius* imperii Dion[ys]ius Alax*andriae* antistes eclesiae ita meminit: at[1] ne Gallus quidem[2] malum Decii a*ut* uidere[3] potuit, a*ut* cau*ere*, s*ed* in eundem lapide*m* offensionis impegit[4]: *cuius* cum regnu*m* floreret[5] initio, *et* cuncta ei ex sent*en*tia cederent[6], san*c*tos uiros q*ui* p*ro* pace reigní ei*us* [fo. 5ᵇ 1] Deo sum[m]o sup[p]licabant p*er*secut*us est,* cum quib*us et* prospeiritatem suam fugauit *et* pacem.

Fearg*us* Fogha mac Fraechair r*e*gnauit a n-Emain annis[7] .lxxu. [Fergus Fogae, son of Fraechar, reigned in Emain 75 years].

Origines .lxx̊. etatis sue an*no* *non* ad integru*m* impleto defunct*us est, et in* u[r]be Tiri sepult*us est*.

Cornelius[8] Rome epis*copus* rogat*us* a quadam matrona[9] Lucina corpora a*post*olorum de catacumbis[10] leuauit noctu, [et] possuit corp*us* Pauli uia Ost[i]ensi ubi decollat*us* [est], Petri autem corpus iuxta locum ubi crucifix*us* [est], in*ter* corpora[11] san*c*toru*m* epi*scop*orum in templum Apollinis[12] in monte Aure[li]o in Vaticano Palati[i] Neroniani, t*er*cia die Iulii[13].

K. ar*m.* K.ii. K.iii. Gallus Host[il]ian*us* cum filió suo Volusianó ab Emel[iano] occiss*us* est[14]. Emeleanus tertio[15] mense inuase[16] tirannidis extinct*us*[17] *est.*

INdarba Uladh a hErind a Manaind la Cormac hua Cuind. as de ba Cormac Ulfada dia rochuir Ul*tu* a fad.

[« Expulsion of the Ulaid from Ireland into Mann by Cormac, grandson of Conn. Hence he was called Cormac *Ul-fota*, since he put the *Ulaid* afar *(i fot)*. »]

Nouat*us*, Cipriani epi*scopi* pr*a*espit*er*, Rom*am*[18] ueniens, Nouatianam haeresim[19] *con*didit.

K.u. Duo i*m*peratores[20] creati sunt simul.

---

1. MS. antistis eclina ita menimit oc us*que* ad
2. pridem
3. uideri
4. ofinsionis i*m*pedit minabeo can fegad etir
5. plorerit
6. cederunt
7. an*no*
8. Coroneliu*us*
9. quad*um* matrone
10. cata cumbæ
11. corpore
12. Apollonis
13. *the* MS. *has here:* mensis eñciunt hunc anu*m*.
14. sunt
15. tercia
16. i*n*uasi
17. ext*er*iatus
18. romaní
19. nouatianu*m* heressiu*m*
20. imperatoreis

The Annals of Tigernach. Second Fragment.

.iiii.*m*.cc.xxii.
Valerian*us* in Retia ab ex[er]citu Augu*s*tus appellat*us est:*
Rome *autem* a senatu Gallienu*s*[1], fili*us* Valeriani eiu*s*dem,
Caesar[2] creat*us est*. Mansit in regno Gallienus infeliciter an-
nis[3] .xu. *et* Valerianus[4].

Ciprianu*s*[5] Cartaginensis epis*copus, cuiu*s doctissima[6] extant
opuscula, martir[i]o ap*ud* Cartaginem coronatus *est. Cuius* uite
et passionis uolum*en*[7] eg*r*egium reliq*u*itPonti[u]s [diaconus eius,
qui usque ad diem passionis eius] c*um* ipso exilium[8] sus*t*inuit.

Kl. ui. Valerian*us p*ersecutione[9] in *Christ*ianos commota[10]
stati*m* a Sapore[11] Persarum rege[12] capt*us* est[13], qui ignomi-
n[i]osisima ap*ud* Persas seruitute[14] *con*senuit, h*oc* officiu*m*, donec uixit, sortit*us*, ut [ipse] acclinis humi[15], regem su*p*eras[c]en-
suru*m* in equu*m* non manu [sua] sed dorso a[d]tolleret, ibique[16] luminib*us* orbat*us est*.

Teonas epis*copus* Ala*x*a*n*driae *prae*fuit an*n*is .xix.

Kl. uii. Gothi Graeciam[17], Macidoniamqu*e et* Assiam Pon-
tu*m*que depopulantur[18].

K.i. Guin Chellaigh m*aic* Cormaic 7 marbad Setna m*aic*
Blae m*aic* rechtaire na Te*m*rach, 7 suil Cormaic hui Cuind do
brisidh d'aen forgu*m* la hAengu*s* m*a*c Fiach*ach* Súighi m*aic*
Feidl*imthe* Rech*t*muir. Un*de* Aengus Gaebuaibteach di*c*tus
[est]. Robris iaro*m* Corm*a*c .uii. catha *fo*rna Deisib, *conus*-
fái[d] a Mum*ain* 7 coro tafuind assa thir.

[« The slaying of Cellach, son of Cormac, and the killing
of Setna son of Blae, son of the steward of Tara, and the eye
of Cormac, grandson of Conn, was broken with one spear-
thrust by Oengus son of Fiacha Suigde, son of Fedlimid Recht-
mar. Hence he was called Oengus of the Dread Spear. Then

1. MS. gallian*us*
2. sesar
3. gallian*us* infelicist*er* andis
4. Here there seems a lacuna.
5. MS.: Aprian*us*
6. doctrina
7. uolum*ensus*
8. exillum
9. Uelerian*us* persecuti*no*
10. motato
11. sopore
12. rego
13. Here the MS. i*n*serts persecuti*no* .uiii.
14. persass senectute
15. sordit*us* ut adchiinis çu*m*
16. dorrsu atollerati biqu*e*
17. uigrecium
18. depupulandt*ur*

20   *Whitley Stokes.*

Cormac routed the Dési in seven battles, and sent them into Munster, and hunted them out of his country. »]

Kl. ui. Cormac h*ua* Cuind Cet*chathaig* do ec a Cleiteoch dia-*mairt* iar lean*main* c*nama* bratai*n* i*na* bragaid. *Nó* as iad na siabra ron-ortadar iarna brath do Maelcenn *drái* o *nár'*cred Cor*mac* dó.

[« Cormac, grandson of Conn of the Hundred Battles, died in Cletech on a Tuesday, the bone of a salmon having stuck in his throat. Or it was the elves that destroyed him after he was betrayed by Maelchenn the wizard, since Cormac did not believe in him. »]

K.iiii. Cairp*re* Lifeochair r*egnauit* annis .xx.u.

Gallienus [1] Gallo Valeriano t*erritus* pacem ecclesiis [2] red[d]it.

K.u. Teodor*us, cuius super* meminimus [3] cognom*ento* Gregorius, Neocaesareae [4] Ponti epis*copus,* magna uirtutu*m* [5] gl*ori*a claret, e quib*us* unum est, quod [6] monte*m* precib*us* mouit ut loc*us* [ecclesie] c*ons*truende sufficeret [7].

K.ui. Zefan*us et* Sixtus [8] martirium paissi s*unt.*

Kl.i. Kl.ii. Cairp*re* Lifeochair robris .uii. catha a[c] cosnu*m* ce*rt* Laige*n* for firu Mumun.

[« Cairbre Lifechair, in defending the rights of Leinster, routed the men of Munster in seven battles. »]

K.iii. Kiiii. Ab initi*o* mundi u.*m*.cc.cc.lx.i. iuxta .lxx. [Interpretes,] *secundu*m uero Ebr*eos* .iiii*m*.ccc. Ab Inc*ar*n*ati*o*ne* autem .cc.lx.uii.

K.ui. Kiiii. Ki. Gallien*us* [9] c*um* re*m* publica*m* [10] deseruisset, ac Mediolani [11] libidinib*us* inse[ruiret,] occis*us est*. .iiii*m*.cc.xx.ui.

Kl.ii. Claudi*us* r*egnauit* an*no* u*no* m*ensibus* .uii. ISte Gothos ia*m per* annos .xu. Hiliricum Macedoniamq*ue* [12] uastantes s*u*per*at,* ob qu*ae* in curia clepe*us* [ei] aure*us* *et in* Capitolio [13] [fo. 5ᵇ 2] statua [14] aurea colloca[ta] *est.*

1. MS. Gallan*us*
2. facem ecclinis
3. meirmus
4. G*re*goiris neocessarí
5. uirtutim
6. e quib*us* u*e*l qu*i*
7. sufiserat
8. sicxstus
9. Gallian*us*
10. puplic*um*
11. meolaine
12. macidoniam*us* qu*e*
13. capituo
14. statuo

The Annals of Tigernach. Second Fragment.

Marcion disertissim*us*[1] Antiochene ecle*s*ie *pr*aespit*er*, quip[p]*e* q*ui* in eadem urbe retoricam docuerat, adu*er*s*us* Paulum de [S]amusathe, q*ui* An*t*iochie *p*respit*er*, dogmatizabat Chris*t*um com[m]unis nat*ur*e homi*n*em *t*a*n*tum fuisse[2], accipientib*us* no*t*ariis[3] disputauit, qui dialog*us* us*qu*e hodie extat.

Claudius dolore ap*ud* Sirmium[4] morit*ur*, pos*t* que*m* fra*ter* ei*us* Quintillus xuii dieb*us*, qui[5] in*t*erfect*us est*.

iiii*m*.cc.xx.uiii.

Kl.uii. Aurilian*us* *r*e*g*nauit an*n*i*s* .u. me*n*sib*us* .ui. Hic cu*m* p*er*secu*t*io*n*em adu*ersum* Christianos[6] mouisset, fulm*en*[7] an*t*e e[u]m magno pauor[e] circu*m*stantiu*m* ruit: ac n*on* multo pos*t* a militib*us* occis*us est* iteneris medió q*uod* i*nt*er Constan*t*ino*-* polim[8] *et* Heracleam *est*, stratae[9] ue*t*eris lo[cus] Cenof[r]*o-* rium ap[p]ellat*ur*.

K.u. K. *s*ex*t*a feria. Eutichianus[10] Ro*m*e epis*c*opus marti*r*io coronat*us*, in cymith*er*io Calixti sepelitur, qui[11] *et* ipse .ccc.xiii. martires manu sua sepiliuit.

K.ii. Petrus Ala*x*andriae epis*c*opus a*n*ni*s* ...

K.iiii. Find h*u*a Baiscne decollat*us* *est* o Aichleach m*a*c Duibdrenn 7 o m*a*ccaib Uirgrend do Luaignib Te*m*r*ach* oc Ath Brea fo*r* Boind.

[« Find, grandson of Baiscne, was beheaded by Aichlech, son of Dubdriu, and by the sons of Uirgriu, of the Luaigni of Tara, at Áth Brea on the Boyne. »]

K.u. iiii*m*.cc.xxx.

K.ui. Taci*tus* reig*n*auit m*e*nsib*us* .ui. quo ap*ud* Pontum oc*-* cisó[12] obtenuit Floria*nus* imp*er*ium dieb*us* .lxxx.uii., qui in Tarso in*t*erfect*us* *est*.

Anatoli*us* natio*n*e Ala*x*andrinus, Laudacie Sirie epis*c*op*us*, philosophorum disciplinis[13] erudit*us*, plurimo sermone cele*-* bratur[14]. C*u*i*us* ingení magnitudo[15] de libró q*u*em sup*er* pasca

1. MS. Marsio*n* dioser*t*issim*us*	8. *con*stantinopolum
2. dogmastizabat... fuissi	9. quos utea
3. notairis	10. eutitianus
4. firmu*m*	11. sepult*ur*a
5. q*u*intillum xundieb*us* ui. hic cum	12. occisió
6 xp.iam*us*	13. discipulus
7. flum*en*	14. celebrat*us*
	15. magnitut*o*

composuit, et de x. libris arithmetice institutionis[1], pot*est* apertissime cognosci.
I*n*sana Manic[hae]órum haeresis[2] orit*ur*.
iiii.*m*.cc.xxx.
Kl.ui. P*robus* reg*nauit* a*n*nis .ui. m*e*nsib*us* .iiii. H*ic* Gaillias a barbaris iam iudum occupatas[3] p*er* multa *et* grauia praelia, deletis[4] tandem hostib*us* ad p*er*fe[c]t*um* lib*e*rauit[5].
K.uii. S*e*cu*n*do h*uius* an*n*o, ut i*n* cronicis Eusebéi legim*us*[6], iuxta Anteoche*n*os .ccc.xxu. annus[7] fuit, iuxta Tirios .ccc.ii. *et* iuxta Laudace*n*os .ccc.xx.iiii. iuxta Edessenos[8] .dl.xxxuiii., iuxta Ascolonitas .ccc.lxxx. s*ecundum* Ebreos i*n*itiu*m* .lxxx.ui. iubilei[9], q*uod* sighnificat .iiii*m*.cc.l.
K.i. Kii. Archelaus Mesopotamiae[10] epis*copus* libru*m* disputationis sue q*uam* habuit adu*er*sus Manicheu*m* exeunte*m*[11] de Perside, Siro sermone co*m*posuit, q*u*i tra*n*slat*us* a Gra*e*cis hab*e*t*ur* a mul[t]is.
K.iiii. K.u. P*robus* ap*ud* Sirmium[12] in t*ur*re, [quae uocatur] Ferrata[13], a militib*us* occis*us* *est*.
iiii.*m*.cc.xxx.uiii.
Kl. Cár*us* Narbonensis cu*m* fil*i*is Carino et Numeriano[14] reg*nauit* an*n*is .ii.
Gaui*us* Romane ecclesie epis*copus* fuilget, q*u*i a Diocletiano[15] postea martiriu*m* pas*us* *est*. Pierius[16] p*r*aespit*e*r Alax*andriae* urbis sub Theone[17] epis*copo* eius*d*em ciuitatis florentissimae[18] po*p*olos docuit, *et* tantam[19] sermonis diu*er*sorum*que* tractatuum[20], q*u*i us*que* hodie extant, i*n*uenit eligantia*m*, ut Origenes[21] iunior uocaret*ur*: uir parcimonie[22] *et* uoluntarie paup*er*tatis appe-

1. MS. libriss airit medice institu conis
2. hereissis
3. barbarisa*m* iudu*m* occupatus
4. delitis
5. liberatur. Manicheoru*m* heiri seis oritu*r*.
6. legamus
7. andus
8. edditcenos
9. uileli
10. Arsilaus i*n*esopotamia
11. exaunate*m*
12. firmum
13. ferreta
14. caronio añ. 7 numerinó
15. diaclito*n*e u*e*l tiano.
16. Pilieri*us*
17. deona
18. plorentisime
19. tanti
20. t*r*accatutu*m*
21. origi*n*tes
22. parcimio*n*e

The Annals of Tigernach. Second Fragment.

titor[1], qui post persecutionem omni[2] tempore uíte Rome uersatus est.

K.uiii. Carus postquam de Persis[3] triump[h]auit, uictor circa Tigridem castra ponens, ictu fulminis concidit[4]. Numerianus filius eiusdem Cari, ab oriente rediens, fraude[5] Apri soceri sui occissus est.

Coirpre Lifeochair cecidit[6] a cath Gabra Aithle la Seniach mac Fir chirb do Fothartaib .iiiim.ccl.uiiii.

[« Carbre Lifechair fell in the battle of Gabra Aithle (leg. Aichle ?) by Seníach son of Fer Cirb of the Fothairt, A.M. 4259. »]

Kl. ii. Dioclitianus cum Herculio[7] Maximiano, quem Dioclitianus prius Cessarem et Augustum fecit[8], regnauit annis .xx. Car[a]usius sumptó regnó [et] purpura Britan[n]ias occupauit. Narseus[9] rex Persarum orienti bellum [fo. 6ª 1] intulit. Quin[que]gentiani Africam infestauerunt[10]. Achilleus Egiptum obtinuit, ob quae Constantius et Galerius Maximinus[11] a Dioclitianó Caesares[12] in regnum [ad]sumuntur.

K.iii. Galerius filiam Dioclitiani Valeriam uxorem accepit[13]. Fiacha Roibtine regnauit a Temraig [« in Tara »] annis .xxuii.

K.iiii. Constantinus priuignam Herculii[14] Téodoram accepit[15], ex qua postea sex filios[16] Constantini fratres habuit.

K.ii. Hoc tempore Georgius apud Diocletianum[17] passus est, et intra .xxx. diés .x.iiii millia Christianorum passa[18] [sunt].

K.ui. K.i. Kii. Cath Duiblinde re Fiachaigh Sraibtine for Laigniu, 7 tri catha a Sleib Tuadh, 7 cat[h] Smetire 7 cath Ciarmuighi.

[« The battle of Dublin (gained) by Fiacha Srabtine over

1. MS. apeditor
2. primo persecucon mon
3. dispersis
4. carrta fones icta pluminis conditid
5. fraudi
6. cecisid
7. hierculuo
8. fecid
9. Narsenis
10. africani inuersauerunt inuastauerunt
11. maxemianus
12. cesairis
13. ualerium
14. praeuignam ercuili
15. accepid
16. rex plos.
17. datianum
18. papa

67

the Leinstermen, and three battles at Sliab Tuad, and the battle of Smetire (?), and the battle of Ciarmag. »]

K.iii. K.iiii. K.u. Post .x. annos per Asc[l]epiódotum prefectum praetori[i] Britan[ni]ae recept[a]esu nt.

K.uii. Constantinus et Galerius et Maximianus Caesares assumuntur[1] in regnum.

K.i. Dioclitianus primus gemmis uestibus calciamentisque inseri[2] iusit, dum sola purpura retro principes uterentur[3].

Kl.ii. Kl.iii. K.iiii. K.ui. Constantinus .xui. anno imperi[i], summae mansuetudinis[4] et ciuilitatis uir, diem obi[i]t Eboraci[5].

K.uii. K.i. K.iii. xix. anno Dioclitiani[6]. Dioclitianus in Oriente[7] diuinis libris adustis[8], Maximianus Hercoli[u]s in Occidente uastari eclesias et affligi[9] interficique Christianos praecipiunt.

K.iii. Secundo[10] anno persecuc[i]onis Dioclitianus Nicomedie[11]; Maximianus Hercoli[u]s Med[i]ola[ni], iubente Diocliatiano[12] una die purpuram[13] simul deposuerunt[14]. Attamen[15] coepta semel percicutió usque ad .uii. Constantini an[n]um feruere non cessat. Constantinus et Galerius Agusti imperium inter se diuiserunt. Haec persecutió tam crudelis[16] et crebra flagrabat[17] ut intra unum mensem .xiiii. millia martirum pro Christo passa[18] inueniantur. Nam[19] [et] ociani limbum transgressa[20] Albanum, Aaron et Iuilium Pritanie, cum ali[i]s pluribus uiris ac feminis felici cruore dampnauit. Passus est hac persecucione Pampilius praespiter, Euseui Cesariensis episcopi necesarius, cuius ipse uitam tribus libris compre[h]endit. Passus est tempistate Petrus Alaxandriae episcopus cum pluribus Eigipti episcopis, cui successit Achilleus[21] episcopus in Alaxandria anno. Lucianus quoque, uir moribus et continentia et eru-

1. MS. cessarius assumantur
2. gemus... anseri
3. netro principens uterenter
4. sumea mansuentudinis
5. eborati
6. diocliatiani
7. inuiriante
8. aduerstis
9. eclínas 7 aflighi
10. secunda
11. dioclitianis incomidie
12. dioclitiono
13. purporum
14. disposuerunt
15. Actamen
16. crutelius
17. fiangbat
18. passi
19. Inter iam
20. transcresa
21. aceilíis

The Annals of Tigernach. Second Fragment.

ditione, praecipu[u]s Antiochenus praespiter, passus est. Timotheus quoque Rome passus est .x. kalendas Iulias [1].

Tercio anno persecucionis, quo et Constantius obiit, Maximus [2] et Seuerus a Galerio [3] Maximiano Cesares facti sunt, quos ita posuit, Maximum scilicet in Oriente et Seuerum in Italia, ipse in Hilirico consti[tu]tus est. Constantius obiit [4].

K.u. Annó ab Urbe condita milleisimó sexagessimo [5] primó Constantinus .i. imperator .xxxiiii. ab Agusto, Constantii [6] ex concubina [7] Elina filius, in Britania creatus imperator regnauit annis .xxx.ii. et mensibus .ix. Hic cum elephantino morbo ar[r]eptus est, medici ei consilium deferunt ut in t[h]erma sanguine infantium [8] plena calide lauaret [9]. Cumque id fieri temptaretur luctu [10] matrum rex misertus ait: « Non faciam hoc licet [11] sim leprosus perpetuo ». Cui ideo [12] Petrus et Paulus apostoli sequente nocte ap[p]aruerunt dicentes ei: « Vocca Siluestrem papam [13], et ostendet [14] tibi salutis thermam [15] ». Quo facto post ieiunium uisit [16] manum de celo sibi missam [17] tangentem se in [h]ora babtismi, ac subito sanus abiecta lepra factus est rex. Post hoc dedit licentiam Christianis congregatis [18] in toto orbe terrarum. Igitur de persecutore [19] Christianus efficitur. Hoc totum in sexto reigni eius anno factum fuisse uerius af[f]irmant.

Kl.ui. Quartó anno persecucionis Maxentium Herculi[i] Maximiniani filium [20], qui priuatus in Lucania morabatur, praetoriani milites Rome Agustum [21] nuncupauerunt, qui Seuerum Cessarem a Ga[l]erio Agusto missum cum exercitu aduersum se Romam [22] a militibus suis destitutum in Rauenna [23] interfecit.

K.uii. Hercul[i]us Maximianus ex Agusto tiran[n]us factus

1. MS. iuilius
2. Maximius
3. galiero
4. Constantibus obuit.
5. sextagessimo
6. constannti
7. concupinæ
8. saingine infantiam
9. lauarunt
10. lucta
11. licus
12. idio
13. siluestrum papum
14. ostendit
15. termum
16. uicit
17. misam
18. congregannis
19. persecucione
20. maximani plm.
21. axustum
22. romum
23. reuenda

Maxentium[1] filium suum [fo. 6ª 2] regno[2] spoliare conatus est, sed proditus et conter[r]itus in Galliam fu[g]it ut Constantino genero[3] iunctus dolis auferret[4] imperium. Sed per filiam suam[5] deprehen[s]us et proditus[6] in Massilia[7] interfectus est. Euseb[i]us Cessarius ciclum decennouenalem[8] composuit.

Kl. i. Inter Constantinum et Maxentium ciuile[9] bellum exortum est. Maxentius sepe multis praeliis agitatus[10], ultime apud pontem Mul[u]ium uictus et interfectus est.

K.iii. Licinius, Constantiae[11] sororis Constantini uir, Carnu[n]ti imperator[12] creatus [est], quem Constantinus primum in Pannonia[13] uicit, deinde apud Cibalas oppresit, quem tandem[14] ad dedic[i]onem coegit et priuatum iusit occidi[15].

K.iiii. Constantinus barbaros[16] apud Danuuium congregatos ad bellum in Sarm[a]tarum regione uicit, confisus de uirtute crucis sibi in aere[17] ostense in sompnó ac uerbo dicentis[18] « In hoc uince hostes sighno. » Propter hoc cre[di]dit Christo, et crucem eius a Iude[i]s mater eius Helena, eo imperante, quaesiuit[19] et inuenit, et secum ad Constantinum filium suum ad[d]uxit. Baptizatus est autem Constantinus a Siluestro papa[20], ut diximus, qui fecit basilicam Iohanni Baptize[21], item basilicam beato Petro in templo Appoll[in]is, necnon et beato Paulo similiter, ubi decollatus est, corpus utriusque aere ciprió circundans quinque pedes grosso[22].

His temporibus heresis Arriana exorta est. In [N]ece[a]no concilio tricentorum[23] .x. octó episcoporum fidés catholica exponitur anno post Alaxandrum .d.c̄.xxx.iii. die mensis secundum Graecos desis [Δαισις?] .xix. qui est .x.kl. Iulias[24], consulatu Paulini [et Iuliani] .iiii.m.cc. Arius Alaxandriae prae-

1. MS. maxantium
2. regnonum
3. genore
4. aferad
5. preuignum suum
6. prodictus
7. malsile
8. decmoenalem
9. cicule
10. preliss agitatis
11. lucius constansie
12. imperatur
13. panoma
14. tentem
15. occidit
16. barburus
17. sibem
18. dicendis
19. quaesinuit
20. papo
21. baptizetus est.
22. gorosos
23. MS. inserts sicilus
24. iuili arum

The Annals of Tigernach. Second Fragment.

spiter erat, qui dixit Filium Patri[1] non esse equalem, nec Filio Spiritum; ad cuius dampnacionem in Nicaea[2] urbe Bithyniae[3] .ccc.xuiii. episcobi congregati sunt, qui secundum post apostoli simbulum fecerunt[4]. Arius ab Alaxandria pulsus est per Alaxandrum episcopum eiusdem urbis.

Kl. Constantinus fecit basilicam in palatio Sosoriano[5], quae cognominatur Hierusalem, ubi de ligno crucis Domini partem posuit. Item basilicam sancte martiris Agne[tis] ex rogatu[6] filie sue fecit[7], et baptizerium in eodem loco, uibi baptizata[8] est et soror eius Constantia[9] cum filia Agusta.

K.uii. Porro Galeirius Augustus qui morabatur in Epiro, postquam per annos .x. omni genere hominum exhausit[10] prouincias, et putrifacto intus pectore et uitalibus[11] dissolutis[12], [cum] etiam uermes eructaret[13], et neque medici foetorem[14] eius ferentes iussu ipsius occiderentur, cruciatus[15] non sustinens nim[16] uite sue a[t]tulit: qui multo[17] ante Cessares hos elegit Maxim[in]um scilicet, quem in Oriente[18] posuit, qui persecutus est Christianos, quique apud Tarsum interit, et Seuerum, quem a Maxentio in Rauenna[19] interfectum ferunt, in cuius locum Galerius ordinauit Licinium; ipse in Hilirico constitutus.

K.i. Constantinus Crispum filium suum et Licinium[20] Licini Agusti et sororis sue f[i]lium, quos ante Cessares festinauit ordinare[21], interfecit.

K.ii. Constantinus fecit basilicam beato Laurentio mart[ir]i uia Tiburtina in agro[22] Verano.

Kl.uii. Constantinus item fecit basilicam uia Lauicana[23] intra duas Lauros beato[24] Petro et Marcellino[25] martiribus et

1. MS. fr.i
2. ineco
3. betunie
4. feserunt
5. balatio sororiano
6. rogata
7. fac.
8. baptizrata
9. constantina
10. hionm exausid
11. uitabil.
12. desolutis
13. eructauit
14. fotoirem
15. MS inserts non cessares
16. sustinensium
17. multio
18. moriente
19. maxantio intrauenna
20. licinidum
21. ordinari
22. magno
23. leuicana
24. beata
25. marsillino

71

mausoleum ubí ma*t*rem¹ suam possuit i*n* sarcofagó porporéo.

K.iiii. Constantin*us* quoqu*e* fecit bassi]ic*am* in ciuitate Ostia iuxta² portu*m* Urbis Rome beatoru*m* ap*os*tolor*um* Pe*t*ri *et* Pauli *et* Iohan*n*is ap*ost*oli [leg. baptistae].

K.ui. Constanti[n]us Drepanu*m* Bithyniae ciui*t*atem³ in [h]ónorem martiris Luciani ibi c*on*diti [instaurans] ex uocabulo⁴ ma*t*ris sue Helenopolim nuncupauit⁵.

Kl.i. Idem C*on*stantin*us* Romam Petro ac Pauló relinq*u*ens, i*n* Beti*n*a (*sic*) ciuitatem c*on*dere disponens i[n] nocte ab eá⁶ cuncta sua ferramenta ablata sunt *et* i*n* Traciam diuinit*us* a[d]lata, ubí urbem nom*in*is súi statuens sedem⁷ reghni Romani imper[i]i *et* toti*us*⁸ caput Orientis esse uoluit, qu*ae* sola⁹ expers idolor*um*, for*m*a *et* potentia [fo. 6ᵇ 1] Rome merito possit¹⁰ equari.

K.ii. Constantin*us* statuit citra ullam¹¹ hominum caedem¹² pagan*or*um templa claudi, qu*i* mox Gothos¹³ in Sarmatarum¹⁴ regione deleuit.

K.iiii. Fiacha Roibti*n*e do toti*m* a cath Dubcomuir la tri maccu a bráthar .i. ma*c* Eachach Doimléoin, m*a*ic Cairpri Lifechair. It e imm*orr*o a n-anmann .i. na tri Cholla: Colla Uais 7 Colla Mend 7 Colla fo chrich o tait Airgialla, 7 issi an fingalso roscar rigi n-Erenn fri hAirgiallu. Adberaid imm*orr*o Laigi*n* is a cath Cnamrois a dorchair Fiacha co*n*a brathrib 7 co .ix. *m*ili*b* dia claind la Bres mBeol*ac*h rig Laige*n*. Dub comair ainm druadh Fiach*ach* Raibti*n*e, 7 r*om*arbadh isi*n* cath he. c*on*id de dogarar cath Dub chomair.

[Fiacha Roibtine fell in the battle of Dub-chomair by the three sons of his brother, the son of Eochaid Doimlén, son of Carbre Lifechar. These are their names, that is, the Three Collas: Colla Uais and Colla Mend and Colla fo crich, from whom are the Airgéill. And 'tis this parricide that severed the kingship of Ireland from the Airgéill. Howbeit the Leinster-

1. MS. i*n* ausiliu*m* ubí me*r*. m.
2. iaxta
3. Beithiní om*n*i
4. exuebulo
5. heleneplim nuncapauit
6. eó
7. sedi*m*
8. tocius
9. solo
10. posuit
11. cicra ullum
12. sedem
13. gothus
14. sormatar*um*

men say that it was in the battle of Cnámros that Fiacha fell with his brothers and with nine thousand of his clan, by Bres Beolach, king of Leinster. Dub-chomair was the name of Fiacha Raibtene's wizard, and he was killed in the battle. Hence it is called Dub-chomair's battle »].
K.u. Colla Uais do gabail rige Temrach annis[1] .iiii. [« Colla Uais took the kingship of Tara for four years »].
Ab initio[2] mundi,*secundum* .lxx. Int*er*pr*e*tes .umdxix., *secundum* u*er*o Ebr*e*os .iiiimcclxx.u. Ab I[n]car*n*atio*ne* .ccc.xix.
Kl.ui. Co*n*sta*n*ti*nus* multa pr*ae*lia feicit.
K.uii. K.i. Mart*i*nus Turonensis pos*t*ea epis*c*opus*tunc* nat*us* est.
K.iii. Muiredhach Tireach m*ac* Fiach*ach* Sraibtine do indarba na tri Colla a n-Albui*n*. c*um* .ccc. uiris, et ipse po*st* eos reg*n*aui*t* an*n*is .xxx. A cind bl*iadne immorro* ni rabatar na tri Cholla thair *acht* tri nonbuir nama. Dodeachadar d*idiu* co Muiredach iarna radh da ndrúidh fr*i*u, 7 robáighed friss 7 doráidhsed drochbriathra [corus-marbadh] 7 co*m*adh air tuairsid an fingail. O na tedaisset tarr*sad*ar oca 7 robdar gora do.
[« Muredach Tírech, son of Fiacha Srabtine, banished the three Collas into Scotland with three hundred men, and after them he himself reigned for thirty years. Howbeit, at the end of the year, of the three Collas (and their men) there remained in the east only three enneads. Then, having been so told by their wizard, they went to Muredach, and spake against him, and uttered evil words so that he might kill them and the parricide might thus fall upon him. As they did not... they tarried with him and were dutiful to him. »]
Iuuenc*us* u*er*sific*us* in [H]ispania floruit[3].
K.iiii. Cath Achaid[4] Leithd*eir*g i Fernnmuig, i torchair Fer*gus* Foga m*a*c Fraechair Fortr*i*uin, tiughflaith Uladh, a n-Emain Macha lasna tri Cholla, 7 dorochair Colla Mend is*in* cath si*n*. Roclaidhsid iaro*m* na tri Cholla Eamui*n* Macha, 7 ni ros-aitrebsad Ul*aid* in*n*ti o si*n* alle, 7 tallad uaidib a righe o Loch Each*ach* ille [siar].
[« The battle of Achad Lethderg in Fernmag, wherein fell,

1. MS. anno
2. i*n*icon
3. ploruit
4. achaig

by the three Collas, Fergus Foga, son of Fraechar Fortrén, the last prince of Ulaid in Emain Macha: and in that battle Colla Menn fell. Then the three Collas razed Emain Macha, and the Ulaid thenceforward did not dwell therein, and their kingdom was taken away from Loch Neagh westwards. »]

K.u. Donatistarum scisma oritur.

. K.uii. K.ii. K.uii. K.ii. K.ui. K.uii. K.u. K.uii. Constanti[n]us in extrem[o] uite sue termino [1] ab Eusebió Nicomediense [2] episcopo baptizatus, in Arrianum dogma conuertitur, proh dolor [3]! bono usus principio et maló fine.

Kl.i. Constanti[n]us cum contra Persas bellum moliretur, in uilla puplica iuxta Nicomediam, dispositam bene rem publicam filiis suis tradens, diem obiit [4] .iiiim.cccc.xiiii.

K.ii. Constantius [cum] Constantino et Constante fratribus suis reghna[ue]re annis .xx.iiii. mensibus .u. diebus .xiii.

K.iii. IAcobus Nisibenius episcopus agnoscitur [5], ad cuius preces s[a]epe urbs discrimine liberata [6] est.

K.u. Impietas [7] Arriana Constanti[i] réighis fulta praesidio [8], exili[i]s, carceribus et uari[i]s af[f]lictionum modis [9], primum Athanasium [10], deinde omnes non sue partis episcopos persecuta est.

K.ui. Constantinus a ducibus Constantis [11] fratris sui in bello occisus est.

PAITRICIUS NUNC NATUS EST.

K.uii. Constans Arianus effectus [12] catholicos toto orbe persequitur. Cuius etiam fauore fraterno(?) Arrius, dum in Constantinopoli ad ecclesiam pergeret [13], — a[d]uersus catholicos de fide dimicatum est [14], — deuertens per forum Constantini ad ne-

1. MS. termenió
2. nicometense
3. prodolar
4. inicommediam dispondidum bemrem puplicum filis. is. tradendiam obit
5. agnoisitur
6. liberato
7. impeditas
8. praecidio
9. mondis
10. anathaisium
11. constantinus
12. effeactus
13. dumin constantino polii adexiliam pergerit
14. demicatus. This sentence is misplaced, and some words seem omitted.

The Annals of Tigernach. Second Fragment.

cessariam[1] causam uiscera[2] eius repente[3] simul cum uita et[f]usa sunt[4].

Haeresis Anthropomorphianorum[5] in Siria et Macedoniá[6] [et] in Constantinópoli nascitur[7].

K.i. Per idem tempus Athanasius[8] et Hilairius claruerunt. Donatus Aelius[9] gra[m]matice scriptor, Hieronimi [praceptor,] Rome illustris habetur.

K.iii. Constans aduersus Persas et Saporem regem[10] eorum, qui Mesopotamiam inuaserant, .ix. bella[11] fecit.

K.ui. Constans Magnenti dolis, [fo. 6ᵇ 2] in op[p]idó quod[12] Helena nominatur, in proximo Hispaniae, interfectus est.

K.iii. Magnentius[13] postea arripuit imperium apud Agustodunum, [quod] continuo per Galliam, Affricam, Italiamque perrexit[14]. In Illirico autem Vetranionem[15], etate grandeuum, imperatorem sibi milites creauerunt, uirum natura simplicem, cunctis[16] iocundum, sed qui ne prima quidem unquam[17] literarum elementa[18] didicisset. Itaque cum primum literas literarumque sillabas imperator senex interdum inuitus meditaretur[19], a Constantinó deponere[20] iussus imperium, abiciens cum literis purpuras[21], contentusque priuatis feriis, palatium simul scholamque reliquit[22].

Paulus herimita quieuit centesimo et xiii.' anno etatis sue, quem Anton[i]us monacus, leonibus sibi sepulcrum duobus[23] fodientibus, sepeliuit.

K.ui. Maximus Treuerorum episcopus clarus habetur, a quo Athanasius Alaxandriae[24] episcopus, cum a Constantino quaereretur ad penam, honorifice suscepit.

1. MS. nesecariam
2. uiscere
3. repende
4. est.
5. heresiss antroponior fidarum
6. Macedonió
7. constantinó polii nascetur
8. anathasius
9. Aritus
10. soporem regim
11. mesopontaniam inuaserunt .ix. uella
12. cui
13. Magricentius
14. porrexit
15. ulteraniorem
16. simplicim cuncctis
17. unar
18. elemita
19. inuictus meditar eter
20. disponde
21. purdorus
22. scolum que relicit
23. duobis
24. Anatasius alagax

K.i. Nep[o]tian*us* Rome, sororis[1] Constantini filius, gladiatorum manu fret*us* inuasit *imperium*, q*ui* a Magnentii[2] ducibus in*ter*fectus *est*.

K.ii. Bellum in*ter* Constanti*um* Magnentium*que* factum *est* ap*ud* Mursam urbe*m*, i*n* q*uo* Magnentiu*s*[3] a[u]fugit, atque non multo[4] po*st* ap*ud* Lugdonum p*ro*pria se manu interfecit[5].

K.iii. Helarius Pictauiensis ep*iscopus*, q*ui* puls*us* ab Arianis[6] in Frigia · exulaùerat, cum ap*ud* Co*n*stantinopolim[7] [librum] p*ro* se Co*n*stantio porrexisset[8], ad Gallias reidit.

K.iiii. K.ui. K.uii. Reliquie Timothei apo*stoli* Constantinopoli inuecte s*unt*.

K.i. K.ii. K.iiii. Muiredhach Tirech do marbad la Caelbadh m*ac* Cruind badhraidhi, la rí[g] n-Ul*ad*, ic Port rig os Dabull.

[« Muredach Tirech was killed by Caelbad, son of Crund badraide, king of Ulaid, at Port rig over Daball. »]

K.u. Eoch*aid* Muigmedo*n* m*ac* Muiredhaig Tirigh r*egnauit* ann*is* .uiii. Ceithri m*aic* Moing[f]inde i*n*g*ine* Fidhaigh, Ail*i*ll, Brian, Fiach*r*a, Fearg*us*.

Niall mór m*ac* na Sax[an]chi,
Cairne a hainm feib r*us*-cenglos,
cóic m*aic* Each*ach* Muid-*m*edhoi*n*,
ni da deroil ro derb*us*.

[« Eochaid Muigmedoin, son of Muredach Tirech, reigned eight years. Four sons he had by Mongfind, Fidach's daughter, namely Ailill, Brián, Fiachra and Fergus. (And a fifth by the Saxon woman Cairne, as the poet says :) « Niall the Great, son of the Saxon woman, Cairne was her name as I have collected. Five sons of Eochaid Muig-medóin : not trifling is what I have certified. »]

PATRICIUS CAPTI[U]US in[9] Hibernia*m* ductus est.

K.ui. Co*n*stantinó [Ro*m*am nouam] ingresso, ossa And*r*ia[e] ap*osto*li *et* Luce euangeliste a Constanti*n*opolitanis miro fauore[10] s*u*scepta sunt.

1. MS. sorores
2. magentian*us*
3. magnamientius
4. ag no*n* multu
5. interfect*us*
6. arrensi*us*
7. co*n*stantino opulum
8. constantino porexit
9. an
10. furore

The Annals of Tigernach. Second Fragment.

K.uiii Constantinus Iuilianu*m* patruelem suu*m* Cessarem a se creatum ad Gallias[1] misit, qui Gallos subiecit *et* Al[a]ma*nos*, *et* [Rheno] Germanos reuinxit, qui mox Agus*tus*, Cons*tan*tiu*m* Parthicis praeli[i]s occupatum parte reigni priuauit. *Cons*tantius Iuliani[2] scelere comperto, dimissa expedicione Partoru*m* du*m* ad bellu*m* ciuile reuertitur, in itinere in*ter* Cilic[i]am Capadociamqu*e* defunct*us* *est*.

K.ii. K.iiii. Antonius monach*us* centessimó qu*i*nto etatis sue an*n*o in Chris*t*o quieuit.

K.u. Iuilian*us* an*n*o *primo* ut Orosi*us*[3] ait, mensib*us* .uiii. sol*us* obtenuit i*m*perium. Hic ex cleirico i*m*perator e[f]fect*us* in idulor*um* cultum conu*er*titur, maruri[um]q*ue* Chris*t*ianis infe*r*t, q*ui* etiam du*m* odió Chris*t*i templum i*n* H[i]erusolimis Iude[i]s reparare p*er*misiset, atq*ue* ex omnibus prouinciis[4] Iudéi colle[c]ti noua Templi fundame*n*ta iacerent, subitó nocte aborta[5] *ter*re motu saxa ab imó[6] fundame*n*torum exclusa longe lateq*ue* sparsa sunt, igneus q*uoque* globus ab interiore ede templi egress*us* pl*u*rimos eoru*m* suo prostráuit incendio, quo *ter*rore reliq*ui* pauefacti[7] Chris*t*u*m* *con*fitebantur[8] inuiti, et ne hoc casu crederent[9] fact*u*m, sequente[10] nocte in uestime*n*tis cunc*tor*u*m* crucis signu*m* apparuit[11].

Pagani[12] ap*ud* Sebasten[13] Palestinae urbem sepulcru*m* Iohannis Bap*t*is*t*ae inuadunt[14], ossa dispergunt, eade*m* rursum collecta *et* cremata lati*us* dispergunt. [Sed] *Dei* prouidentia affuere quidam ex H[i]er*u*solumis monachi, qui mixti erant collegentib*us* quaecunque ipsi poterant[15] [ablata, ad patrem suum Philippum pertulere].

The second fragment ends here. The rest of the story of the relics of John the Baptist may be found in *Bedae Opera*, ed. Giles, VI, 314.

(A suivre.)   Whitley STOKES.

1. MS. gallius
2. parti... *con*stantinus iulia*m*
3. orati*us*
4. prouinchis
5. aborte
6. saxabi*n*ió
7. paue pacti
8. *con*fidebantur
9. crederunt
10. sequenti
11. crusis... apuit
12. Pagum
13. sepaten
14. inuadant
15. quoque ipse pot*er*terant

Revue Celtique, XVII.

THE ANNALS OF TIGERNACH

THIRD FRAGMENT. A.D. 489-766.

RAWL. B. 482, FF. 7ᵃ 1—14ᵇ 2.

[*₊* Tigernach rarely uses the Christian era. He indicates the succession of years by repeating the sign « Kl. » or « K. » (Kalends of January), to which he and his continuator generally add the ferial, or weekday, number [1], and, from A.D. 1016 onward, also the day of the moon. I have therefore given in brackets the corresponding years in the Annals of Ulster (AU.), the Chronicon Scotorum (CS.), the Annals of Loch Cé (ALC.), the Annals of the Four Masters (FM.), and the Annals of Inisfallen (AI.), although in the Annals last mentioned the dates quoted are due to the editor, not the compiler. It will be seen that the Annalists seldom agree in their dates, and it is certain that many, perhaps most, of these dates are erroneous [2]; but the amount of error in each case is not very important.

Many of the quatrains cited by Tigernach are corrupt, and my versions of all of them are merely tentative.]

---

[1]. Thus « Kl. iii. » means a year in which the Kalends, or 1st, of January was a Tuesday, the 3d day of the week. Such a year reoccurs in cycles of 28 years.

[2]. Thus O'Donovan (FM. I. xlviii) says that the Annals of Ulster are antedated by one year up to 1014, and Dr Mac Carthy (Todd Lecture Series III, 373) asserts that from A.D. 494 to 1019 the date of « every item » in the Annals of the Four Masters is wrong.

[AU. 488. FM. 488. CS. 486. AI. 483].

K.u. Quies sancti Ciannaini Daim liag. Is do tug Patraic a shoiscela. [« The rest of S. Ciannán of Duleek. 'Tis to him that S. Patrick gave his gospel »].

[AU. 489. FM. 488. CS. 487. AI. 484].

K.uii. Quies epscuip Maic caille. [« Rest of bishop Mac Caille »].
Cath Cella Asnada i Muig Fhea, ubi cecidit Aengus mac Nadfraich 7 uxor eius 7 Eithni Uathach ingen Cremthainn maic Enna Cendselaig. Illand mac Dungaili 7 Ailill a brathair 7 Eochaid Guinech 7 Murchertach mac Erca rig Ailigh uictores erant. Vnde dictum est :

   Adbath craeb dosbili moir [1]
   Aengus molbtach mac Nadfraich,
   facbadh [2] la hIlland na rath
   'sin cath a Cell-osnad clain.

   Illand ocus Muirchertach,
   Ailill, Eochaid tend toichar
   rochuirset cath Cell-osnad
   re hAengus Muman molbthach.

[« The battle of Cell-osnad in Mag Fea, wherein fell Oengus, son of Nadfraech, and his wife, and Ethne the Horrible, daughter of Cremthann, son of Enna Cennselach. The victors were Illann, son of Dungal, and his brother Ailill, and Eochaid the Wounder, and Murchertach, son of Erc, king of Ailech. Hence it was said :

   « The branch of a great bushy tree hath died, praiseworthy

---

1. MS. inoir   2. facbaigh

The Annals of Tigernach. Third Fragment.

Oengus, son of Nat-fraich. He was left by Illann of the graces in the battle at sloping Cell-osnad.

« Illann and Murchertach, Ailill and strong, wilful Eochaid fought the battle of Cell-osnad with praiseworthy Oengus of Munster]. »

Bass Muiredhaig Muind*eir*g, 7 Eoch*aid* a mac ar-rigi n-Ul*ad*.
[« Death of Muredach Redneck ; and his son Eochaid (took the) kingship of Ulaid »].

[AU. 490. AI. 485].

Kl.ii. Zeno Aug*us*[tus] uita decessit[1] anno *septimo* mense *sexto*. Hi *menses et sex* menses Marciani[2] ad[d]unt annum[3] qu*em* non num*er*ant cronice.

[AU. 492. FM. 493. CS. 489. AI. 488].

K.ui. Anastais*ius* regnauit[4] anno[s] xxuiii.
PATRICI*US* ARCIEPISCOP*US ET APOSTOLUS* Hiber-ne*n*sium anno etatis sue centisi*mo* uigessimo .xui. die Kl. Aprilis q*u*ieuit.

O gene*m*ain Cris*t* ceim ait,
cc*t*hri c*et* ior caemnochaid,
teora bl*iadna* saer[a] iar soi*n*
co bass Pat*r*aic pri*m*apstail.

[« From Christ's birth, a pleasant step, four hundreds on fair ninety, three noble years after that to the death of Patrick the chief apostle » i. e. A.D. 493].

K.uii. Trasamundus Vandalus Vandalorum[5] rex catolicas eclesias clausit[6] *et* .cc.xx. epi*scopo*s exilio misit Sardiniam[7].

1. MS. decessid
2. marsiani
3. andum
4. reign.
5. Transamund*us* ualandan*us* ualandoru*m*
6. elu*s*it
7. sardiniu*m*

K.u. Cath Sratha [« the battle of Srath (Conaill ?) AI. 485 »].
Felix papa q*u*ieuit, cui successit Gelasius[1] papa an*n*o[s] .iii.

[AU. 493. CS. 491].

K.uii. Cath Tailltcn for Laig*n*ib ria Cairp*r*e mac Neill.
[« The battle of Tailtiu gained over Leinster by Cairbre, son of Niall »].

[AU. 494. CS. 492].

K.i. Cath tanaiste G*r*aine, in q*u*o cecidit Fraech mac Fidchadha r*i* Laig*en* Desgabuir, la hEochaigh mac Cairp*ri*. [Eochaid] uictor fuit. [« The second battle of Grane, wherein Fraech, son of Fidchad, king of South Leinster, fell by Eochaid, son of Cairbre. Eochaid was victor »].

[AU. 495, 497. CS. 493. AI. 488].

K.ii. Q*u*ies Cuindedha maic Cathbadha .i. Ma*i*c Cuilind epis*copi* Lusca. [« Rest of Cuindid, son of Cathbad, i. e. Mac Cuilinn, bishop of Lusk »].
Defect*us* solis apparuit.
Expugnac*i*o Dui*n* Leathglaise. [« The storming of Downpatrick »].
Gelassi*us* q*u*ieuit.

[AU. 496. CS. 494].

K.iii. Ro*m*ane eclesie, .xl.uiii. Anastasi*us* papa ordinat*us* uixit an*n*is .ii.

[AU. 498. FM. 492].

Cath Slea*m*na Midhe for Laig*n*ib ria Cairp*r*e mac Neill [« The

1. MS. gallaissi*us*

battle of Slemain in Meath gained over Leinster by Carbre son of Niall »].
MoChae Naendroma [« My Coe of Noendruim»] quieuit. [FM. 496.]
Epscop Cormac in Ernide, comarba Patric, pausauit. [« Bishop Cormac, of the Ernide, a successor of S. Patrick, rested »].

[AU. 497. CS. 495].

K.u. INgens terre motus Ponticam concussit[1] prouinciam. Anastassius papa pausauit.

[AU. 498. CS. 496].

K.ui. Romane eclesie .xlix. Simacus papa uixit annis .xu.
Cath Cind Ailbe for Laignib le Cairpre mac Neill [FM. 494] [« The battle of Cenn Ailbe gained over Leinster by Carbre, son of Niall »].

[AU. 501. FM. 499. CS. 497].

K.uii. Cath Segsa ria Muirchertach mac Erca for Duach[2] Tenga uma ri Con[n]acht, ubi [Duach] excidit. Unde[3] Cendfaelad cecinit :

> Cath Seghsa
> ben do mnaib fordoruair.
> robo cro derg ar cruisigh
> la Duisigh ingin Dua[i]ch.

> Cath Delge, cath Mucruma
> ocus cath Tuama Druba,
> la[4] cath Segsa i dorc[h]air
> Duach Tenga uma.

1. MS. conclucit
2. dou
3. cesit undi
4. 7

[« The battle of Segais gained by Muiredach, son of Erca, over Duach of the Brazen Tongue, king of Connaught, wherein Duach fell. Hence Cennfaelad sang :
« The battle of Segais — a woman of women caused it. Red blood was (brought) on spear by Duisech, daughter of Duach.
« The battle of Delge, the battle of Mucruma, and the battle of Tuaim Druba, with the battle of Segsa wherein fell Duach of the Brazen Tongue »].

K.i. Simac*us* papa *inter* multa eclesiarum opera quae *uel* a fundam*entis* creauit *uel* prisca renouauit ad beatum Petrum *et* Paulu*m* et Laurentiu*m* paupe*ribus* habitaculum[1] *co*nstruxit, *et* omni anno *per* Africa*m uel* Sardiniam episcopis qui in exsilio[2] erant pecunias et uestes ministrabat[3].

[AU. 502. FM. 496. CS. 499].

Cath Dro*ma* Lochmuighe ria Laig*nib* for H*uu* Neill. [« The battle of Druim Lochmag gained by the Leinstermen over the Húi Néill »].

Fearg*us* Mor mac Earca *cum* gente Dalriada[4] partem Britaniæ tenuit, *et* ibi mort[u]*us est*.

Eogan Bel *regnauit* an*nis* i Cruachai*n* [« in Cruachu]» .xliii.

[FM. 497. CS. 500. AI. 492].

K.iii. Cath Inde mori i crich Ua [fo. 7ª 2] nGabla *for* Illand m*a*c Dunlai*n*g la Laigniu, in q*uo* Murch*er*tach m*a*c Erca uict*or* erat. [« The battle of Inde Mór, in the district of Húi Gabla, gained by the Leinstermen over Illand, son of Dunlang, in quo », etc.]

Bass esc*ui*p Iubair [« Death of bishop Iubar] *nono* kl. Mái, c*uius* etas .ccc.iii. an*n*o[rum] erat [AU. 499, 505].

1. MS. h.itacla*m*
2. excilio
3. 7 uestis minestrabant
4. dalraida

The Annals of Tigernach. Third Fragment.

[AU. 504].

K.iiii. Ku. Kui. Cerban escop o Ferta Cerbain [« bishop Cerbán of Ferta Cerbáin »] mortuus est.
Cath Manand la hAedhan mac Gabrain [« The battle of Mano gained by Aedán, son of Gabrán »].

[AU. 504].

K.i. Bass Bruidhi maic Maelchon, ríg Cruithnech [« Death of Brude, son of Maelchu, king of the Picts »].
Bass Domanguirt maic Nissi righ Alban [« Death of Domangort, son of Nisse, king of Scotland »].

[AU. 509. CS. 505. AI. 490. FM. 501].

K ii. Cath Fern muighe [leg. Fremna] Midhi for Fiachaig mac Ne[i]ll ria Failge mBerraidh[e]. Unde dictum est :

> IN righ aile asmberid
> Fiachra mac Neill na cel[a]idh[1],
> is fair tar cremla cille
> cath Ferna [leg. Fremna] Midhi meabaidh.

[« The battle of Fremainn in Meath gained by Failge Berraide over Fiacha, son of Niall. Whence this was said :
« The other king, mention ye him, Fiachra, son of Niall, conceal him not, 'tis over him... the battle of Fremainn in Meath was gained [lit. broke].

[AU. 506, 507. CS. 507. AI. 497. FM. 503].

K.iii. Cath Arda coraind [« The battle of Ard corann »].

1. MS. celigh

Bass Lughdach m*aic* Laeghaire rig Tem*r*ach i n-Achad farcha
.i. farcha tendtidhe do ni*m* ros-marb iar ndiultad i*n* Tailgin*n*
[« Death of Lugaid son of Loeguire, king of Tara, in Achad
farcha (« the field of the thunderbolt »), to wit, a fiery bolt
from heaven killed him after he had renounced the *Tálchenn* ».
(« Adzehead », i. e. St Patrick).]

Eoch*aid* m*a*c Muiredaigh obit. Cairell m*a*c Muiredaigh Mun-
d*eirg* ir-righi n-Ul*ad* [« Cairell, son of Muiredach Redneck,
into the kingship of Ulaid »].

[AU. 512. CS. 508. FM. 504].

K.iii. Muircertach m*a*c Earca do gabail rigi n-Er*enn* [« Murchertach, son of Erc, took the kingship of Ireland »].

[AI. 500].

K.uii. Mac[c]nissi .i. Aeng*us* esp*oc* Con*n*dere quieuit, *cuius*
pater[1] Fobraech d*ic*tus *est, cuius* mat*er* Cness i*n*ge*n* Co*n*caide
de Dáil Ceter*ne*, a qua nominatus[2] *est* M*a*c Cneise [CS. 508].

[AU. 512. CS. 511. AI. 503].

K.i. Quies Earc esp*uic* Slaine .x.c. an*n*o etatis sue, de quo
Patri*cius* ait :

> Esp*oc* [Erc]
> cach ni *con*dernadh ba c*er*t,
> cach aen b*er*es cocair cert
> f*or*tbeir bend*acht* easp*oc* Earc.

[« Bishop Erc, whatever he would do was right. Whoever
delivers a just assessment (?) bishop Erc confers a blessing on
him »]

Natiuitas[3] *sancti* Ciarani filii artificis.

---

1. MS. fr
2. a quo nomi*n*atu*r*
3. natiuitass

The Annals of Tigernach. Third Fragment.

[AU. 511. CS. 512. AI. 501].

Simac*us* papa quieuit[1], cui suc[c]essit Hormista papa annis[2] ix. ut Marsillinus monstrat.

[AU. 516. CS. 512. AI. 504. FM. 507].

Cath Droma Dergaige for Foilgi mBeirridhe ria Fiachaigh mac Neill, 7 is andsa cat[h]sin roscaradh a cuid don Midhe fri Laigniu co hUisneach, ut Cendfaeladh cecinit :

> Digal dia sech*t* mbl*iadan*
> baissi dighde a cridhe,
> cath a nDromaib Dergaighe
> ba de docer [m]a[g] Midhe.

[« The battle of Druim Dergaige gained over Foilge Berraide by Fiacha, son of Niall; and 'tis in that battle their portion of Meath as far as Uisnech was taken from the Leinstermen. As Cennfaelad sang :

« Vengeance that day seven years, that was the consolation of their hearts : the battle on Drommann Dergaige, thence fell the plain of Meath »].

[CS. 513. FM. 512].

K.ui. Dubthach Aird Macha mortuus est anuinde (sic, an leg. a nDruim derb ?)
Comgoll Bendchair nat*us* est. [AU. 515. CS. 515. AI. 506].

[CS. 516].

K.ii. Caindeach Achaidh[3] bó [« Cainnech of Aghaboe »] nat*us* est.

1. MS. q*ui* erat
2. anno.
3. achaigh

87

128   Whitley Stokes.

IN prouincia Dardanie assiduo terra[e] motú .xx.uiii. castella¹ uno momento collapsa sunt.

[AU. 517].

Anastassius imperator subitá² morte praeuentus, maior³ [octogenario], quia scilicet haeresi⁴ Eutic[het]is fauens catolicos insecutus est, diuinó fulmine percussus⁵ periit.
K.iii. Iu[s]tinus senior regnauit annis .uiii.
Connláidh espoc Cille Dara [« bishop of Kildare »] dormiuit. [AU. 519. CS. 517].

[AU. 519, 522. CS. 518. AI. 506. FM. 513].

K.uii. Cath Detna a nDromaib Breag, in quo cecidit Ardgal mac Conaill Cremthaindi maic Neill. Colgu Mocloithi mac Cruind maic Feidlimthe rí Airgiall, 7 Muirchertach mac Earca uictores erant⁶.
[« The battle of Detna in Droma Breg, wherein fell Ardgal, son of Conall Cremthainne, son of Niall. Colgu Mocloithe (?), son of Cronn, son of Feidlimid, king of Airgéill, and Muirchertach, son of Erc, were the victors »].
Buitte mac Bronaig ob[i]t. Colam cille natus est. De quibus dictum est :

Ge[i]n chain Colaim ar⁷ cleirig
indiu os Erinn eolaig
for aenlith, ni rad n-uabair,
bas bain buadhaig maic Bronaigh.

[« Buitte, son of Brónach, died : Colom cille was born. Of them was said : The fair birth of Colom our cleric today over

1. MS. Casstelia
2. subitó
3. praetentus niaior
4. scailicet herise
5. percuisus
6. erunt
7. an

wise Erin on the same festival — no vain saying — as the
the death of Brónach's fair, victorious son »].
Beoaedh espoc Arda carna [« bishop of Ard carna »] quieuit.
Ailill ab Aird macha [« abbot of Armagh »].

[CS. 520].

K.u. K.uiii. Hormista papa pausauit, cui successit Iohannes[1]
papa .liii. annis[2].
Eochaid mac Aengusa rí Muman quieuit. Crimthand mac
Eachach ir-righi Muman.
K.u. Iohannes[3] Rome eclesie episcopus. Constantinopoli
ueniens ad portam[4] quae uocatur Aurea populorum turbis ei
occurrentibus[5] in conspectu omnium roganti caeco lumen red-
didit[6] : qui dum rediens Rauennam uenisset[7] Teódoricus eum
cum comitibus suis carciris afflictione peremit, inuidia ductus,
quia catholica[e] pietatis deffensor Iustinus eum honorifice sus-
cepiset, quo anno[8], id est consulis Proui iunioris, et Simacum
patricium Rauenne[9] [fo. 7ᵇ 1] occiderat[10] et ipse, annó[11] sequente, ibidem subita morte periit, succedente in regnum Atha-
larico nepote[12] eius.

[AU. 523, 524, 525. CS. 523. AI. 514. FM. 525].

K.ii. Dormitatio sancte[13] Brig[i]de octogesimo octauo etatis[14]
sue, uel septuagesimo tantum ut alii dicunt.
Iohannes[15] papa quieuit.

1. MS. quí suceissit. Iohandeis
2. ando
3. Iothannes
4. portum
5. occrarentibus
6. cecoiuind reditit
7. rauendum uenissit
8. ando
9. rauende
10. occederat
11. andó
12. succidente athalaricia inregnom nepot
13. Dormita consce.
14. etatiss
15. Ioh.eis

[CS. 524].

K.uii. Heldericus Vandalorum rex episcopos exilió reuerti et eclesias¹ instaurare praecepit post .lxxxuii. [annos] haeretice profanac[i]onis.
Mors Illainn maic Dunlaing, ríg Laigen.
[« Death of Illann son of Dunlang, king of Leinster »].
Cath Luachra ria Cairpre for Uib Neill, de quo dictum est :

Cath lond Luachra huas anuas
adces Brighid, ní fis fass,
flandchath² Findabrach ba huais
im corp³ n-Illadain iar mbass.

[« The battle of Luachair gained by Cairbre over the Húi Néill, whereof was said : « The fierce battle of Luachair above, downwards. Brigit was seen, no empty vision. Noble was the bloody battle of Findabair around Illadan's body after death »].

Ailill mac Dunlaing rexit Laigniu.

Iustinus imperator Iustinia[n]um ex [s]orore sua nepotem, iamdudum a se nobilissimum⁴ designatum, quoque reigni sui successoremque creauit kl. Aprilis. ipse uero quartó ab hoc mense uita decessit anno imperii octauo.
Pausa sancti Albi [AI. 518].
Benedictus monacus in Monte Casina uirtutum gloria claruit, quas beatus Grigorius papa in libro dialogorum scribsit.

[AU. 527].

Felix⁵ papa regnauit annis⁶ .iiii. mensibus .u. diebus .xuii.

1. MS. clinas
2. flandchadh
3. corb
4. uobil.simum
5. felius
6. anno

[In marg. .iiiim.cccc.lxxxuiii]. Kl. u. IUstinian*us* Iustini ex sorore nepos *regnauit* annis[1] .xxxuiii. Belizari[u]s *patricius* mirab[iliter] P*er*sis triumpauit, q*u*i, deligente[2] Iustinianó, in Affricam mis*us* Ua*n*doloru*m* gente*m* deleuit. Kartagó quoq*ue* anno ex[c]essio*n*is sue .xcui. recepta[3] *est*, pulsis[4] deuictisq*ue* Uandalis *et* Gelismero rege[5] eoru*m* capto *et* *Co*nstan*ti*nopolim misso. P*er* idem tempus corp*us* sancti Antoni monachi diuina reuelacione repertu*m* Alaxandriam perducitur[6] *et* i*n* eclesia[7] sanc*ti* Ioha*n*nis Bap*tis*tae humat*ur*.

[AU. 520. CS. 526].

K.ui. Ge[i]n Chaeman Bricc. [« Birth of Caemán Brecc »].

[CS. 528. AI. 520. FM. 524].

K.uiii. K.u. Cath Cind eich 7 cath Atha Sige fo*r* Laig*niu* Muircertach m*ac* Earca uictor erat [« The battle of Cenn eich and the battle of Áth Sige gained over Leinster. Muirchertach, son of Erc, was victor »].

[AU. 531].

IN isto an*n*o Dionisius sc*r*ibsit pasc[h]ales c*i*rculos, incipiens ab an*n*o dom*i*nice incarnac[i]onis .dxxxii., qui *est* an*n*us Dioclitiani .cc.xl.uiii p*o*st consulatu*m* Lampadi *et* Oreistis, q*u*o annó[8] Iustinian[e]us Codex orbi promulgatus *est*.
K.ui. Uictor Capuan*us* ep*iscopus* libru*m* de pascha sc*ri*bens Uictori arguit errorés[9].
Feilix papa q*ui et* in basilica *san*cti Petri sepult*us*.

1. MS. an*n*o
2. deñte
3. resepta
4. pulsisq*ue*
5. rego
6. p*er*duccitus
7. eciina
8. andó
9. erroreis

[AU. 532. FM. 526. CS. 530. AI. 521].

K.uii. Cath Eiblinde ria Muirchertach mac Earca. Cath Muige hAilbe for Laignib 7 cath Aidhne for Condachtaib 7 cath Almuin[e] 7 cath Cind eich for Laignib, 7 orgain na Cliach in úno ann-ó : de quibus Cendfaeladh cecinit :

Cath Chind eich, cath Almuine,
ba haimsir airrdhirc amra.
orgain Cliach, cath Aidhne,
ocus cath Muige hAilbe.

[« The battle of Eibliu gained by Muirchertach, son of Erc : the battle of Mag Ailbe gained over Leinster, and the battle of Aidne over Connaught, and the battles of Almain and Cenn eich over Leinster, and the plundering of the Cliu, (all) in one year. Whereof Cennfaelad sang :
[« The battle of Cenn eich, the battle of Almain, 'twas a conspicuous, wonderful time; the plundering of Cliu, the battle of Aidne, and the battle of Mag Ailbe »].
Bonefacius papa regnauit annis .ii. et diebus .xxu.

[AU. 533. FM. 527. CS. 531].

Kl.u. Bádudh[1] Muirchertaig maic Earca a telchuma fina aidche samna a mullach Cleitigh uas Boind, ut dictum[2] est :

ISim omun ar in mbein
ima luaidfe[3] ilar sin
ar fiur loiscfidher i ten
for taeb Cleitigh báidhfes fin.

1. MS. Badugh
2. dix
3. ima luaigfe

The Annals of Tigernach. Third Fragment.

As misi
Táethen ingen airig Neill
is Gamadaigh m'ainm
in gach airm asrein.

Sín in bean romarb thu,
a maic Earca mar atchiu [1].
bidh imda a hanmand a fus,
cuirfid neach for aineolus.

Ni hinmuin
in ben dianadh comainm Sin
mo dhaigin righ loisc[f]es ten,
a tig Cleitigh báidfidh [2] fin.

Fillis in ri mac Earca
il-leith hua Neill
sirit fuil fernu i[n]ga[ch] muig.
brogais cricha cein.

Basecht ferais náei cairpthíu
ocus bid cian bus cuman
dobert giallu [fo. 7ᵇ 2 [leis] ua Neill
la giallu muighe Muman.

Sin dixit ac indisin a hanmann :

Osnadh, Easnadh, Sin cen ail,
Gaeth Garb ocus Gemadhaigh,
Ocsad, Iachtadh, radh gen gái,
it é m'anmann ar aen chái.

[« The drowning of Muirchertach, son of Erc, in a puncheon of wine on the eve of All saints day on the hilltop of Cletty above the Boyne; as hath been said :
« I have fear of the woman round whom many storms will move, for the man who will be burnt in fire (and) whom wine will drown on the side of Cletty.

1. MS. marad chiu   2. baigfidh

« 'Tis I, Taethen, daughter of Niall's viceroy, and Gamadaig is my name in every place... »

« Sin is the woman that hath killed thee, O son of Erc, as I see: many are her names here: they will put anyone into ignorance.

« Not dear is the woman whose name is Sin: because of a king whom fire will burn (and whom) wine will drown in the house of Cletty.

« The king, son of Erc, turned towards the Húi Néill. Blood seeks girdles on every plain : he increased the territories afar.

« Seven times he fought nine chariots, and long will it be remembered : he carried off the hostages of Húi Néill with the hostages of the plain of Munster. »

Sin said when recounting her names :

« Sigh, Music, Storm without disgrace, Rough Wind and Wintry, Groan, Lamentation — a saying without falsehood — these are my names on one way »].

Ailbe Imlich Iubair obit [« Ailbe of Imlech Ibair died »].

Eochaid mac Connla ri Ulad. [« king of Ulaid »].

[AU. 534. CS. 532. FM. 528].

Kl. uii. Tuathal Maelgarb regnauit annis .xi.

Dormita[tio] sancti Mochtai discipuli Patricii[1] sexto decimo Kl. Septembris [FM. 534] Sic ipse scribsit in epistola sua : Mocteus peccator prespiter, sancti Patricii[2] discipulus in Domino[3] salutem. Cuius etas[4] .ccc. annorum, ut dictum[5] est :

   Fiacail Mochta, ni bladh fáss
   tri cét bliadan, buan in ciss,
   cen nach n-imroll sec[h]a súas,
   cen sugh n-inmoir seacha siss.

1. MS. praic.ii
2. sci. prainci
3. dna.
4. etass
5. ud dx.imus

Fear tri laithe, fer tri cet,
arco-fuin, is sen in dét.
ni mochen ocan cen ail
i saidhfithe in tsenfiacail.   F.

[« Mochta's tooth, no empty fame — three hundred years
— lasting the tribute — without any error passing it upwards,
without juice of a dainty passing it downwards.

« A man of three days, a man of three hundred (years) — I
entreat death ! — old is the tooth. Not welcome is the warrior without disgrace into whom the old tooth would be
thrust »].

Bonefacius papa quieuit, cui successit Mercurius[1] qui et
Iohannes annis .ii. mensibus .iiii. et diebus sex.
Cath Luachra moire etir da inber ria Tuathal Maelgarb for
Cianacht [CS. 533. AI. 524].

[« The battle of Great Luachair between two estuaries,
gained by Tuathal Maelgarb over the Cianacht »].

[AU. 535].

K.i. Huc usque perduxit Marcellinus[2] Crónicon suum.
Ailill ab Aird macha mort[u]us est [CS. 534]. Natiuitas
Baithine dalta Choluim chille.

[CS. 535. « Ailill, abbot of Armagh, died. Birth of Baithine, a pupil of Colom cille »].

K.u. Mercurius[3] papa quieuit et in basilica[4] beati Petri sepultus [est].

[AU. 537].

K.iii. Agapitus natione Romanus, Romane eclesie episcopus,
sedit[5] mensibus .xi. diebus .uiii. et in basilica Petri sepultus

---

1. MS. qui susessit morcorius
2. Marsellinus
3. mercorius
4. pasilica
5. sedibus

[est] .xxui. dies Bonifacii[1], et .iiii. menses[2] et .ui. dies Mercurii[3], et .xi. menses[2] et [uiii.] dies Agapeti[4] efficiunt annum et .iiii. menses[2] et .x. diés.

[CS. 538].

K.u. Cath Claenlocha, in quo cecidit Maine mac Cerbuill a[c] cosnom gelsine Hua Maine Condacht. Goibnenn mac Conaill ri[5] Ua Fiachrach Aidne uictor erat.
[« The battle of Cloenloch, wherein fell Maine, son of Cerball, contending for the hostages of the Húi Maini of Connaught. Goibnenn, son of Conall, king of the Húi Fiachrach of Aidne, was victor »].
Comgall mac Domanguirt. ri[6] Alban [« Comgall, son of Domongort, king of Scotland »] obit .xxxu. anno reigni súi.

[AU. 538. AU. 527].

K.ui. Perditio[7] panis. Siluerius papa, natione Romanus, regnauit anno .i. mensibus .u. diebus .xi. qui confessor obiit[8]. Manchan Maethla [« Manchán of Maethail »] cecidit.

[AU. 539. AI. 528].

Kl.uii. Natiuitas Grigorii papa[e]. Nem episcopus obiit[9]. Uigil[i]us papa, natione Romanus, regnauit annis .xuiii. mensibus .ui. diebus xu., qui Syracusis[10] defunctus uia Salaria sepultus est, ut Beda boat[11].

1. MS. bonifanius
2. mensis
3. dimescori
4. Agapiati
5. rig
6. rig
7. perditon
8. confesur obuit
9. obuit
10. siraciusis
11. boath

The Annals of Tigernach. Third Fragment.

[AU. 544. CS. 541].

K.i. Mortalitas magna quae blefed dicitur[1], in quá moBi Clairineach, cui nomen est Berchan, brecanó [sic, leg. profeta, episcopus ?] poeta, periit.

[CS. 542].

K.ii. Ailbe Senchua Ua n-Ailello obit.

[AU. 546, 547. CS. 543. AI. 532. FM. 537].

K.iiii. Cath Tortan ria Laigniu [« The battle of Tortu gained by the Leinstermen »], in quo cecidit Mac Earca maic Ailello Muilt, a quo Fir Chera.

Cath Sligighe[2], in quo cecidit Eogan Bel, rí Condacht, la Fergus 7 la Domnall, da mac Muirchertaigh maic Earca, 7 la hAinmire mac Setna 7 la Naindidh[3] mac Duach, [qui] uictores erant. Unde[4] dictum est :

Fichthir cath Hua Fiachrach
la feirg faebair[5] tar imbel,
gessit buar namat[6] fri sleaga,
sreatha in cath[7] i crinder.

Aircelt Sligeach do muir mar
fuil fer lia feoil,
bertait ilaigh tar Eba[8]
im chend Eogain Beoil.

1. MS. dx.
2. sligidhe
3. nindigh
4. undi
5. lafergus feabairtar
6. nañ
7. catha
8. tarreib

[« The battle of Slicech, wherein Eogan Bél, king of Connaught, fell by Fergus and Domnall, two sons of Murchertach, son of Erc, and by Ainmire, son of Setna, and by Naindid, son of Dua, (who) were the victors. Whence it was said:
« The battle of Húi Fiachrach is fought with fury of edges over the border. Foemen's kine bellow against spears: the battle was spread out into Crinder (?).
« The (river) Sligo carried off to the great sea men's blood with their flesh. They utter paeans over Eba round the head of Eogan Bél »].
Cairpre mac Crimthaind, ri Muman. Lugedus espoc Conndere quieuit [« Cairbre, son of Crimthann, king of Munster, (died). Lugaid, bishop of Connor, rested »].

[AU. 548. CS. 544. FM. 538].

K. u. Tuathal Maelgarb, mac Cormuic Cáich, maic Cairpri, maic Neill, rí Temrach, [torchair] a nGrellaigh Eilte do laim Mailmoir maic Argadain, do Conaillib Murtemne .i. mac máthar do Diarmuit mac Cerbuill in Maelmor sin, 7 adorchair Maél mor fen ar in lathair sin, unde dicitur echt Mail moir.
[« Tuathal Maelgarb, son of Cormac Caech, son of Cairbre, son of Niall, king of Tara, fell at Grellach Eilte by the hand of Mael-mór, son of Argadan, of Conailli Murthemne. A son of the mother of Diarmait mac Cerbaill was that Mael-mór: and Mael-mór himself fell on that spot; whence is said « Mael-mór's murder »].
Quies Maic Cuilind 7 Odhran o Leatracha[ib] [« The rest of Mac Cuilinn and of Odrán from Letracha »].
Ciaran mac an tsair obit. xxxi. anno etatis sue, septimo autem postquam[1] Cluain maic Nois construere c[o]epit [AI. 538. FM. 548].
Dichendad Ambacuc a n-aenach [fo. 8ᵃ 1] Taillten per uirtutem[2] sancti Ciaran[i] .i. luighe[3] eithig dorat duine fo. laim, cor' gab aillse fo muinel .uii. mbliadna dobái se béo apud monachos[4] [FM. 539].

1. MS. h. septimo postar
2. sui raitem
3. luidhe
4. monatus

The Annals of Tigernach. Third Fragment.

[« The decapitation of Habacuc, at the fair of Tailtiu, by a miracle of Saint Ciaran, to wit, a certain man took a false oath by the saint's hand, whereupon a gangrene attacked him at his neck. For seven years he remained alive (headless) with the monks. »]

Beoid ain*m* athar Ciarai*n* 7 Darearca ain*m* a mathar, *sicut* ip*se* d*ixit* :

> Darerca mo má*tha*irsi,
> nir'bo bandscal olc,
> Beoid saer mo ath*ai*rsi
> do Latharnaib Molt.

[« *Beoid* was the name of Ciarán's father, and *Darerca* was his mother's name, as he himself said :

« My mother was Darerca, she was not a bad woman. My father was Beoid the wright, of the Latharna Molt »].

Diarmuid m*ac* Cerbuill do gabail righe nErind. [« Diarmait, son of Cerball, took the kingship of Ireland. » AI. 539]

[AU. 548. CS. 545. FM. 548].

K.ui. Tigernach m*ac* Cair*pri*, *sanctus* ep*iscopus* Cluana Eois, obit.

K.uii. Ai*lill* m*ac* Dunlaing, r*i* Laigen [« King of Leinster »] obit.

Cor*m*ac m*ac* Ai*lella*, r*i* Mu*m*an [« King of Munster »].

[AU. 549. CS. 558. FM. 544].

K.u. K.ui. K.u. Cath Chuile *Con*aire, *in* qu*o* cecidit[1] Ai*lill* Inbanda r*i* Con[n]acht 7 Aed Fortamail a brathair. Ferg*us* 7 Domnall, da m*ac* Mec Earca, uictores erant.

[« The battle of Cúil Conairi, wherein fell Ailill the Womanly, king of Connaught, and Aed the Prevailing, his brother. Fergus and Domnall, two sons of Mac Erca, were victors. »].

1. MS. cecitid

Duach Tenga Uma mac Feargusa, rí Connacht. [« King of Connaught »]

[CS. 551. AI. 541].

K.uii. Mortalitas magna .i. in Crom Conaill nó in Buidhe Chonnaill, in quo isti sancti pausauerunt .i. Findia mac húi Tellduib 7 Colum mac Crimt[h]aind 7 Colam Indse Cealtra 7 Sineall mac Cenandain ab Cilli Achaidh[1] Drumfada, 7 Mac tail Chilli Cuilind, qui nominatur Eogan mac Corcrain. [« A great mortality, that is, the *crom conaill* or the *buide connaill*, in which these saints rested, to wit, Findia, greatgrandson of Telldub, and Colom, son of Crimthann, and Colam of Inis Celtra and Sinell, son of Cenannan, abbot of Cell Achaid Drumfota, and Mac táil of Cell Culinn, whose name is Eogan, son of Corcran.»].

[AU. 551. CS. 552. AI. 543. FM. 546].

K.ii. Cath Cuillne, in quo ceciderunt Corc Oichi Muman per orationem m'Ite Cluana Creadail. Bass Fothaid[2] maic Conaill.
[« The battle of Cuillne, wherein fell the Corco Oichi of Munster through the prayer of my Ite of Cluain Credail. The death of Fothad, son of Conall »].

[AU. 552. CS. 553. FM. 547].

K.u. Bass Eachach maic Connlai, rig Ulad, a quo Hui Eachach Ulad nati s[u]nt. Cormac mac Ailella rí Laigen obit. Bass Bic maic Dé, in fáidh. Bass Crimthaind maic Briuin. Feargna mac Aengusa rí Ulad. Cairpre mac Cormaic, rí Laigen.
[« Death of Eochaid, son of Connla, king of Ulaid, from whom the Húi Echach of Ulaid descend. Cormac, son of Ai-

---

1. MS. achaigh   2. fothaig

The Annals of Tigernach. Third Fragment.

lill, king of Leinster, died. Death of Becc mac Dé the propheL Death of Crimthann, son of Briun. Férgna, son of Oengus, king of Ulaid. Cairbre, son of Cormac, king of Leinster »].·

[AU. 553. CS. 554].

K.iii. Natiuitas[1] moLua maic hui Oche. [« Birth of my Lua, greatgrandson of Oche »] Pestis quae uocatur Samtrusc.

[AU. 554. CS. 555. AI. 545].

K.u. Cathbudh mac Fergusa, epscop Achaidh chúin [« bishop of Achad Cáin »] centessimo quinquagesimo anno etatis sue obit. Uigilius [leg. Pelagius?] papa natione Romanus, sedit[2] annis .xi. diebus [xuiii], et in basilica beati Petri sepultus est.
Gein Chaemáin Léith [« Birth of Coeman of Liath »].
K.uii. Duach Tenga uma, rí Connacht, mortuus est [« Duach Brazentongue, king of Connaught, died »].

[CS. 557].

Cath Droma cleithe. du a torchair Ferdia hua Fidhbuidh, rí Ulad, la Deman mac Cairill 7 la Uaib Eachach na hArda. [« The battle of Druim cleithe, wherein Ferdia, grandson of Fidbad, king of Ulaid, fell by Deman, son of Cairell, and by the Húi Echach of the Ard »].
Eochaid Tirmcharna ri Condacht [« Eochaid Dryflesh, king of Connaught »].
Neasan leprósus pausat[3]. [FM. 551].

[AU. 557. CS. 558. FM. 552].

K.i. Iugulacio Colmáin Móir[4] maic Diarmuta in curru suo,

1. MS. Natintas
2. cecī
3. leprćsi pausad
4. colman mor

o Dubslait hua Trena, do Cruithneachaib [« Murder of Colmán the Great, son of Diarmait, in his chariot, by Dubslait, grandson of Tren, of the Picts »].
Eclesia[1] Bennchair fundata est. [AU. 554, 558].
Aed mac Echach Tirmcharna rí Connacht [« Aed, son of Eochaid Dryflesh, king of Connaught »].

[AU. 557. CS. 559].

K.iii. Brenainn eclesiam[2] Cluana ferta fundauit.

O gabais mac úi hEllta[3]
Brenaind co lín a bechta,
acht m[ad] fearr ní meassa de
o sin co se Cluain ferta.

[« Since Elta's great-grandson, Brénainn, with all his perfections, took (it), if it be not the better, it is not the worse, Clonfert, from that to this »].

[FM. 553].

K. Asce[n]sio Brenaind in curru suó in aerem[4].

[AU. 559. CS. 568. FM. 554].

K.i. Cena postrema Temrach la Diarmuit mac Cerbuill [« The last Assembly of Tara held by Diarmait, son of Cerball »].
Bass Gabrain maic Domanguirt ríg Alban. Teichedh do Albanchaib ria mBruidhi mac Maelchon ríg Cruithnech.
[« Death of Gabrán, son of Domongort, king of Alba. Flight

---

1. MS. ecl.ie
2. eclinam
3. uatellta
4. erim

The Annals of Tigernach. Third Fragment.

of the Scottishmen before Bruide, son of Maelchon, king of the Picts »].

Bas Curnan, maic Aeda, maic Eachach Tirmcarna, la Diarmuid mac Cerbaill ar comairce Coluim chilli, 7 is d'adbaraib[1] chatha Chula Dremne sin.

[« The death of Curnán, son of Aed, son of Eochaid Dryflesh, by Diarmait, son of Cerball, while under Colom cille's protection; and that is one of the causes of the battle of Cúil Dremne »].

[AU. 560, CS. 561. AI. 553. FM. 555].

K.u. Cath Chuile Dremni for Diarmuid mac Cerbuill. Forgus 7 Domnall, da mac Muirchertaig maic Earca, 7 Ainmiri mac Sedna 7 Nindidh[2] mac Duach 7 Aed mac Eachach Tirmcharna rí Con[n]acht uictores erant per orationem[3] Coluim cille dicentis :

A Dia[4].
cidh na dingbai dind in cia[5]
duss in ruirmemis a lín
in tsluaigh doboing bretha[6] din.

Sluagh doching i timchill[7] chairnn
is mac ainbthe notus-mairn,
is e mo drai nimm-er[2]
mac Dé as lium congéna[8]

IS alaind feras in luadh
gabair Baetáin[9] riasin sluagh,
fó la Baetán[10] fuilt buidhi
béraid[11] a heren fuirri[12].

1. MS. dagbaraib
2. nindigh
3. or. om
4. de
5. céo
6. bregha
7. a timchell
8. congeba
9. baedain
10. fola baetain
11. beraig
12. fuirre

Fraechan mac Teniusain is e dorinni in airbe ndruadh do Diarmuit. Tuatan mac Dimain, maic Sarain, maic Cormaic, maic Eogain, is e rola in airbe druadh darachenn. Maighlinde roching tairrsi, qui solus occisus est.

[« The battle of Cúil Dremne gained over Diarmait, son of Cerball. Forgus and Domnall, two sons of Muirchertach mac Erca, and Ainmire, son of Setna, and Nindid and Duach and Aed, son of Eochaid Dryflesh, king of Connaught, were victors through the prayer of Colomb cille, who said :

« O God, why keepest thou not the mist off from us, if perchance we may reckon the number of the host that deprives us of judgments.

« A host that marches round a cairn, 'tis a son of storm that betrays them. He is my druid who denies me not, the Son of God it is who will work with me.

« Beautiful it makes the onset, Baetán's steed before the host, it seems good to Baetán of the yellow hair, it will bear its burden upon it. »

Fraechán, son of Teniusán, 'tis he that made the « druid's fence » for Diarmait. Tuatán, son of Dimmán, son of Sarán, son of Cormac, son of Eogan, 'tis he that overturned the « druid's fence ». Maiglinde went across it, and he alone was slain.]

[AU. 561. CS. 562. AI. 554. FM. 556].

K.ui. Cath Cuile uindsenn a Tebtha for Diarmuit mac Cerbuill ria n-Aedh mac Brenainn, ríg Tebt[h]a, in quo Diarmuit fu[g]it.

[« The battle of Cúil Uinnsenn in Tebtha, gained over Diarmait, son of Cerball, by Aed son of Brenann, king of Tebtha, in which Diarmait took to flight »].

[AU. 562. CS. 563. AI. 555. FM. 557].

K.i. Nauigacio Colu[i]m cilli ad [fo. 8ª 2] insolam Ie etatis sue *quadragesimo quinto* [anno].

Cath Mona Daire Lothair for Cruithnib ria n-Uib Neill in tuaiscirt, a ndorcratar .uii. righ Cruithnech[1] im Aed mBrecc. Baedan mac Cuind co ndib Chruithnib nod-fig[2] fri Cruithniu, 7 Cenel n-Eogain 7 Conaill nod-fichset conducti mercede[3] na Lea 7 Arda Eolairg. De quo Cendfaeladh *cecinit*:

> Sinsit faebuir, sinsit fir
> a Moin deirg Daire Lothair,
> adhbur comrainne[4] nad cert,
> *secht* rig Cruithneach im Aedh mBrecc.

> Fichthir[5] cath Cruithne n-uile.
> *ocus* forloiscther Elne,
> fichthir[6] cath Gabra Liffi
> *ocus* cath Cuile Dremne.

> Bensat giallu iar[7] congail
> as siar im chnuas nuach,
> Fergus, Domnall, Ainmire
> *ocus* Nindidh[8] mac Duach.

> Fillis da mac Meic Earca
> arcend in chatha cetna
> *ocus in* ri Ainmire
> adbath a selbaib Setna.

[« The battle of Móin Dairi Lothair gained over the Picts by the Húi Néill of the north, wherein fell seven Pictish kings, including Aed Brecc. Baetán, son of Conn, with two Picts fought it against the Picts, and the Kindred of Eogan and (the Kindred) of Conall (also) fought it, hired by the recompense of the Lea and Ard Eolairg. Whereof Cennfaelad sang:

« Weapons stretched, men stretched, on the red Bog of Daire Lothair, cause of an unjust partition, seven Pictish kings with Aed Brecc.

1. MS. chuithnech
2. nodfid
3. idfichsed *condtucti mercedi*
4. comraime
5. Ficther
6. fidhter
7. ria
8. nindigh

Revue Celtique, XVII.

« The battle of all the Picts is fought, and Elne is burnt; fought is the battle of Gabra Lifi, and the battle of Cúil Dremne.

« They took away hostages after conflict, thence, westward, together with a... gathering, Fergus, Domnall, Ainmire, and Nindid son of Dua.

« Mac Erca's two sons turned to meet the same battle and the king Ainmire died in the possessions of Setna. »]

Aedhan hua Fiachrach obit.

[AU. 563. CS. 564].

K.i. Mo Laissi Daiminnse [« of Devenish »] obit. Cairpre mac Cormaic ri Laigen [« king of Leinster »] obit.

K.iii. Iustinus minor regnauit .xi. annis.

Narsis patricius Totilam[1] Got[h]orum regem in Italia superauit et occidit[2], qui deinde per inuidiam[3] Romanorum pro quibus multa[4] contra Gothos laborauerat, accusatus[5] apud Iustinum et con[iu]gem eius Sophiam quod seruitio perimeret Italiam, secessit Neapolim[6] Campanie et scribsit genti Longobardorum ut[7] uenirent et possiderent[8].

Colman mor mac Cairpri, ri Laigen. [« Colmán the Great, son of Cairbre, king of Leinster »].

[AU. 564. CS. 565. AI. 556. FM. 558].

Diarmuit mac Cerbuill occisus est ir-Raith Bic a Muig Line, la hAedh nDub mac Suibne Araidhe, ri Ulad, 7 [tucad] a chend co Cluain, 7 ro adnacht a coland a Connere. Cui successerunt[9] duó filii Maic Earca .i. Forgus 7 Domnall. [« Diarmait, son of Cerball, was slain in Raith Becc on Mag Line by

1. MS. toltalem
2. occedit
3. inuindiam
4. ml.tera
5. occus
6. sexit nempolim
7. longbardorom et
8. positerant
9. suiccesit erunt

The Annals of Tigernach. Third Fragment.

Aed the Black, son of Suibne Araide, king of Ulaid; and his head was taken to Cluain, and his body was buried in Connere. Cui, etc.].

K.uii. In hoc anno capta est in Muirgelt for Tracht Ollarba il-lín Beoain maic Indle .i. Airiu ingen Eachach maic Muiredha. Beoan mac Indle .i. iascaire Comgaill Bennchair, rosgab. [« In this year the Muirgelt was taken on the strand of Ollarba in the net of Beóán, son of Indle, namely, Airiu, daughter of Eochaid, son of Muirid. Beoan, son of Indle, S. Comgall of Bennchor's fisherman, caught her »].

Quies Brenaind Birra, ut ailii dicunt [AU. 564].
Cath Cruindi. [« The battle of Cruinde »].

[AU. 565. CS. 566. AI. 557. FM. 559].

K.uii. Cath Gabra Life for [1] Laigniu la Fergus 7 Domnall, da mac Muirchertaig maic Earca :

> Cath Gabra
> ocus cath Duma Achair [2],
> atbath amra a cechtar nai,
> Colcu ocus a athair.
>
> Cath Gabra,
> ni cath dóine nad fichet [3],
> adbath fiche o Fael[án],
> o Ailill fiche fichet [4].

[« The battle of Gabra Life gained over Leinster by Fergus and Domnall, two sons of Murchertach, son of Erc (as the poet said :)

« The battle of Gabra, and the battle of Duma Achair : in each of them died a wondrous man — Colcu and his father.

« The battle of Gabra (was) not a battle of folks that fight not : twenty died by Faelán, twenty score by Ailill »].

1. MS. la
2. aichir
3. duine nadiched
4. xxit

Bass Domnaill maic Muirchertaig maic Earca, cui successit[1] Ainmiri mac Setna [FM. 564]. Bass Daimine maic Cairpri Daim argait.

[« Death of Domnall, son of Muirchertach, son of Erc, to whom succeeded Ainmire, son of Setna. Death of Daimíne, son of Cairbre Dam argait »].

[AU. 566].

K.ui. Iohannés nationne Romanus sedit annis .xii. mensibus .xi. diebus .xxiii. In basilica beati Petri apostoli sepultus est.

[CS. 568. FM. 565].

K.uii. Bass Demain maic Cairill rig Ulad, la bachlachu Bairne [« Death of Deman, son of Cairell, king of Ulaid, by the shepherds of Bairenn »].

Baedan mac Cairill rí Ulad [« Baetán, son of Cairell, (became) king of Ulaid »].

[AU. 568. CS. 569. AI. 561. FM. 566].

K.i. Bass Ainmireach maic Setna, ríg Erenn, la Fergus mac Nellin, de quo dictum est:

> Femen[2] intan rombai rí
> nírbo mennat nach[3] detla,
> indiu is forderg a lii
> la hAinmire mac Setna.

[« Death of Ainmire, son of Setna, king of Ireland, by Fergus, son of Nellín, of whom was said:

---

1. MS. criscuccesit
2. Femin
3. a

The Annals of Tigernach. Third Fragment.

« Femen when it had a king, was not an unvalorous place : today its colour is crimson from Ainmire, son of Setna »].

[AU. 569. CS. 570. FM. 568].

Iugul[a]cio Fergus[a] maic Nelline la hAedh mac Ainmireach. [« Murder of Fergus, son of Nelline, by Aed, son of Ainmire »].
Aennu mac húi Laigse, ab Cluana maic Nois [« Oennu great-grandson of Laigis, abbot of Clonmacnois »] quieuit .i. Enda mac Eogain do Laigis Ráeda, [« of Laigis Raeda »] tenens principatum annis[1] .xxui.

[CS. 571. AI. 562. FM. 569].

Ite Cluana Credil [« Íte of Cluain Credail »] Gillasque[2].

[AU. 570].

K.uii. A morte Patricii .c. anni.

[CS. 572].

Maenu epscop Cluana ferta Brenaind, quieuit [« Maenu, bishop of Clonfert, rested »].

[AU. 571. CS. 572].

K.u. [Occisio] da húa Muiredaig .i. Baetan mac Muiredaig 7 Eochaid Find mac Domnaill, iii. [anno] regni sui. Cronan mac Tigernaig rí Cianacht occisor eorum erat. Cath Luimnigh ria Cianachta, in quo ipse cecidit.

1. MS. principatur anniss   2. gillas qui

[« The slaying of Muredach's two grandsons, Baetán, son of Muredach, and Eochaid the Fair, son of Domnall, in the third year of their reign. Cronan, son of Tigernach, king of Connaught, was their slayer. The battle of Luimnech gained by the Cianachta, wherein Cronan himself fell »].

[AU. 572, CS. 573. AI. 565. FM. 571].

K.ui. Cath Femin ria Cairpre mac Cridain, rí Muman, in quo uictus erat Colman Bec, mac Diarmada, [sed] ipse euasit.
[« The battle of Femen gained by Cairbre, son of Cridan [leg. Crimthan?], king of Munster, wherein Colmán the Little, son of Diarmait, was vanquished; but he himself escaped »] :

> Direach he o find co bond
> fer firaite Cairpre Crom.
> aire rogab ainm ria ais
> ara altrom a Cromglais.

[« Straight was he from hair to sole, a man of true pleasantness(?), Cairbre Crom. (This is) why he got his nickname, from being fostered at Cromglais »].
Brenaind Birra [« S. Brénainn of Birr »] quieuit.

[fo. 8ᵇ 1] Mairg nach raidhind[1] mor a rath,
mairg nan-ailind fora rith,
cethri fichit ocus cét
is e met robai ar in bith.

[« Woe (is him) that saith not « great (is) his grace! » woe (is him) that on his course entreats him not! Four score and a hundred (years), this was the time that he dwelt in the world »].
Baedan mac Nindeadha [« son of Ninnid »] regnauit.

---

1. MS. craidhind

The Annals of Tigernach. Third Fragment.

[AU. 573. CS. 573].

Cath Tola 7 F[ort]ola .i. nomina camporum[1] etir Ele 7 Osraighe, etir Cluain Ferta mo Lua 7 Saighir Ciarain. Fiacha mac Baedan uictor erat.
[« The battle of Tola and Fortola, i. e. names of plains between Ele and Osraige, between (the communities of) Clonfert mulloe and Seirkieran. Fiacha, son of Baetán, was victor. »]

[AU. 573. CS. 574].

K.uii. Bass Conaill maic Comgaill, ríg Dalriada [« Death of Conail, son of Comgall; king of Dálriada ».] .xiii. anno regni sui, qui oferauit *(sic!)* insolam Ia Colaim cille.

[AU. 575].

Cath Delgon a Cind tire [« The battle of Delgu in Cantyre »] in quo Dunchad mac Conaill, maic Comgaill, et alii multi de sociis[2] filiorum Garbain ceciderunt.

[CS. 575. FM. 573].

Brenaind mac Briain obit.
Scintilla leprae[3], et abundantia[4] nucum inaudita.

[AU. 576].

in marg. .iiiim.cccc.xxx.uii] K.iii. Tib[er]ius Constantinus

1. MS. comporum
2. secuns
3. lebre
4. habundantiam

annis .uii. Gregorius tunc ap[o]cris[i]arius in Constantinopoli[1], post Romanus episcopus, libros expositionis[2] in Iob condidit[3], et Eutichium eiusdem[4] urbis episcopum in fide nostre resurrectionis errare Tiberió praesente[5] conuicit. Ait enim idem Euticius corpus nostrum in illa[6] resur[r]ectionis gloria inpalpabile et uentis áereque[7] esse subtilius[8] fut[u]rum, contra illud dominicum[9] : Palpate et uidete, quia spiritus carnem et ossa non habet sicut me uideris habere.

Gens Long[o]bardorum comitante fame et mortali[ta]te omnem inuadit[10] Italiam, ipsamque Rom[an]am uastatrix obsidet[11] urbem, quibus tempore illó rex praeerat Albinus.

[CS. 576. AI. 570. FM. 576].

Quies Brenaind Cluana ferta [« Rest of Brénaind of Clonfert »].

Aedh mac Eachach Tirmcharna, ri[12] Con[n]acht do thoitim la Huu Briuin a cath Bágha. [« Aed, son of Eochaid Dryflesh, king of Connaught, fell by the Húi Briuin in the battle of Bágh »].

Primum periculum Ulad in Eumania[13] [AI. 571].

Cath Locha da eiges [« Battle of Loch dá eces »].

[AU. 577. CS. 577. FM. 577].

K.iiii. [Quies] Etchen[14] epscuip Cluana fota Báedan aba. [« Rest of Bishop Etchen of Clúain fota Baetan aba », i.e. Clonfad in Fir bile, FM. 741].

R[e]uersió Ulad de [E]umania [= Euonia « the Isle of Man », Lib. Arm. 6ᵃ 2].

1. MS. -políí
2. libróss exponiconis
3. conditid
4. eudicium condem
5. praesentí
6. illó
7. áere quae
8. subtilibus
9. docrium
10. uiadit
11. obsedit
12. rig
13. aneamain
14. eps. ethen

The Annals of Tigernach. Third Fragment.

Mael cothad mac Foghartaigh, maic Cathail, ri[1] Condacht [« Mael cothad, son of Fogartach, son of Cathal, king of Connaught »].

[AU. 578].

Quies Uinniani[2] episcopi [filii] nepotis Fiatach.
Benedictus natione Romanus sedit annis[3] [iu], mense uno, d[iebus] xxix, et sepultus est in basilica beati Petri apostoli.
Cairpre mac Crimthain rig Muman [« king of Munster »] mortuus est, qui [rexit] annis[3] xuii., cui successit[4] Feargus Scandal, qui rexit annis .uii.

[AU. 579. CS. 579. FM. 579].

K.uii. Cath Droma maic Earca [« The battle of Druim maic Erca »], ubi[5] Colgo mac Domnaill maic Muirchertaig cecidit. Aedh mac Ainmireach uictor erat.
Cindæladh [= Cennalath, AU.] rex Pictorum mortuus est.

[AU. 581].

K.i. Cath Manand [« the battle of Mano »], in quo uictor erat Aedan mac Gabran.
Feargna mac Caiblene mortuus est.

[CS. 580].

Baedan mac Cairill, ri Ulad [« king of Ulaid »] obit. Aed Dub mac Suibne, ri Ulad [« Aed the Black, son of Suibne, became king of Ulaid »].

1. MS. rig
2. uianni
3. anno
4. sucesit.
5. uli

[AU. 581. AI. 575].

K.u. Cath Manann [« the battle of Mano »], in quo uictor erat Aedhan mac Gabran.
Mors Fergna maic Caibleni, 7 is e a fír [« and this is the truth of it »].

[AU. 583. AI. 576].

K.ui. Mors Bruidhe maic Maelchon, rig Cruithneach [« Death of Bruide, son of Maelchu, king of the Picts »].

[AU. 582. AI. 577].

Mors Fearadhaigh maic Duach rig Osraighi [« Death of Feradach, son of Dua, king of Ossory »], iugulati a suis.
Pilagius natione Romanus sedit annis[1] .x. mensibus .ui. diebus .x.

[AU. 583].

K.u. Mauricius (.i. Muiris) annis .xxi.
Rex Gothorum hArrian 7 dogabud le hArrian a mac da chur cum credme 7 do chur cengailte a cuibrech a prisun hé, 7 nir lig assin hé nocur' creid se codaingen, co tanic tre bitin an credme sin, co ndernadh ri 7 mairtireach de, 7 cor thogh Dia a flaithemnus nemdha é na rig 7 na mairtireach, 7 tanic a brathair Ricar[e]dus esein deis a athar cum a criche ut regnum Gotorum acciperet[2] 7 co ngabudh flaithemnus co himslan, 7 do indto se cum creidme cona cinedhach co comlan do thecosc in easpuic .i. Leonardus.
7 in bliadain chétna sin do-thinscain Gregoir Roma senadh do denom, 7 tancatar cum in tsenaidh[3] sin da ordugudh ceithri hespuic fichet[4], 7 tancadar thar decrachaib 7 tara coindtindib

1. MS. anno
2. ængotorum acciperit
3. tsenaigh
4. fichit

The Annals of Tigernach. Third Fragment.

na hecailse. A cind ceit*h*ri mbli*a*dan d*é*c do tigernus in righ dotindscnadh in mordáil sin a n-inadh Pedair isi*n* Roi*m*, 7 isse cindedh co*m*airle dorindedh léo, doc*um*sedar Mellito[1], Eóin 7 Aug*us*tin do proicept[2] 7 do senmoir isin Britania 7 a Saxai*n* [fo. 8ᵇ 2] 7 isan pr*o*bindsi, 7 doest Dia ria n³-ed*a*rguidhib 7 re n-athchuinnchib, 7 donidh firta mora 7 mirbuiledha orrtho, 7 doc*uir* manaig imdha diadha naemdha leo, 7 dosiladar sin credi*m* 7 c*r*abadh isna crichaib ina c*u*redh iat. 7 is don toisc si*n* doindó c*um* irse Edilbearct*us* in ri[4] 7 in probindsi uile lais, 7 co *n*dernadh esp*oc*, 7 docredeadar Saxanaigh do August*inum*, 7 as e dob esp*oc* il-Lundaind, 7 docuir Grigoir[5] scribne uadha co hAug*us*tin do tabairt gradha[6] airdesp*uic*·dó. A cind .xiii. bli*a*dan iar tiachtain dó anair docuired cuige grada airdesp*uic*, [Gregorius, Londini quoque et Eboraci episcopos,] accepto a sede ap*os*tolica[7] pallio, metropolitanos[8] esse [debere] decernit[9].

[« The king of the Goths was an Arian, and by (this) Arian his son was seized in order to make him an unbeliever, and he cast the son bound in fetters into prison, and did not let him out, until [leg. but] he believed firmly: so because of that belief it came to pass that he was made a king and a martyr, and God chose him, as king and martyr, into the heavenly kingdom. And his brother Ricaredus came, after his father, to the province, that he might receive the kingdom of the Goths, and he received the realm completely; and through the teaching of the bishop Leonardus, he and his kindred turned fully to the Faith.

And in that same year Gregory of Rome began to hold a synod, and by his orders four and twenty bishops came to that synod, and discussed the difficulties and contentions of the Church. At the end of fourteen years of the lordship of the king, that convention was commenced in Peter's place in Rome, and this is the final resolution to which they came: they appointed Mellito and Johannes and Augustinus to teach

1. MS. úa do
2. dosproicept
3. rana
4. righ
5. gc.
6. graadha
7. ap. ca língca
8. metrapolii tano
9. decerunt

115

and preach in Britain and in England and in the province. And God heard their intercessions and their requests, and wrought for them great miracles and marvels, and sent with them many godly, holy monks; and these sowed belief and devotion in the provinces into which they were sent. And on that occasion Aethelbert the king turned to the Faith, and all the province with him, and he was made a bishop; and the Saxons believed in Augustinus. and 'tis he that was bishop in London. And Gregory sent writings to Augustinus to give him the rank of archbishop. At the end of twelve years after his coming from the east the rank of archbishop was conferred upon him. Gregorius, etc.].

[CS. 583. FM. 583].

Feargus Scandal rí Muman [« king of Munster »] mortuus est, cui successit Feidlimid mac Tigernaigh qui rex...

Quies Fergusa espuic Droma Lethglaisi, qui fundauit Cill[1] mBiain. [« Rest of Fergus, bishop of Druim Lethglaise, who founded Cell Biain].

Mael cothaig rí Con[n]acht [« king of Connaught »] quieuit. Aed rí Connacht [« king of Connaught »].

Mo chaeme ab Tiri da glass [« abbot of Tír dá glass »]. Mosis filiorum Eratanni secundum alios.

[AU. 584. CS. 584. AI. 579].

K.ui. Quies Maic [nisse] abadh Cluana maic nóis. [« Rest of Mac nisse, abbot of Clonmacnois »].

Aed mac Suibne, ri Maenmuighe [« king of Moenmag »], mortuus est.

Ruadhan Lothra qui[euit] secundum alios.

[AU. 585. CS. 585. AI. 580].

K.ui. Baedan mac Nindedha, maic Conaill Gulban, rí Tem-

---

1. MS. icill

The Annals of Tigernach. Third Fragment.

rach, occis*us est* [« Baetán, son of Nindid, son of Dua, son of Conall Gulbán, king of Tara, was slain »]. Cumíne m*ac* Colmain, m*aic* Cumíne, m*aic* Libren, m*aic* Illadhoin, m*aic* Cerbaill, occiderunt eum (.i.ac Leim in eich) *con*silio Colman[i] parui. Aedh m*ac* Ainmerech do gabhail righi nE*renn* [« Cumíne, son of Colmán, son of Cumíne, son of Libren, son ot Illadon, son of Cerball, slew him at the Horse's Leap, by the advice of Colmán Becc. Aed, son of Ainmire, took the kingship of Ireland »].

[AU. 586. CS. 586].

K.i. Cath Bhealaig Da[e]thi [« The battle of Belach Daethi, »] in quo ceci*dit* Colman Bec m*ac* Diarmata, ut alii dicunt[1], caesis[2] .u. milib*us* p*er* profetiam Colu[i]m cilli. Aed m*ac* Ainmirech uictor erat. Inde di*ctum* est :

> Mebhaidh am*al* adfiadar
> for Colum in cath ceolach,
> serigh set srethaib sorann,
> re C*onall ocus* Eogan.

[« The howling battle was gained over Colum (i. e. Colmán the Little) as is related, ... by (Tír) Conaill and (Tír) Eogain »].
Daigh m*ac* Cairill obit. [AI. 581. FM. 586].

[AU. 587. FM. 587].

K.iii. Q*uies* Cairillan esp*uic* Airda-macha [« Rest of Cairillan (Caurlan ? Caerlan ?) bishop of Armagh »]. Q*uies* Senaigh esp*uic* Cluana hIraird [« Rest of Senach, bishop of Clonard »]. C*onuersio* C*onstantini* ad D*omin*um, et nix[3] maghna. Guin Aedha Duibh m*aic* Suibne Araidhe, q*ui* domharbh Diarmuid m*ac* Cerbhaill. [« Slaying of Aed the Black, son of Suibne

---

1. MS. dceñt
2. sesis
3. in.x. maghna

Araide, who killed Diarmait, son of Cerball. » CS. 587.].
Dormitacio Nathcomi.

[AU. 588. CS. 588. FM. 588].

K.iiii. Quies espuic Aedha maic Bric, 7 Aedh[a] maic Brenuinn righ Tebhtha adrobhairt Durmhach do Cholum chilli. [Rest of bishop Aed, son of Brecc, and of Aed, son of Brénann, king of Teffa, who offerred Durrow to S. Columb cille. »] Eodemque anno aestas torrida[1] et sicca contigit.
Dabid Cille muni [« of Cell muni », obit]. Fiacha mac Baedan, ri Ulad [« king of Ulster »].

[AU. 589. CS. 589].

K.u. Feidlimidh mac Tigernaigh, ri Muman, [« Fedlimid, son of Tigernach, king of Munster »] mortuus est.
Cath Leithrigh la hAedhan mac Gabrain [« The battle of Leithri gained by Aedán son of Gabrán »].
Cath Muighe hOchtair ria Brandub mac Eachach for Uib Neill isin telaigh os Cluain Conaire Tomain andes [« The battle of Mag Óchtair gained by Brandub, son of Eochaid, over the Húi Néill on the hill above Cluain Conairi Tomáin in the south »].
Obitus Lughdach Lis moir [« Obit of Lugaid of Lismore »].
Natiuitas[2] Cumine Fota.

[AU. 590. CS. 590. AI. 586].

K.ui. Defectio solis .i. urchra gréni .i. manne tenebrosum.
Aedh mac Fogartaigh ri Connacht [Aed, son of Fogartach, king of Connaught »] quieuit.

---

1. MS. ando etatis torita   2. Natíntas

The Annals of Tigernach. Third Fragment.

[AU. 591. CS. 590].

K.i. Obit*us* Lug*dach* Liss móir .i. mo Luóc [« Obit of Lugaid of Lismore, i. e. my Luóc »].

[AU. 592. CS. 592. FM. 590].

K.ii. Bass Aeng*usa* m*ai*c Amalgaidh. [« Death of Oengus, son of Amalgaid »].
Gregorius nat[i]one Romanu*s*, ex pa*tr*e Gordiano, sedit annis[1] .xui. mensib*us* .ui. dieb*us* .x. Fuit tempo*re* Mauricii[2], et sepult*us* e*st* in basilica b*ea*ti Pe*tr*i apos*toli* ante[3] secretarium[4].
Cath Eudhuind moir, in q*uo* cecidit Gerthidhe[5] m*a*c Ronai*n* rí Cian*ach*ta. Fiachna m*a*c Baedan uictor erat. Un*de* d*ictum* e*st* :

In fecht n-aile doregha
fian[6] maic Baedain i[7] mBrega,
biait[8] Cianacht[a] i fout,
ní bat[9] foicsiu do rout[10].

[« The battle of Eudunn Mór, wherein fell Gerthide, son of Rónán, king of Cianacht. Fiachna son of Baetán, was victor. Hence was said :
« At another time, when the soldiers of Baetán's son shall enter Bregia, the Cianachta will be on the alert, they will not be next the shot »].
Iugulacio[11] Senchain m*ai*c Colmain moir.

1. MS. an*n*o
2. muricu
3. añi
4. se*cur*trum
5. gerthighe
6. dorégho fiachna
7. a
8. biad
9. nibud
10. road
11. Iugulacon

[AU. 594. CS. 595. AI. 589. FM. 592].

K.iii. Quies Coluim cille in nocte dominica pentecostes, quintidh¹ Iuin, [« the 5th of the Ides of June »] anno² perigrinac[i]onis sue .xxxu. etatis uero .lxx.uii.

<blockquote>
Teora bliadna bai cen less
Colum ina duibregless,
luid co haingliu asa chacht
iar sech mbliadna sechtmogad.
</blockquote>

[« Three years he dwelt without light, Columb in his dark church. After seventy years, out of his body he went to the angels »].

Bass Eogain maic Gabran.

Aed Cerr mac Colmain rí Laigen quieuit. Brandub mac Eachach rí Laigen. [« Aed Cerr, son of Colmán, king of Leinster, rested. Brandub, son of Eochaid (became) king of Leinster »].

[AU. 595. AI. 590].

K.ui. Cath Ratha in druadh 7 cath Áird Sendoim [« the battle of *Ráith in druad* « the wizard's earthwork », and the battle of *Ard Sendoim* « the height of the old ox »].

Iugulacio filiorum³ Aedan .i. Bran 7 Domungort 7 Eochaid Find 7 Artur, i cath Chirchind [« in the battle of Circhenn »], in quo uictus est Aedhan, 7 cath Coraind [« and the battle of Corann »].

[AU. 596. CS. 597. AI. 592. FM. 593].

K.uii. Bass Cumascaigh maic Aedha la Brandub mac Eachach, a nDun Buiced, unde dictum est:

1. MS. .u.edh
2. ando
3. fl.orum 7

Guidhiu in Comdhiu cumachtach [1]
i fail Cille Randaireach,
[fo. 9ª 1] rob si [2] dighal Cumascaig
guin Aedha maic Ainmireach.

[« The death of Cumascach, son of Aed, by Brandub, son of Eochaid, in Dún Buchet. Whence was said :
« I beseech the mighty Lord, near Cell Rannairech, may the vengeance for Cumascach be the slaughter of Aed son of Ainmire! »]
Cath Sleibe [Cua] a Mumain, in quo Fiachna mac Baedain maic Ainmireach uictor erat. [« Battle of Sliab cua in Munster, wherein Fiachna, son of Baetán, son of Ainmire, was victor »].
Bass Tibruide maic Calgaigh [3] [« Death of Tibraite, son of Calgach »].

[AU. 597. CS. 598. AI. 593. FM. 594].

K.i. Quies Baithín abb Éa [« abbot of Iona »] annó [4] sexagesimo sexto etatis sue.
Cath Duin Bolc la Brandub mac Eachach co Laignib hi quartid Enair, ubi cec[id]it Aedh mac Ainmireach ri Erenn anno regni [sui] .xix., etatis [uero] .lxui. 7 [6] Béc mac Cúanach ri Airgiall 7 daine uaisle ele [5]. Unde dictum est :

A mBuach
ferais in tonn frisin mbruach,
adféd scela cises scith
Aed mac Ainmirech adbith.

[« The battle of Dún Bolg (gained) by Brandub, son of Eochaid, with the Leinstermen, on the fourth of the ides of January, where Aed, son of Ainmire, king of Ireland, fell in the

1. MS. a chumascaigh
2. robsad
3. calgaidh
4. andó
5. ms. adds anno
6. dictumus

19th year of his reign and the 66th of his age, and Béc, son of Cuanu, king of Oriel, and other noblemen. Whence was said:
« At Buach the wave pours against the brink: it tells tidings, though it be wearisome, Aed, son of Ainmire, hath been slain »].

C*uiu*s coniux[1] cecin*it*:

Taeban Te*m*rach, taeb Taillten,
taeb Aedha m*ai*c Ain*m*ireach,
batar inmain na t*r*i táeib
f*r*isna fresciu aithirrech[2].

[« Tara's little side, Tailltiu's side, the side of Aed, son of Ainmire,. dear were the three sides on which I never look again! »].

[Initium regni] Colman R*i*medha 7 Aedh[a] Slane simul[3].

Garban m*a*c Enda rí[4] Mu*m*an 7 Amalgaidh a bratháir [« Garbán, son of Enna, king of Munster, and his brother Amalgaid »].

[AU. 598. CS. 599. AI. 594. FM. 595].

K.ii. Aili*thir*[5] ab Cluana m*ai*c Nois pausat, do Muscraighi[6] do. [« Ailithir, abbot of Clonmacnois rests. Of Muskerry was he »].

Bass Garmaidh regis Pictor*um* [« Death of Gartnad, king of the Picts »].

Saxanaigh do dul c*um* credmi [« The Saxons came to the Faith].

[AU. 599. CS. 600. AI. 595. FM. 596.]

K.u. Q*ui*es Caindich[7] Achaidh bó Cainnigh [« Rest of S. Cainnech of Aghaboe »] q*u*i .lxxx.uii. etatis sue an*n*o q*ui*euit.

1. MS. *con*iungs
2. aitherruth
3. rex
4. rig
5. Aliitir
6. muscraidhi
7. caindech

122

The Annals of Tigernach. Third Fragment.

Cath Saxonum[1] la hAedan, ubi cecidit Eanfraith frater Etalfraich la Maeluma mac Baedan, in quo uictus erat. [« The battle of the Saxons by Aedán, where Eanfraith (?Theodbald), brother of Æthelferth, fell by Mael-uma, son of Baetán, in which he, Aedán, was vanquished »].

Iugulacio Suibni maic Colmain Mair la hAéd Sláine a mBridham for Suainiu.

[« Murder of Suibne, son of Colmán the Great, by Aed Sláine at Brídam on (the stream) Suane ». AI. 596].

Sinchi Cluana Lethtengadh [« Sinche of Cluain Lethtengad »].

[CS. 601. FM. 597].

Bemenda Branduib i mBreghaib[2] [« The Blows (i. e. seven battles) of Brandub in Bregia »].

[AU. 600. CS. 601. FM. 597].

[Mors Brénuinn maic Cairpri maic Féchine .i. ri Ua Maine, o sloinnter Ráith Brénuinn] im-Muigh Áei [« Death of Brénann, son of Cairbre, son of Féchéne, king of Húi Maine, from whom is named Ráith Brénainn in Mag Áei »].

[AU. 601. CS. 602. AI. 597. FM. 600].

K.ui. Comgoll ab Bendchair [« Comgell, abbot of Bennchor »]. xci. annós[3] etatis sue, principatus autem suí .l. anno et .iii. mense et .x. die. ui. idus Mai quieuit.

Cath Cuile Sleamna, in quo Colman Rimid[4], ri Ceneoil Eogain, uictor erat, 7 is and dothéich Conall mac Aedha maic Ainmireach [« The battle of Cúil Slemna, in which Colman Rí-

---

1. MS. saxanum
2. bregha
3. xxi. andó
4. rime

mid, king of the Kindred of Eogan, was victor, and 'tis there that Conall, son of Aed, son of Ainmire, fled »].

Cath Cuile Cáil, in quo Fiachaidh mac Báetáin uictor erat, 7 doteich Fiacha mac Demain [« The battle of Cúil Cóel, in which Fiachaid, son of Baetán, was uictor, and Fiacha, son of Deman, fled »].

Bass Uatach maic Aeda, ríg Condacht. [« Death of Uata, son of Aed, king of Connaught »].

[AU. 602. CS. 503].

K.uii. Quies Finntain Clúana hEidhneach, filii nepotis Eachach. [« Rest of S. Finntan of Clonenagh, great-grandson of Eochaid »].

Cath Eachrois i Muiriusc inter genus Cairpri et nepotes [1] Fiachrach Muirsce. Mael cothaigh, rí Húa Fiachrach in fugam [2] uersus est. Colman rí Cairpri uictor erat. [« The battle of Echross in Murrisk between the Cenél Cairbri and the Húi Fiachrach of Murrisk. Mael Cothaig, king of the Húi Fiachrach, was put to flight. Colmán, king of Cairbre, was victor »].

Sinill Muighe [Bili] epscop [« Sinell of Movilla, bishop »]. Amalgaidh mac Enda rí Muman [« king of Munster »] mortuus est. Fingen mac Aedha Duib rí Muman. [« Fingen, son of Aed the Black, king of Munster »].

[AU. 603. CS. 604. FM. 600].

K.u. Iugulacio Colman Rimedha a uiro de genere suo, qui dictus est Lochan Dilmana. Unde dictum est:

Cétu i righe, cétu ir-recht,
cetu a nert for [3] rígrada,
enid Colmán Rímid [4] [rí]
rom-bíi Lochan Dilmana.

1. MS. nepotis
2. fugum
3. fri
4. enig colmaín rimedh

[« Though he be in kingship, though he be in right, though his might be over kingfolk, behold ye, Colmán Rímid the king, Lochan Dílmana slew him »].

Iugulacio Aeda Slane o Conoll mac Suibne for bru Locha Semdighe. Áedh Gusdan, comalta Chonaill Guthbind 7 Baethgal Bile ron-guinestar, et inde[1] dictum est:

Ni bu airmirt ind airle[2]
do ócaib Tuaithe Tu[i]rbe,
Conall robíí Aedh Slaine,
Aed Slaine rom-bi Suibne.

[« Murder of Aed Sláine by Conall, son of Suibne, on the shore of Lough Sewdy. Aed Gusdan, Conall Guthbind's fosterbrother, and Baethgal Bile slew him. And hence was said:

« The counsel was not a prohibition to the warriors of Tuath Tuirbe. Conall slew Aed Sláine, Aed Sláine slew Suibne »].

Iugulacio[3] Aedha Roin ríg Hua Failghe hi faichthi Meic Buáin, 7 Aed[a] Buidhi rí[g] Hua Mane 7 Teftha .i. Hua Mane maic Neill, a mBruidhin da choca, on Chaill [leg. Chonall] cetna in eodem die quo iugulatus est Aeda Slane.

[« Murder of Aed Rón, king of Offaly, on the Green of Mac Buain, and of Aed the Yellow, king of Húi Mani and Teffia, that is, of the descendants of Mane, son of Niall, in the Hostel of Da Choca, by the same Conall, in eodem, etc. »].

Bass Conaill Chon maic Aedha. Cú cen máthair rí Muman, natus est [« Death of Conall Cú, son of Aed. Cú cen mathair (« motherless Hound »), king of Munster, was born »].

[AI. 598].

Colman mac Lenine quieuit. Laisren Mena drochaid quieuit.

in marg. iiii.dl.xui.] Mauricius[4] mortuus est.

1. MS. unde
2. nibuar mairt indaraile
3. Iugal.
4. Muiricus

[AU. 604. CS. 605. AI. 600. FM. 601].

K.iii. Phocas[1] *regnauit* annis .uiii.
Cath Slabra [« Battle of Slabra »] in *quo uictus est* Brandub. Nepotes Neill [« the Húi Néill »] uictorés erant[2].
Bass Brannduib maic Eachach o cliamuin féin .i. Saran Saebderc, airchindeach Senboth Sine. Un*de* di*ctum* *est :*

> Saran saebderc, seol glan gle,
> airchindeach Senboth Sine,
> ni dalb cen bandul a breath[3]
> romarb Brandub mac Eachach.

[« Death of Brandub, son of Eochaid, by his own son-in-law, namely, Sarán the Squinting, *airchinnech* of Senbotha Sine. Hence was said :
Sarán the Squinting — a course pure, bright, the airchinnech of Senbotha Sine — no figment... slew Brandub son of Eochaid »].
De *quo* in Caillech Laig*en* dixit :

> Madh i mbeathaid maic Eachach
> do[m]thisadh in tuaiscertach
> in cath ima nuairidar
> is cián o dofuascarfadh

> Diamadh i treib[4] tuiredhaigh
> mac Eachach [fo. 9²2] maic Muiredaigh
> nocho béraind mo bolc lan
> do chill arae[5] Aeda Allan.

[« Of whom the Nun of Leinster said :
« If in the life of Eochaid's son the northerner had come to

---

1. MS. Foch*us*
2. erunt
3. brandul brath, *FM.*
4. aitreb
5. arae maic

The Annals of Tigernach. Third Fragment.

one, the battalion round which... would long since have fled in panic.
« If the son of Eochaid, son of Muredach, were in a pillared house, I should not carry my full sack to the church for the sake of Aed Allán »].
Obit*us* Lasren ab Éa [« Obit of Lasrén, abbot of Iona »].
Bass Colmai*n* ma*i*c Aedha r*í*g*h* Osraighi[1] [« Death of Colmán, son of Aed, king of Ossory »].
Aedh Allan r*e*g*n*auit an*n*o [leg. annis] .uiii. Rona*n* m*ac* Colman r*í* Laige*n* [« king of Leinster »].

[AU. 605. CS. 606. AI. 601. FM. 604, 605].

K.iiii. Q*u*ies Beughnai[2], ab Be*nn*chair [« abbot of Bangor »].
Bass Aedhai*n* ma*i*c Gabrai*n* an*no* .xxxuiii. reg*n*i sui, etatis uero .lxxiiii.
Bass fil*iorum* Báetai*n* ma*i*c Cairill i nDu*n* Moghna [« Death of the sons of Báetán, son of Cairell, in Dún Mogna »] a fí*li*o m*a*tris sue.
Sec*u*nd*o* a*nn*o Phocae[3] Grigori*us* papa migrauit ad Dominum[4]. Hic rogante [papa] Bonifacio statuit sedem Romane ecclesie cap*ut* es*se* om*n*ium eclesiarum[5], q*ui*a eclesia Constantinopolitana[6] primam se eclesiar*um* om*n*ium scribebat.
K.u. Phocas rogante[7] papa Bonif*ac*io iussit in ueteri[8] fano q*uo*d Pantheum[9] uocabatur, ablatis idolatrie sordib*us*, eclesiam[10] beate semper uirginis Marie. *et* om*n*ium martir*um* fieri, ut ubi q*u*ondam o[m]niu*m* n*on* deor*um*, s*ed* demon*i*or*um* cult*us* agebat*ur*, ibi deinceps om*n*ium fieret memoria sanctorum[11].
P*er*se Hierosolymam[12] uastantes uexillum[13] dominice crucis abstulerunt[14].

1. MS. osraidhi
2. bruighne
3. focce
4. dmn.
5. eclinarum
6. co*n*stantina polotana
7. Foccos rogandte
8. iniuit ineti
9. pandeum
10. eclinam
11. funat memoria scor*um*
12. hierlind
13. uexillam
14. abstulerant

[AU. 607. CS. 608. FM. 604].

Bass Fiachrach Caich¹ maic Baedan la Cruithnechu, 7 quies Echdach² [« The death of Fiachra the One-eyed, son of Baetan, by the Picts, and the repose of Eochaid »].
Sabunianus nacione Tuscus [sedem Petri tenuit] uno³ anno, mensibus .u. diebus .ix. [et] sepultus est in basilica Petri.

[AU. 608. CS. 609. FM. 605].

K.i. Occissió Sechnasaigh maic Garbain, rig Ceneoil Bóghaine, o Domnall mac Aedha, 7 bass Conaill Gáideirg maic Daimine occisi a Nepotibus Meith [« The slaying of Sechnasach, son of Garbán, king of Cenél Bóguine, by Domnall, son of Aed, and the death of Conall Redspear, son of Daimine, slain by the Húi Meith »].
Quies Lugdach .i. mo Lua, maic hui Oche [« Rest of Lugaid, great-grandson of Oche. »]

[AU. 609. CS. 610. FM. 606].

K.ui. Bass Aeda maic Colgon, righ Airgiall 7 na n-Airrther, in peregrinacione Cluana maic Nois, de quo⁴ dictum est:

> Robái tan
> ba línd ordan Loch da dam,
> ni bu e in loch ba hordan
> acht flaith Aedha maic Colgon.

> Cuma dam
> nad mair cara rodum-car,
> cebe focher trillsi⁵ treab
> tre indsi Locho da dam.

1. MS. craich
2. aedach
3. secundo
4. qui
5. trillsib

[« Death of Aed, son of Colgu, king of Oriel and the Oriors, in pilgrimage at Clonmacnois. Of whom was said:
« There was a time when Loch dá Dam was a noble water. It was not the loch that was noble, but the reign of Aed, son of Colgu.
« A grief to me that the friend who loved me lives not, whosoever shall set house-fires through the isles of Loch dá dam »].

Bass Sillain maic Cumáine, ab Benncair, 7 bás Aedhain ancharad [1] [« Death of Sillán, son of Cumaine, abbot of Bennchor, and death of Aedán the anchorite »].

Bás Maelum[ai] maic Báedain 7 bass Colgan dalena (?) maic Fiachna. [« Death of Mael-umai, son of Baetan, and death of Colgu... son of Fiachna »].

Finis cronice Euséui.

[AU. 610. CS. 611. AI. 604].

K.ii. Fulminatus est exercitus Ulad i mBairche [« an army of Ulaid in Bairche »] fulmine terribili [2].

Bass Maile duin maic Aline regis [3] Mogh[dornae] [« Death of Mael-duin, son of Aline, king of Mugdorn »].

Quies Colman Ela maic húi Seilli .l.ui. anno etatis sue [« Rest of Colmán Ela, great-grandson of Selle, in the 56th year of his age »].

Aed Roin 7 Aed Laigen.

Neman ab Lis móir [« Neman, abbot of Lismore »].

[AU. 611. CS. 612. FM. 607].

K.u. Aedh Uairidhnach, mac Domnaill, rí Temrach, obit. [« Aedh Uaridnach, son of Domnall, king of Tara, dies »].

Cath Odhba re n-Aengus mac Colmain, in quo cecidit Conall Laegh Breagh, mac Aeda Slaine.

1. MS. incharad
2. terribilie
3. neighis

IN scé i mullach Odba
cia a gái dogra ni laes [1],
dethbir di cid olc a dend [2]
robái mor cend ina craes [3].

[« The battle of Odba gained by Aengus, son of Colmán, wherein fell Conall Loeg Breg (« the Calf of Bregia »), son of Aed Sláine :

« The whitethorn on the summit of Odba, though it does not cast its sorrowful spears, lawful for it that its colour should be evil, a mighty head was in its mouth »].

Phocas [4] mortuus est. Mael coba reghnare incipit.

[AU. 612. CS. 613].

in marg. iiii.*m*.d.xcii]. K.ui. Herachlius annis .xxii. Ana[s]tasius Persa monacus nobile pro Christo martir[i]um patitur, qui natus in Perside magicas a patre puer artes discebat, sed ubi a captiuis [5] Christianis Christi nomen ac[c]eperat, in eum mox animo tóto conuersus, relicta Perside, Chalcedoniam Hierapolimque [6] Christum quaerens, ac deinde Hierusolimam [7] petit, ubi [8] accepta baptismatis gratia, quarto ab eadem urbe miliario monasterium [9] a[b]batis Anastasii [10] intrauit, qui postea a Chosroe [11] rege Persarum cum .lxx. martiribus decollatus est.

Eó tempore [12] exortum apud Scotos in obseruacione pasche er[r]orem quartadecumanorum [13] Honorius papa per epistolam redarguit, sed [et] Iohannes [14] qui successori eius Seuerinó successit, pro eódem pasca simul et pro Pelagiana [15] háeresi, quae apud eos reuiuiscebat [16], scribsit.

1. MS. a caecaid ogra nileas
2. coieic atend
3. creas
4. Fochus
5. capitiuis
6. calcedonum. hierusolimanique
7. diende hierusolimamque
8. Ubi
9. monosterium
10. anastastaissi
11. coranen
12. Eó temporo
13. xiiii. annorum
14. Iohannes sicut qui succerori
15. pre pilaghiana
16. reuiuis ceperat

The Annals of Tigernach. Third Fragment.

Q*u*ies Findtain Áentruimh, abadh B*enn*chair [« Rest of Finntan of Antrim, abbot of Bennchor »].
Bass Colmai*n* Uathaig. [« Death of Colmán the Fearful »].
Cath Caire Legio*n* [« Battle of Caerleon »] ub*í sancti* occissi s*unt, et* cecid*it* Solon m*a*c C*on*ain rex Bretano*rum* et Cetula rex cec*idit*. Etalfraidh uictor erat, q*ui* p*ost* stat*im* obit. [AI. 606].

[AU. 613. CS. 614. AI. 607. FM. 609].

[fo. 9ᵇ 1]. K.uii. To Lua abb Cluana m*a*ic Nois, .i. do Corco Mogha, pausat [« Thy Lua, abbot of Clonmacnois, of the Corcu Moga, rests »].
Stella uisa est hora *septima* diei [1].

[AU. 614. CS. 615. FM. 610].

K.i. Mael Coba m*a*c Aedha m*ortuus est* i cath Toadh la Luighne, 7 Suibne Mend ros-marb [« Mael-Coba, son of Aed, died in the battle of Toa with the Luigni, and Suibne Menn killed him »].
Q*u*ies Dermoda tercii abbatis Cl*uana* Iraird [« Rest of Diarmait, third abbot of Clonard »]. Cath [Fidnaige « the battle of Fidnach »].
Bass Ronain m*a*ic Colmain, r*í*g Laige*n,* cui successit [2] Suibne Mend [« Death of Rónán, son of Colmán, king of Leinster, whom Suibne Menn succeeded »].

[AU. 615. AI. 609. FM. 611].

K.iii. Co*m*bu*s*tio Ben*n*cair [« Burning of Bennchor »].

[AU. 616. CS. 617. FM. 612].

K.iiii. Co*m*bu*s*tio Donnain Ega. hi .xu.kl. Mai, cum cl.

---

1. MS. dies   2. sucesit

martiribus, et uastatio Toraighe, 7 loscadh Connere [« Burning of Donnán of Eig on the 15th of the kalends of May, with 150 martyrs, and the devastation of Torach (« Tory island »), and the burning of Connere »].

Usque ad hunc[1] annum Esidorus scribsit cronicon[2] suum, ita dicens: Eraclius dehinc quintum annum[3] agit imperii, hoc est, in anno quintó imperii Eraclii et quartó religiosissimi[4] principis Sesibuti[5]. Sunt ab exordio mundi usque ad [Her]aclii annum praesentem[6], id est, quintum umdcccxiiii.

[AU. 617. CS. 618. FM. 613].

K.u. Caemgen Glindi da lacha [« Coemgen of Glendalough »] .c.xx. anno etatis sue in Christo quieuit.

Comgall espoc 7 Eogan espoc Ratha Sithe quieuerunt[7] [« Bishop Comgall and Eogan, bishop of Ráith Sithe, rested »].

Iugulatio Colgan maic Suibne. Bass Fiachrach maic Conaill. Inredh Machae, et[8] terre motus in Gallia [« Murder of Colgan, son of Suibne. Death of Fiachra, son of Conall. Ravaging of Armagh, and earthquake in Gaul »].

Bass Fergusa maic Colmain Moir, ríg Midi, [ó] Anfartach[9] hu Mescan, di muintir Blatine, unde dictum [est]:

Mad dom tisad immo teach
hua Mesca[in] ba Anfartach
usce dorbach dober dó
fobith gono[10] Fergusó.

Cep tan dochósat[11] buidne
cenéoil[12] Colman sech Cuillne,
iarmifoset di suidiu
sil Meschan i mBlaitiníu.

1. hoc
2. cronicam
3. andum
4. religiósisimmi
5. sesubiitus
6. andum praesentum
7. qui heuerunt
8. in
9. Aenfartach
10. MS. conad
11. dochorat
12. anéol

The Annals of Tigernach. Third Fragment.

[« Death of Fergus, son of Colmán the Great, king of Meath, by Anfartach, grandson of Mescan, of the Muinter Blatini. Whence was said:
« If Anfartach, grandson of Mescan, should come to me, into my house, I will give him wormy (?) water because of the slaying of Fergus.
« Whenever troops of the kindred of Colmán shall march by Cuillne, hereof they will ask the race of Mescan in Blaitine »].
Scribend in Cuimín [« The writing of the Cuimín »].

[AU. 618. CS. 619. AI. 613. FM. 614].

K.iii. Liber abb Achaidh[1] bó Caindig [« Liber, abbot of Aghaboe »].
Mors Sillain Muige Bile [« Death of Sillán of Movilla »]
7 Fingen mac Fiachrach [quieuit].
Aedh Bennan, rí Muman, quieuit.

Aedh Bendan
don Eoganacht iar Luachair,
mairg [do] sétaib dianadh rí,
cénmair tír dianad buachail[2].

A sciath intan focrotha
a bidbadha[3] fobotha,
césu[4] becan fora muin
as ditiu dond Íarmumuin[5].

[« Aed Bennan, king of Munster, rested. [Of him was said:]
« Aed Bennan, of the Eoganacht behind Luachair. Woe to treasures when he is king! happy the land of which he is shepherd.
« When he shakes his shield he terrifies his foes. Though 'tis a little thing on his back, it is a shelter for West Munster »].

1. MS. achaigh
2. cénmair diatuathaib dían buachail
3. bidbadhu
4. cesa
5. doní armumuin

Fingen mac Aedha, rí Muman, mortuus est, de quo coniunx dixit:

IN Muma
re lind Fingen maic Aeda[1],
robdar lan[a] a cuiledha,
robdar toirrtigh a treba.

Cathal mac Aedha do gabail rígi Mumun.
[« Fingen, son of Aed, king of Munster, died. Of whom his wife said:
« Munster, during the time of Fingen, son of Aed, full were her storerooms, fruitful were her households ».
Cathal, son of Aed, took the kingship of Munster »].

[AU. 619. CS. 620. FM. 615].

K. Ailill mac Baedain maic Muirchertaigh, 7 Mael duin mac Fergusa, maic Báedain, 7 Diucull occisi sunt[2] a Muig Slecht a crich Chonnacht [« Ailill, son of Báetán, son of Murchertach, and Maelduin, son of Fergus, son of Báetán, and Diucull were slain on Mag Slecht in the province of Connaught »].

Bass Fiachrach, maic Ciarain, maic Ainmirech, maic Setna, id est, alii fundatoris Dairi Chalgaigh[3] [« Death of Fiachra, son of Ciarán, son of Ainmire, son of Setna, that is, of the other founder of Daire Calgaig (*Derry*) »].

[AU. 620. CS. 621. AI. 613. FM. 616].

K.ii. Senach Garb, ab Chluana ferta, mortuus est [« Senach the Rough, abbot of Clonfert, died »].

Báss Aengusa maic Colmain Moir, ríg Húa Neill [« Death of Oengus, son of Colmán the Great, king of the Húi Néill »].

Dunchadh mac Eoganain 7 Nechtan mac Canand, 7 Aed

---

1. MS. adds.: Bennan a Bregha
2. Diuculla occisus est
3. alius funditorius daire chalgaidh

The Annals of Tigernach. Third Fragment.

obierunt¹ [« Dunchad son of Eoganán, and Nechtán, son of Cano, and Aed died »].
Fingin mac Fiachrach Encride obit [« Fingen, son of Fiachra Encride, died »].
Hoc tempore constructa est eclesia Toraige² [« the church of Torach »].
Finit Esiodorus enumeraire annos³ in libriss Etimologiarum.

[AU. 621. CS. 622. AI. 615. FM. 617].

Cath Chind Delgthen, in quo ceciderunt da mac Libren, maic Illaind, maic Cerbuill [« The battle of Cenn Delgten, wherein fell two sons of Libren, son of Illann, son of Cerball »].
Conall, mac Suibne, uictor erat, et Domnoll Breacc cum eo.
Vel in hoc annó⁴ quies Coemgin⁵.
Conaing mac Aedain maic Gabrain dimersus est. Bí Nindine eices cecinit:

> Tonda mara morglan[a],
> [is] grian rodatoicsetar⁶,
> ina churach flescach fann⁷
> for Conaing concoirsetar⁸.
>
> IN bean rola a mong find
> in[a] churach fri Conaing,
> ised ro tibhi a gen
> indiu⁹ fri bili Tortan.

[« Conaing, son of Aedán, son of Gabrán, was drowned. 'Twas Ninnine the poet sang:
« The sea's great pure waves and the sun that pursued him, into his weak wicker coracle they flung themselves together on Conaing.

1. MS. obierint
2. eclína toraidhi
3. andos
4. andó
5. comegin
6. rodotoicsitur
7. fleachadh find
8. cond coseatar
9. andiu

« The woman that cast her white hair into his coracle against Conaing, it is her smile that smiled to-day on Tortu's tree ».

Bass Maile bracha, m*ai*c Ri*m*edha, m*ai*c Colm*ain,* m*ai*c Cobthaigh, 7 Ail*ella,* m*ai*c Cellaigh. [« Death of Mael bracha, son of Rímid, son of Colmán, son of Cobthach, and of Ailill, son of Cellach »].

Cath Lindais. Cath Chind gubai, in quo ceci*dit* Colmán m*a*c Cobtaigh, ath*air* Guaire, la Ragallach m*a*c Uatach [« Battle of Lindas. Battle of Cenn gubai, in which Colmán, son of Cobthach, father of Guaire, fell by Ragallach, son of Uata »].

Bas Colgan m*ai*c Cell*aig*. [« Death of Colgu, son of Cellach »].

[AU. 622. CS. 623. AI. 616. FM. 618].

Bass Fergna ab Íae [« Death of Fergna, abbot of Hí »].

Quies M*ai*c laisre, abb [fo. 9^b 2] Aird Macha [« Rest of Mac laisre, abbot of Armagh »].

Expugnacio Ratha Guala re Fiach*aig*. Un*de* Fiacha d*i*x*it* :

> Rogab tene Raith Guala,
> tasc*a*[id] biucatan n-uadha,
> suaichnidh i*n* nert a sabadh
> nirbo inda co*n*gabad.

[« The storming of Raith Guala by Fiach*a*. Whence Fiacha said :

« Fire has seized Ráith Guala ; hoard ye a little therefrom. Well known is the strength of its beams : it was not a... that was taken »].

[AU. 623. CS. 624. AI. 617, 618. FM. 619].

K.ui. Mors Rona*in* m*ai*c Colmai*n*, *et* Colman Stellan obiit.

Guin Dóir[1] m*ai*c Aedha Alla*in*. Failbe [Fland] Fidbadh rodngoin, qui ceci*nit :*

1. MS. Daire

The Annals of Tigernach. Third Fragment.

Ce chana[1] damsa guin Dóir[2]
arni ruba Dóiréne[3] ?
is and ro oirg[4] cach a dóil[5]
o ro oirg[4] a dóiléne[6]

7 roma[r]badh som a ndighail Dóir[2]. Unde mater eius dixit :

.Ba guin sóir[7],
ni ba togail Indsi Cóil[8],
dia[9] tomat gáir na mbidbadh
im cend Failbe Flaind Fidhbadh.

[« The slaying of Dóir, son of Aed Allán. Failbe Flann Fidbad slew him, and sang :
« What profit to me is the slaying of Dóir, for I have not slain the little Dóir (i. e. Dóir's son)? 'Tis then one has killed a chafer when one has killed its chaferling.. »
And Failbe was slain in revenge for Dóir. Hence his mother said :
« 'Tis the slaying of a noble, 'tis not the destruction of Inis Cóil, from which the foemen's shout breaks forth around the head of Failbe Fland Fidbad »].
Bass [leg. Natiuitas] Adomnain ab[bad] Híe. [« Birth of Adamnán, abbot of Iona ». AI. 617].

[AU. 624. CS. 625. AI. 618, 619. FM. 620].

K.i. Annus tenebrosus. Áedhain mac Cumascaigh 7 Colman mac Comgellain ad Dominum migrant[10].
Babtismum Etum [leg. Etuin] maic Elle, qui primus credidit in reghionibus Saxonum[11].
Cormacc Caem 7 Illand moriuntur[12].

1. MS. dana
2. daire
3. rubud dairene
4. airg
5. dáeil
6. andíulene
7. sair
8. cáil
9. diam
10. migrauit
11. saxonom
12. m. est

Ronan mac Tuathail, ri na n-Airrther, mortuus est [« Ronán, son of Tuathal, king of the Airthir, died »].

Mongan mac Fiachna Lurgan, ab Artuir filio Bicoir Britone lapide¹ percussus interit. Unde² Bec Boirche dixit:

IS uar³ in gáeth dar Ile⁴,
dofuil oca i Cind tire,
dogena[t] gnim amnus de,
mairbfit⁵ Mongan mac Fiachnae.

Land Cluana Airrthir indiu,
amra in ceathrar forsr'iadhad,
Cormac Caem, fri im[r]lochidh,
ocus Illand mac Fiachrach⁶.

Ocus in dias ele
dia foghnonn mor do t[h]uathaib,
Mongan mac Fiachna Lurgan
ocus Ronan mac Tuathail.

[« Cold is the wind over Islay; there are warriors in Cantyre, they will commit a cruel deed therefor: they will kill Mongán, son of Fiachna.

« The church of Cluain Airthir today; good are the four on whom it has been closed: Cormac Coem, at tribulation, and Illann, son of Fiachra.

« And the other two, whom many territories serve, Mongán, son of Fiachna Lurgan, and Ronán, son of Tuathal »].

[AI. 620].

Cathal mac Aeda ri Mumin. [« Cathal, son of Aed, king of Munster »].

M'Áedoc Ferna quieuit [« My Aedóc of Ferns rested »].

1. MS. bi coirpre tene lapite
2. unde dictum est
3. fuar
4. daraile
5. muirfidh
6. fiachna

[AU. 625. CS. 626. FM. 622].

K.i. Cath Lethid Midhind in Druing, in quo interfectus est Fiachna mac Baedain, ri Dal Araidhe. Fiachna mac Demain mortuus est [leg. uictor erat] [« The battle of Lethet Midenn in Drong, wherein was slain Fiachna, son of Baetán, king of Dalaradia. Fiachna, son of Deman, was victor »].

Fiacha Find, rí Cenéoil Boghuine [« Fiacha the Fair, king of the Kindred of Bóguine »], mortuus est.

Cath Duíne Ceithirnn iter Domnoll mac n-Aeda 7 Congal Caech, du a torchair Guaire Goillseach mac Furudrain [« The battle of Dún Cethirn between Domnall, son of Aed, and Congal Caech, wherein Guaire Goillsech, son of Furudrán, fell »].

Obsessio[1] Builg luatha a nepotibus Neill [« The beleaguering of « Sack of Ashes » (nickname of Crundmael, king of South Leinster) by the Húi Néill »].

Failbe Fland ri Muman [« Failbe Flann, king of Munster »].

[AU. 626. CS. 627. FM. 624].

K.ii. Cath Aird Corainn, in [quo] Dáil Ríada uictores erant, in quo cecidit Fiachna mac Demain la Connadh Cerr ríg Dalríada. [« The battle of Ard Corann, in which the Dáil Riata were victors, and in which Fiachna, son of Deman, fell by Connad Cerr, king of Dalriada].

[2] Lachtnene mac Toirbene, abb Ach[aid úir, décc « Lachtnéne, son of Toirbéne, abbot of Achad úr, died »].

[AI. 621. FM. 622].

Cath Chairn Feradaigh a Clíu, [« The battle of Carn Feradaig

---

1. MS. obsissió
2. In the MS. this entry is misplaced. It comes next after in Dáil Ríada.

in Cliu »] ubi Failbe Fland Femin uictor erat. Guaire, Aidhne fugit[1]. *Co*nall m*a*c Mael-duib, r*í* H*ua* Maine [« king of the Húi Maini »] ceci*dit*, *et* Maelduin *et* Maelruain *et* Mael calgaidh *et* Mael Bresail, et ailii multi [quam] nobiles ta*m* plebei[2].

Uisio Fursu ostensa *est*.

[AU. 627. CS. 628].

K.uii. Cath Du*m*a Aichir la Bolg Luatha [« Battle of Duma Aichir by « Bag of Ashes »] in quo *ipse* cec*idit*. Faelan m*a*c Colma*in* r*í* Laig*en* [« Faelán, son of Colmán, king of Leinster »] uictor [erat].

Cath Botha [Battle of Both »] in q*uo* Suibne Mend m*a*c Fiachrach uictor erat. Dom*n*oll m*a*c Aedha fuigit. Suibne Mend m*a*c Fiach*r*ach occis*us* *est* i Traigh Brena la Conghal Cáech m*a*c Scandlain [« Suibne Menn, son of Fiachra, was slain on Tráig Brena by Congal Caéch, son of Scandlán »].

Pausa*tio* Columbani[3] fil*ii* Bardani do Dháil Baird U*l*a*d*, abbadh Cluana. [« Resting of Columbán, son of Bardán, of Dál Baird of Ulster, abbot of Clonmacnois »].

Guin Cu*m*ain m*ai*c Colmain [« Slaying of Cuman, son of Colmán »].

Uastatio Laigen la Dom*n*all m*a*c nAedha. [« Devastation of Leinster by Domnall, son of Aed »]. Dom*n*oll m*a*c Aeda reg*n*at.

[AU. 628. CS. 629. AI. 623. FM. 624].

K.u. Cath Fedha Éoin, [« The battle of Fid eoin »] in q*uo* Mael caith m*a*c Scandail, rex Cruithniu, uictor erat. Dal Riada cec*idit*. Condadh Cerr r*í* Dal Riada [« king of Dalriada »] cec*idit*, 7 Dicull m*a*c Eachach r*í* ceneoil Cruithne [« king of the kindred of the Picts »] cec*idit*, *et* nepotes Aedan ceciderunt, *id est* Rigullan m*a*c Co*n*aing 7 Failbe m*a*c Eachach 7 Oisiric m*a*c

---

1. MS. fuighit
2. mille
3. Pausan colum bai*n*

The Annals of Tigernach. Third Fragment.

Albruit rigdomna Saxan [« crownprince of England »] cum strage maxima suorum.
[Mors] Eochach Buidhi maic Aedain. [« Death of Eochaid the Yellow, son of Aedán »].
[Cath Dúine Ceithirn, in quo Congal Caech fugit, et Domnall mac Aedo] uictor erat, in quo cecidit Guaire Gaillsech mac Forunnain.

> Cath Duin[e] Ceithirnn i mbé [1]
> cru [ruad] dar [2] suilib glassa,
> batar for slicht Chongail cr[u]im
> colla [3] munremra masse.

[« The battle of Dún Cethirn, which had red blood over gray eyes. On the track of Congal the Bent were thick-necked, comely bodies »].
Bass Cailchinn maic Dima o Liathmuine [« Death of Cailchenn, son of Dimma, by (the men of) Liathmuine »].
Bass Conaing Chirr [« Death of Conaing Cerr »] ut alii [fo. 10ª 1] dicunt, anno primo reghni sui, qui uictus est i cath Fedha Eoin [« in the battle of Fid Eoin »].
Dormitacio Fintain Maelduibh. [CS. 630. AI. 624. FM. 626].
Bas Ailli ríg Saxan. [« Death of Ælle, king of the Saxons. » CS. 630. AI. 625].
MoBai mac hui Aldae [« My Bai, great-grandson of Aldae »].

[AU. 630].

K.uii. Cath [4] Etuin maic Ailli [« The battle of Edwin, son of Ælle »] reghis Saxonum, qui totam [5] Brita[n]niam regnauit, in quo uictus est a Chon [leg. Catguallaun?] rege [6] Britonum et Panta Saxano.
Bas Cinaetha maic Luchtren [« Death of Cinaed, son of Luchtren »], regis Pictorum [CS. 631].

1. MS. imbi
2. ar
3. cholla
4. Cath iter
5. totum
6. reghi

[AU. 631. CS. 632. AI. 626. FM. 627].

K.ii. Cath la Cathlon 7 Anfraith [« A battle by Catguallaun and Eanfrith »] qui decollat*us est*, in q*uo* Osualt mac Etalfraith u*ictor* erat *et* Catlon, r*ex* Britonum, ceci*dit*.

Cath Atha Abla, in q*uo* ceci*dit* Dicull, mac F*er*ghu*sa* Tuili, la Mumhain [« The battle of Áth Abla, in which Dicull, son of Fergus Tuile, fell by Munster »].

INis Metgoit [« the monastery of Lindisfarne »] fundata *est*.

[AU. 632. CS. 633. FM. 628].

K.iii. Cath Íudruis r*íg* Bretan [« The battle of Iudris, king of the Britons »,] q*ui* in eo ceci*dit*.

C*ath* Atha Goan i n-iarthar Lifi, [« The battle of Áth Goan, in the western part of Liffey »], in q*uo* ceci*dit* Cremth*ann* Cualan*n*, mac Aedha, m*ai*c Senaigh, r*ex* L*a*g*e*nior*um*. Faelan mac Colm*ai*n m*ai*c Co*n*aill m*ai*c Suibne, r*í* Mide [« king of Meath »] 7 Failbe Flan*n* r*í* Mu*m*an [« king of Munster »] uictorés erant.

Mor Mu*m*an, ben Fingen [« Fingen's wife »] q*u*ieu*it*.

Énan Dro*m*a Raite [« of Druim Raite »] q*u*ieu*it*.

[AU. 633. CS. 634. FM. 630].

K.iiii. Guin da mac Aeda Slaine la Co*n*all mac Suibne oc Loch Treithli oc Frem*a*ind, *id est* Cong*a*l ri Breg, senath*air* H*ua* Co*n*aing, 7 Ail*i*ll Cruit*i*re, senath*air* Sil Dluthaigh:[1] [« The slaying of Aed Sláine's two sons by Conall, son of Suibne, at Lough Drin at Fremann, that is, Congal, king of Bregia, ancestor of the Húi Conaing, and Ailill the Harper, ancestor of the Sil Dluthaig »].

1. MS. silndluthaigh

The Annals of Tigernach. Third Fragment.

[AU. 634: AI. 629].

Séigine abb Íe eclesiam Rechrann[1] fundauit [« Ségine, abbot of Iona, founded the church of Rechru » (Lambay)].
Congregacio Saxonum contra Osualt.
Eochaid, abb Lis móir [« abbot of Lismore »], quieuit.
Bass Conaill maic Suibne i taigh maic Nadfraich la Diarmuid mac Aedha Slaine 7 la Mael-uma mac Forandáin il-Lis Dochuinn [« Death of Conall, son of Suibne, in the house of Nat-fraich's son, in Less Dochuinn, by Diarmait, son of Aed Sláine, and by Mael-umai, son of Forannán »].
Quies Finntain .i. Mundu, maic Tulcháin, in[2] .xii. kl. Nouembris, et Ernaine maic Cresene.
Cath Seghuise [« The battle of Segais »] in quo cecidit Lochene mac Nechtain Cennfota [« son of Nechtán Longhead »] 7 Cumascach mac Aengusa [« son of Oengus »].
Cath Cuile Caelan la Diarmuit mac Aedha Slaine [« The battle of Cúil Coeláin gained by Diarmait, son of Aed Sláine »] in quo cecidit Mael-uma mac Aengus[a] et Colgo frater illi[u]s.

[AU. 635. CS. 635. AI. 630. FM. 631].

K.u. Guin Ernain maic Fiachnai, qui uicit[3] Mael fithrig mac Aedha Allain i cath Lethoirbe [« The slaying of Ernán, son of Fiachna, who vanquished Mael-fithrig, son of Aed Allán, in the battle of Lethairbe »].
Effugacio Carrthaigh .i. mo Chuto, maic Find, o Raithin [« Flight of Carthach, i. e. my Cutu, son of Find, from Rathen »] in diebus pasce.

[AU. 636. CS. 636. AI. 631. FM. 633, 634].

K.uii. Cath Muighe Rath ria nDomnoll mac Aeda 7 ria

1. MS. eclínam recharnn
2. húi
3. quieuit

macaib Aeda Sláine [« The battle of Moira gained by Domnall, son of Aed and by the sons of Aed Sláine »] — sed Domnall regnauit Temoriam in illó[1] tempore — in quo cecidit Congal Caech rí Ulad [« king of the Ulaid »] et Faelchu cum multis nobilibus, in quo cecidit Suibne mac Colmain Cuair.

Cath Sailtire ria Conall Cael mac Maile coba for Cenel n-Eoghain in la cétna [« The battle of Sailtire gained on the same day, by Conall the Slender, son of Mael Coba, over the Kindred of Eogan »].

Bass Failbe Flaind ríg Muman. [« Death of Failbe Fland, king of Munster »].

Quies mo Chudu Rathain hi quintidh Mai. [« Rest of my Cutu of Rahen on the fifth of the ides of May »].

[AU. 637. CS. 637. FM. 636, 637].

K.i. Cath Glinne Mairison, in quo muindter Domnaill Bricc do teichedh, et obsessio[2] Etain [« The battle of Glenn Mairison, in which the family of Domnall Brecc was put to flight, and the siege of Etan »].

Cronan mac uLaeghda, ab Cluana maic Nois, obit .i. do Corco Laighe. [« Cronan great-grandson of Laegda, i. e. of the Corco Laige, abbot of Clonmacnois, died »].

Bass mo Chua Ballai. [« Death of my Cua of Balla »].

[AU. 638. CS. 638. FM. 638].

[in marg. iiiim.d.cxuii]. K.ii. Heracleonas[3], cum matre sua Martina, regnauit .ii. annis.

Guin Conghaile [maic Dunchada [« the slaying of Congal, son of Dunchad »].

Bass Dunsighe[4] uxoris Domnaill [« Death of Dunsech, wife of Domnall »].

1. MS. belló
2. obsecio
3. Heraclonus
4. dunsidhe

The Annals of Tigernach. Third Fragment.

Cath Osuailt [« Oswald's battle »] *contra* Panta¹, in *quo* Osualt ceci*dit*.

*Qu*ies C*r*itan i Naendruím 7 Aeda Duib, ab Cille Dara, *ri* Laigen art*uís* [« Rest of Critan in Noendruim, and of Aed the Black, abbot of Kildare, and at first king of Leinster »].

Mael-odhar Cáech, [*ri*] Oirther², *mortuus est*. [« Mael-odar the Blind of an eye, king of Oriors, died »].

MoLaissi Leithglin*n*e macu³ Dima quieuit. [« My Laisse of Leighlinn, great-grandson of Dima, rested »].

Bass Ai*le*lla m*a*ic Aeda Roi*n* [« Death of Ailill, son of Aed Ron »].

Hoc tem*pore* Theodorus⁴ papa floruit⁵.

Cua*n* mac Amalgaidh, *ri* Mum*a*n [« king of Munster »] *mortuus est*.

[AU. 639. CS. 639].

K.ui. Bell*um* Cathrach Cindchon la Mu*ma*in. Aeng*u*s Liathan ó Glínd Damain *uictor* erat, 7 do téich Maelduín m*a*c Aeda Ben*n*an [« The battle of Cathair Cinnchon won by Munster. Oengus Liathan from Glenn Damain was victor, and Maelduin, son of Aed Bennan, fled »].

[AU. 640. CS. 639. AI. 634. FM. 639].

Bass Brudhi⁶ m*a*ic [Foith « Death of Brude, son of Foth »].

Loscud⁷ Mael[e]dui*n*, m*a*ic Aeda Ben*n*ai*n*, i n-Inis⁸ Chain [« Burning of Maelduin, son of Aed Bennán, in Inis Cáin »].

Co*m*gan m*a*c da cherd[a] [« Comgan (nicknamed) son of two arts »] *mortuus est*.

Gui*n* Maile dui*n* m*a*ic⁹ Fergu*s*a [7 Maile duin] m*a*ic Colmain [« Slaying of Mael-duin, son of Fergus, and of Mael-duin, son of Colmán »].

1. MS. pla*n*ta
2. orit*us*
3. mac ua
4. Teoth*us*
5. ploruit
6. brigdhi
7. loscaid m*a*ic
8. inindis
9. mᶜ maic

Quies Daghain Inbir Dáile [« Rest of S. Dagán of Inber Dáile »].

[AU. 641. CS. 640. AI. 635. FM. 639].

K.u. Constantinus filius Heraclí rex [leg. regnauit] mensibus [sex].
Bas Domnaill maic Aedha maic Ainmireach, rig Erenn [« Death of Domnall, son of Aed, son of Ainmire, king of Ireland »] in fine Ianuari .xiiii. [anno] regni sui in Ard Fothaidh[1] [in marg. iiii.m.d.c.xx.] Postea Domnall Brecc i Cath sratha Ca[r]uin [« in the battle of Strath Caruin »] in fine anni in Decimpre interfectus est. quinto decimo [anno] regni sui ab [fo. 10ᵃ2] Ohan reghe Britonum.
Guin Ailello, maic Colmain rig Cene[o]ill Láegaire [« Slaying of Ailill, son of Colmán, king of the Kindred of Loeguire »].
Cath Ossu [« Oswy's battle] » inter eum[2] et Britones.
in marg. iiii.m.dc.xxxuiii.] K.iii. Constantinus filius Constantini annis .xxuiii. regnauit. Quest annso cia dogab rige tareis Domnaill. Quidam[3] dicunt historiographi[4] .i. ceathrar da gabail .i. Cellach 7 Conall Cael 7 da mac Aeda Slaine .i. Diarmuit 7 Blathmac .i. flaithemnus cumasc ann sin. [« Here it is a question, who took the kingship after Domnall. Some historians say that four persons took it, namely Cellach, and Conall the Slender, and Diarmait and Blathmec, Aed Sláine's two sons. There was then a joint sovranty »].

[AU. 642. CS. 641. FM. 640].

Bass Uasle ingine Suibne maic Colmain .i. rigan Faelain rig Laigen. [« Death of Uasle, daughter of Suibne, son of Colmán, that is, the queen of Faelán, king of Leinster »].
Quies Cronain espuic Caendroma [« Rest of Cronán, bishop of Caendruim »].

---

1. MS. fothaigh
2. ossueius nuinum
3. quidum
4. historia. (.i. sdair) graphi

The Annals of Tigernach. Third Fragment.

Cath Cind con [« The battle of Cenn con », AI. 636].
Loscadh Iarnbuidb[1] maic Gartnaith [« The burning of Iarnbodb, son of Gartnat »].
Cellach 7 Conall Cael do gabail rige nErind [« Cellach and Conall the Slender took the kingship of Ireland »].

[AI. 638. FM. 640].

Bass Scannlain Moir righ Osraige [« Death of Scandlán the Great, king of Ossory »].
Aengus Liathan o Glendamún [« of Glendamun ? »] *mortuus est;* un*de* d*ictu*m est [*Here an omission*].
Cuanu mac Cailchin rí Fernmuighe .i. Laech Liathmune, *mortuus est*. [« Cuanu, son of Cailchin, king of Farney, to wit, « the Hero of Liathmune », died »].

[AU. 643, CS. 642].

K. Guin nepotum Boguine [« The slaying of Boguine's grandsons »] Mael-Bresail 7 Mael-Anfaidh [2], 7 guin Flaind Enaigh [« and the slaying of Flann of Enach »].
Mo Chae Naendroma [« my Coe of Noendruim »] in C*h*risto q*uieuit*.

[AU. 644. CS. 643. FM. 642].

K.i. Mors Furudhrain maic Bece, maic Cuanach, r*íg* Hua maic Uais. [« Death of Furudrán, son of Béc, son of Cuana, king of the Húi maic Uais »].
Lochene mac Fingen, rí Cruithne [« king of Picts »] *mortuus est*.
Cath Gabra et*ir* Laignib fein [« The battle of Gabra between the Leinstermen themselves »].

---

1. MS. co*n*loscadh iarnduidb   2. mael anfaigh

[AU. 645. CS. 644. AI. 639. FM. 645].

K.u. Guin Scandlaín maic Bécce, maic Fiachrach, ríg Cruithne [« The slaying of Scandlán, son of Bécc, son of Fiachra, king of the Picts »].
Mac laisre abb Bennchair [« abbot of Bennchor »] quieuit.
Beda tunc natus est. Hoc tempore Martinus papa floruit [1].

[AU. 646. CS. 645].

K.ui. Mael coba, mac Fiachna, rí Ulad, iugulatus est la Congal Cendfada mac Dunchadha.

> Cichis Congal Cenníadó
> im Mael Choba casail chró
> ocus ba cosmail a dath
> fri brat rorus do Dunchadh.

[« Mael-coba, son of Fiachna, king of Ulster, was murdered by Congal Longhead, son of Dunchad.
« Congal Longhead went round Mael-coba of the gory mantle, and his colour was like unto the cloak..... to Dunchad »].

Bolg Luatha rí Hua Cendsilaig [« Sack of Ashes », king of the Húi Cennselaig »] mortuus est.

[AU. 648. CS. 646. AI. 640. FM. 645].

K.ui. Ragallach mac Uatach rí Connacht do toitim la Mael Brighde mac Mothlachan 7 la Corco Cullu.

> Ragallach mac Uatach
> gáeta dé muin gheleich [2],
> Muireann deich morochich,
> Cathal deich modere[i]ch.

1. MS. phloruit   2. gheileach

Nir ghreis anniu do Chathal
cia contola fria rigaib
ciasa Cathal cen athair
nirsa hathair cen digail.

Adaig sin dia dia dighail
atar ailig neet.
gonaid[1] se firu cóicat[2]
airgid[3] sé hairgne deag.

[Mo chuitsi i ccuma caich
dioghail Raghallaigh rofaith
fil a ulcha leith im laimh
Maoil-Bhrighdi, mic Motlachain. — *FM.*]

[« Ragallach, son of Uata, king of Connaught, fell by Máel Brigte, son of Mothlachán, and by the Corco Cullu.

« Ragallach, son of Uata, was slain from the back of a white steed. Muirenn best bewailed him. Cathal best avenged him.

« Today Cathal had no protection, though he slept with kings. Though Cathal is fatherless his father was not unavenged.

« God granted this to avenge him... he slays six and fifty men, he commits sixteen devastations.

(« I had) my share like every one in avenging Ragallach... In my hand is the grey beard of Mael-Brigte, son of Mothlachán »].

[AI. 641. FM. 645].

Cath Cairn Conaill in die Pentecostes, ubi da Cuan ceciderunt .i. Cuan mac Amalgaid maic Enda, rí Muman, 7 Cuan mac Conaill, rí Hua Fi[d]gheinte, 7 Tolamnach rí hua Liathain, 7 Guaire fu[g]it, 7 Diarmaid mac Aeda Slane uictor erat. Is edh iarom doluidh Diarmuit don cath sin .i. tria Cluain maic

---

1. MS. cona
2. cóicait
3. airgnigh

Noiss. Dorindsead sámadh. Ciarain étla fri Dia fair co tissadh slan dia n-inchaib a coraigecht[a] som. Iar sódh in rig'iarom roidbair Toim n-E[i]rc cona fodlaib¹ feraind .i. Liath Mancháin indíu a ainm, [amail] fód fo[r]altoir do Dia 7 do Chiaran, 7 dobert teora trisste for righ Midhi dia caithedh neach dia mundtir cidh² digh n-usci and, conidh desin dorogart³ Diarmuid a adnacol a Cluain maic Nóis.

[« The battle of Carn Conaill on Whitsunday, wherein fell two Cúáns, namely, Cúán, son of Amalgaid, son of Énda, king of Munster, and Cúán, son of Conall, king of Húi Fidgeinte, and Tolamnach, king of Húi Liatháin. And Guaire fled, and Diarmait, son of Aed Sláine, was victor. Now Diarmait had marched to that battle through Clonmacnois. The community of Clonmacnois made supplication to God that he might come back, safe by virtue (?) of their guarantee. So after the return of the king he offered Tuaim n-Eirc — Erc's Mound — with its subdivision of land — Liath Mancháin is its name to day — as a « sod on altar » to God and to saint Ciarán. And he bestowed three curses on the king of Meath if any of his people should consume even a draught of water therein. Wherefore Diarmait demanded to be buried in Clonmacnois »].

Quies Fursu in Paruna [« Rest of Fursa in Peronne »].
Mo Chaemóg Léith Móir mortuus est [« My Coemóc of Liath Mór died »].

[AU. 649. CS. 647. FM. 646].

K.i. Cath Ossu fri Pante, [« Oswy's battle against Penda »] in quo Panta cum .xxx. regibus⁴ cecidit.
Cath Duin Cremthandain, in quo cecidit Aengus mac Domnaill, maic Aeda. Filii Mael-choba uictor[es] era[n]t .i. Cellach 7 Conall Cael. [« The battle of Dún Cremthannáin, in which fell Oengus, son of Domnall, son of Aed. The sons of Mael-choba, namely Cellach and Conall the Slender, were victors »].

1. MS. foglaib
2. cidh neach dia mundtir
3. dorecart
4. com .xxx. reigibus

Bass Cat[h]asaigh maic Domnaill Bricc [« The death of Cathasach, son of Domnall Brecc »].
Bass Cronain Muighe bile 7 MoC[h]elloc maic Glaschaill [« The death of Cronan of Movilla and of my Cellóc, son of Glaschall »].

[AU. 650. CS. 648. FM. 647].

K.ui. Quies Aedain espuic Saxan [« The rest of Aidán, bishop of the Saxons »].
Guin da mac Blaithmeic maic Aeda Slaine [la Mael Odrain] do Laignib [i] muilind¹ Maelodhrain .i. Donncadh 7 Conall.

A mulind,
cia romelt mar do thuirind,
ni bo² coimelt for serfuind³,
romelt⁴ for huib Cerbuill.

An gran meles⁵ in mulind
ni corca acht is [derg]tuirind,
is di fogla[d] in cruinn mair⁶
fotha⁷ muilind Maeil Odhrain.

[« The slaying of Donnchad and Conall, the two sons of Blaithmec, son of Aed Sláine, by Mael Ódráin of Leinster, in the mill of Mael Odráin.

« O mill, though thou hast ground much wheat, this was not a grinding upon oats, thou groundest on Cerball's grandsons.

« The grain which the mill grinds is not oats, but red wheat. Of the saplings(?) of the mighty tree is the feed of Mael-Odráin's mill ».]

Guin Oissin maic Oiseirg⁸ [« The slaying of Oswin, son of Osric »].

1. MS. Molind
2. ro
3. ferfuind
4. aromelt
5. milis
6. innair
7. fod a
8. In the MS. this entry comes next after *Conall*

[AU. 651. CS. 649. AI. 642. FM. 648].

[fo. 10ᵇ 1] K. Obitus Seghine ab Ea [« abbot of Iona »] .i. filii¹ Fiachna.
Quies Aedha Iogha, ab Cluana maic Nois. Do Gailengaib in Chorain*d* dó .i. [mac] Camain [« The rest of Aed-lug, abbot of Clonmacnois. Of the Galenga of the Corann was he, the son of Caman »].
Dormitacio Manchene abad Mene drochaid [« The falling asleep of Manchéne, abbot of Monadrehid »].
IMairec catha Chuile Corran, in quo cecidit Cuilene mac Forunnain, rí Hua Failghe. Mael-deich² et Onchu uictores erant.
[« The conflict of battle of Cúil Corran, in which fell Cuiline, son of Forannan, king of Offaly. Mael-deich and Onchu were victors »].
Cú gamna mac Suibne mortuus est.
Uitalianus papa hoc tempore floruit.
Caimin Indsi Cealtra [« S. Caimín of Inis Celtra »] mortuus est.

[AU. 652. CS. 650. AI. 645. FM. 649].

K. Bass Ferich maic Totalain [« Death of Ferech (Fereth?), son of Totalán »].
Éc Tolairg³ maic Foóith, regis Pictorum [« Death of Talarg, son of Foth, king of the Picts »].
Ulltan mac hui Concobair, 7 Findchú o Bri Gabunn quieuerunt [« Ultan, great-grandson of Conchobar, and Findchú of Brí Gobann, rested »].
Da Chua Luachra ab Ferna [« Thy Cua of Luachair, abbot of Ferns »].
Bass Conaill Coir. [« The death of Conall Cóir »].

1. MS. filli
2. maeldeth
3. Ectolairg

Cath Airrthir Seola la Condachta, in quo cecidit Marcan mac Tomain ri Hua Maine. Cendfaeladh mac Colgan 7 Maenach mac Baithin, ri Hua mBriuin Bretne, uictores erant. [« The battle of Airther Seola, wherein fell Marcán, son of Tomán, king of the Húi Maini. Cennfaelad, son of Colgan, and Maenach, son of Baithín, king of the Húi Briuin of Brefne, were the victors »].

Mael-dóid mac Suibne, ri Midi [« Mael-doid, son of Suibne, king of Meath »].

[CS. 651].

K. Colman espoc, mac húi Tellduib 7 Osine Fota, da ab Cluana hIraird, obierunt [« Bishop Colmán, great-grandson of Telldub, and Ossíne the Tall, two abbots of Clonard, died »].

Guin Fergusa maic Domnaill 7 Fergusa maic Ragallaig 7 Aedha Beathra maic Cumain la Huu[1] Fiachrach Aidne [« The slaying of Fergus, son of Domnall, and of Fergus, son of Ragallach, and of Aed Bethra, son of Cuman, by the Húi Fiachrach of Aidne »].

Diarmuit 7 Blathmac, da mac Aeda Slaine, da ri[g] Temrach [« Diarmait and Blathmec, two sons of Aed Sláine, two kings of Tara »].

Cath Sratha Ethairt re Tolartach mac Anfrait, rig Cruithne, i torchair Dunchadh mac Conaing 7 Congal mac Ronain [« The battle of Srath Ethairt gained by Tolartach, son of Anfrait, king of the Picts, wherein fell Dunchad, son of Conaing, and Congal, son of Rónán »].

Aedh Roin, mac Mail coba, [« son of Mael-choba »] mortuus est.

Fursu in Paruina pausauit i Frangcaib.

> Athair Fursu, radh glan gle,
> Lochín do Dáil Araidhe,
> issi fa mathair don mac,
> Gelghes ingen rig Con[n]achi.

1. MS. uabh

[« Fursu rested in Peronne in France.

« Fursu's father — a pure, bright saying — was Lochín of Dalaradia. This was the boy's mother, Gelgéis, daughter of Connaught's king »].

[AU. 655. CS. 652. FM. 650].

K.i. Cath Flescaigh[1], ubi cecidit Cumascach mac Ailello, rí Hua Cremthainn, in quo Crundmael mac Suibne, rí Ceneoil Eogain, uictor erat. [« The battle of Flescach, where fell Cumascach, son of Ailill, king of Húi Cremthainn, in which Crundmael, son of Suibne, king of the Kindred of Eogan, was uictor »].

Cath Pante [« the battle of Penda »] regis Saxonum[2], in quo ipse cum .xxx. reigibus cecidit. Ossiu uictor erat[3].

Bass Crunnmail Er[b]uilg, maic Ronain, rig Laigen Desgabair [« Death of Crunnmael Erbolg, son of Rónán, king of South Leinster »].

Bass Aithcen Tiri da glass 7 Cailcene o Lothru [« Death of Aithcen of Tir da glass and of Cailcene from Lothra »].

Dunchad mac Aeda Slane [« son of Aed Sláne »] mortuus est.

Laidhgnen mac Colmain, rí Connacht [« son of Colmán, king of Connaught »] mortuus est.

[AU. 656. CS. 653].

K. Quies Ulltan maic hui Concobair hi .ii. non Septimper [« Rest of Ultan, great-grandson of Conchobar, on the second of the nones of September »].

Quies Suibne maic Cuirthre[4], abb Iea [« Rest of Suibne, son of Cuirthre, abbot of Iona »].

Cath Delend [« The battle of Delend (?) »] in quo interfectus est Mael-déd mac Conaing.

1. MS. flescaidh
2. saxorum
3. erat fuit.
4. leg. Cuirtri?

Bas Tolorcain maic Ainfrith, ríg Cruithne [« Death of Tolargan, son of Ainfrith, king of the Picts »].
Quies Conainge Cille slebe [« Rest of Conaing of Cell Slébe »].

[AU. 657. CS. 654. FM. 657].

K. Bass Cellaigh, maic Maile caba, isin Brug [« Death of Cellach, son of Mael-coba, in the *Brugh Maic ind óc* »].
Mors Cellaig maic Sarain, abb Othna moire [« Death of Cellach, son of Sarán, abbot of Othain Mór »].
Mo Chua mac Lonain [« My Cua, son of Lónán »] quieuit.

[AU. 658. CS. 655].

K. Dima Dub espoc Connere, 7 Cumine·espoc Naendroma, 7 Sillan espoc Damindsi, 7 Dunchadh, mac Aeda Slaine, mortui sunt [« Dimma the Black, bishop of Connere, and Cumíne bishop of Noendruim, and Sillán bishop of Devenish, and Dunchad, son of Aed Sláne, died »].
Guin Ercdoit maic Sechnusaigh 7 Conchind maic Laidhgnen [« the slaying of Ercdoit (Orcdoit ?) and of Conchenn son of Laidgnén »].
Flodibor [leg. Flodobius i. e. Clovis II ?] rex Frangcorum obit.

[AU. 659. CS. 656. FM. 658, 659].

K. Obitus Finain maic Rimedha, espuic [« Death of bishop Finan, son of Rimid, a bishop »].
Colman Glindi da lacha obit, 7 Dainel espoc Cind garadh [« Colmán of Glendalough died, and Daniel bishop of Kingarth »].
Bas Eachach, maic Blaithmic, maic Aedha Slaine [« Death of Eochaid, son of Blaithmec, son of Aed Slaine »].
Conall Crandamna mortuus est. Eoganan mac Tuathalain mortuus est.

Guin Faelain rig Osraighi do Laignib [« The slaying of Faelán, king of Ossory, by Leinstermen »].

Ailill mac Dunchadha, maic Aedha Slaine, mortuus est. Maedóc Ferna quieuit [« Ailill, son of Dunchad, son of Aed Slaine, died. Maedóc (= my Áedóc) of Ferns rested »].

[AU. 660. CS. 657. AI. 650. FM. 660].

K. Tomene abb [7] espoc Aird Macha quieuit. Laidhgnen mac Baith Bandaigh quieuit. Conaing hua Daint, ab Imleich Ibair, quieuit. Cumine ab[b]as ad Hiberniam uenit. Mo-Gopoc macu[1] Lama quieuit. Quies Cumene Fota secundum aliós [2] [« Comméne, abbot and bishop of Armagh, rested. Laidgnén, son of Baeth Bannach, rested. Conaing, grandson of Dant, abbot of Imbliuch Ibair, rested. Abbot Cumine came to Ireland. My Gopóc, great-grandson of Lám, rested. The rest of Cuméne the Tall, according to some »].

[AU. 661. CS. 658. AI. 651. FM. 661].

K. Cumine Fota, .lxxii. anno etatis sue, mortuus est. Saran hua Cridan quieuit. Mael duin mac Aeda Bendain mortuus est.
Cath Oghamain oc Cind Corbadan [« The battle of Ogaman at Cenn Corbadan »] ubi ceciderunt Conaing mac Congalaig maic Aeda Slaine et Ultan mac Ernine, ri Cianachta [« king of Cianacht »] et Ceandfaeladh mac Gerrtidhe, ri Arda Cianachta [« king of Ard Cianachta »], in quo bello Blath[mac] mac Aeda Slaine uictus est a sociis Diarmata maic Aeda Slaine, qui dicuntur Onchú mac Saran, 7 Mael milchon [3] 7 Cathasach mac Eimine, in quo bello [4]. Faelchu mac Maeluma cecidit. Hic finis régni [5] [fo. 10ᵇ 2] Blaithmic, ut alii dicunt, et initium regni [6] Diarmata [7].

1. MS. mac ua
2. faliós
3. iarma... chon
4. uello
5. réighni
6. rigni
7. In the MS. this sentence comes between victus est and a sociis

The Annals of Tigernach. Third Fragment.

Maenach mac Fingin, rí Muman [« king of Munster »] mortuus est [AI. 652].
Mael fuataig mac Ernáine, rí Cianachta [« king of the Cianacht »], iugulatus [est].
Scand[l]an abbas Lugbaid [« abbot of Louth »] quieuit.
Maelduin mac Furudrain rí Durlais [« king of Thurles »] mortuus est.
Conall Cloccach [« of the Bells »] quieuit. Colman húa Cluasaigh [« grandson of Cluasach »] quieuit.
Senodus Constantinopolii facta est sub papa Agathone et Constantino reghe, quae est sexta[1] senodus uniuersalis, senodus episcopis .c.l. residentibus. Prima enim úniuersalis senódus in Nicea urbe Bethinia[e] congregata est contra Arium[2]. .ccc.xuiii patrum temporibus Iuilii pape sub Constantino, id est filio Helene, principe. Secunda Constantinopolíí c.l. patrum contra[3] Macidonium et Eudoxium temporibus Damasi papae et Graciani principis, quando Nectarius eidem urbi est ordinatus episcopus[4]. Tercia in Ephesso .cc. patrum contra[5] Nestorium Aguste, uel Constantinopolis, uel Elie urbis episcopum, sub Téodosio[6] magnó principe et papa Celistino. Quarta in Chalcedone[7], patrum d.c.xxx. sub Leoine papa temporibus Marciani principis contra[8] Eutic[h]en nefandissimorum praesulem monachorum[9]. Quinta autem Constantinopoli[10], temporibus Uigilii pape, sub Iustinianó principe, contra[11] Teodorum et omnes hereticos. Sexta hec de qua in presenti diximus.
Bec mac Fergusa 7 Conall Clocach quieuit.

[AU. 662. CS. 659. AI. 653. FM. 662].

Kl. Guaire Aidhne mort[u]us est 7 a adnacol a Cluain maic

1. MS. sextus
2. eius arruum
3. eius est
4. esp.
5. est
6. episcopus sub téodossa
7. Quarta inporibus marsiani in calsidone
8. eius
9. nefantissimorum P. sulem maneceorum. Perhaps *Manichaeorum* is meant. But Beda (ed. Giles, VI, 327), from whom this passage is taken, has *monachorum*.
10. constintino poliss
11. eius

Nois [« Guaire of Aidne died, and his burial at Clonmacnois »].

Iugulacio¹ duorum filiiorum Domnaill maic Aeda [« of Domnall, son of Aed »] .i. Conall 7 Colgo, o Cerrchend [« by Cerrchenn »].

Mors Gartnait maic Domnaill, rig Cruithneach, 7 Domnaill maic Tuathail 7 Tuathail maic Morgainn. [« Death of Gartnat, son of Domnall, king of the Picts, and of Domnall, son of Tuathal, and of Tuathal, son of Morgann »].

Quies Segain maic hui Chuind, abbad Bendchair, 7 Tuenóc maic Findtain abbad Ferna [« Rest of Segéne, great-grandson of Conn and abbot of Bangor, and of thy Enoc, son of Findtan, abbot of Ferns. »] Indercad 7 Dimmai², duo episcopi, quieuerunt.

Cendfaeladh mac Colgon ri Condacht. [« Cennfaelad, son of Colgu, king of Connaught »].

[AU. 663. CS. 660. FM. 663].

Kl. Tenebre i callaind Mai [« on the calends of May »] in hora nona, et in eadem estate celum ardere uisum est. Mortalitas magna in Hiberniam peruenit hi calaind Auguist .i. i Muigh Itha il-Laignib [« on the calends of August, i. e. in Mag Itha in Leinster »].

Mors Cernaigh Sotail filii Diarmuda maic Aeda Slaine [« Death of Cernach the Proud, son of Diarmait, son of Aed Sláine »], et terre³ motus in Britania, et Comgan mac Cuthænde et Berach abas Bennchair [« abbot of Bangor »].

Baedan mac uCormaic ab Cluana obit. [« Baetán, great-grandson of Cormac, abbot of Clonmacnoise, died »].

In campo Fochairt exarsit mortalitas primo in Hibernia, a morte Patricii .cc.iii. prima mortalitas [leg. post mortalitatem?] .c.xxii⁴.

1. MS. Uigalacio.
2. Indearcag 7 dimnai
3. terne
4. x.xii

The Annals of Tigernach. Third Fragment.

[AU. 664. CS. 661. AI. 656. FM. 664].

Kl. Mortalitas magna. Diarmuit mac Aeda Slaine 7 Blathmec, da rig Erenn [« two kings of Ireland »] 7 Mael Bresail mac Maile duin mort[u]us [est]. Ulltan mac húi Cunga ab Cluana hIraird [« Ultan, great-grandson of Cunga, abbot of Clonard. »] Dormitacio Feichine Fabair 7 Aileran na hecna [« The falling asleep of S. Féchine of Fore and of Aileran of the Wisdom »] 7 Ronan mac Beraig 7 Mael-doid mac Fingin. Cu gen máthair, mac Cathail, ri Muman [« king of Munster »] mortuus est. Cormac mac Failbe Flaind, ri Muman [« king of Munster »] ann [leg. moritur ?] Blathmec ri Tebtha, [« king of Teffia »], Oengus Ulad [« of Ulster »] 7 Manchan Leith [« of Liath »] episcopi abbatesque regesque [1] innumerabile[s] mortui sunt[2]. Colman mac Fualascaig, do Corco Mogha, aen bliadain ab Cluana maic Nois [7] Cumaine, do Gregraigi Locha Teched, ab Cluana maic Nois, dormierunt [« Colmán, son of Fualascach, of the Corco Moga, one year abbot of Clonmacnois, and Cumaine, of the Gregraige of Loch Techet, abbot of Clonmacnois, slept »].

Sechnusach [fo. 11ᵃ 1] mac Blaithmeic [« son of Blathmec »] regnaire incipit.

[AU. 665. CS. 662. FM. 665].

K. Mors Ailello Flainneass[a], maic Domnaill, maic Aedha, maic Ainmireach [« Death of Ailill Flann-ess, son of Domnall, son of Aed, son of Ainmire »].

Mael cáich mac Scandlain, ri Cruithne [7] Mael-duin mac Scandail, ri Cenéoil Cairpri, obierunt[3] [« Mael-cáich, son of Scandlán, king of the Picts, and Mael-duin, son of Scandal, king of the Kindred of Cairbre. died »].

Eochaidh [4] Iarlaithe, rí Cruithne Midhi. [« king of the Picts of Meath »].

1. MS. abaitis que reigis que
2. fierant
3. obierat
4. Eochaigh

Duib-innracht mac Dunchada rí Hua mBriuin Ai [« King of the Húi Briuin Ái »] mortuus est.

Mors Cellaig maic Ughaire. [« Death of Cellach, son of Ugaire »].

Cath Feirtse iter Ulltu 7 Cruithne, in quo cecidit Cathasach mac Luirchine. [« The battle of Belfast between the Ulaid and the Picts, in quo etc. »].

Baithine abb Bennchair [« abbot of Bennchor »] quieuit.

Faelan mac Colmain rí Laigen [« son of Colmán, king of Leinster »] mortuus est.

[AU. 666. CS. 663. FM. 666].

Kl. Mortalitas in qua quatuor abbates[1] Bennchair [« four abbots of Bennchor »] perierunt, Berach[2], Cumine, Colum, Mac Aedha.

Cath Aine eter Aradho 7 Huu Fi[d]gente, [« The battle of Aine between the Araid and the Húi Fidgente »], ubi cecidit Eogan mac Crundmail.

Guin Brain Find maic Mail ochtraigh .i. rí na nDese Muman. [« The slaying of Bran the Fair, son of Mael-ochtraig, and king of the Dési of Munster »].

[AU. 667. CS. 664. FM. 667].

Kl. Nauigaitio Colmani episcopi[3] cum reliqui[i]s sanctorum ad Insulam[4] Vacce Albe, in qua fundauit eclesiam[5]. Et nauigatio filiorum Gartnaith ad Iberniam cum plebe[6] Scith.

Feargus mac Muicedha mortuus est.

---

1. MS. in quo quotuorum abaites
2. periest berach.
3. Colmane esp.
4. insolum
5. ailbe in quo fundabat eac linam
6. plepe

The Annals of Tigernach. Third Fragment.

[AU. 668. CS. 665. FM. 668].

Kl. Obit*us* Cumaine Albi abbatis Iae ¹ 7 Critan abbatis ²
Be*nn*chair 7 mo Chua m*ai*c Chuist, *et* mors Mail-Fothartaig ³
m*ai*c Suibne, r*í*g Nepot*um* Tuirtri.
Itharnan *et* Corindu ap*ud* Pictores defuincti s*unt*.
Iugulatio Maile dui*n* filii ⁴ Maenaigh.

[AU. 669. CS. 666].

Kl. Nix magna facta est. Accidit ascolt ⁵ [mór « a great famine »].
Iugulatio ¹ Maele duin nepotis Ronain.
Mors Blaithm*i*c m*ai*c Mail Coba 7 iugulatio ¹ Cuan*n*a m*ai*c Maile duin m*ai*c Cell*ai*g.
Uenit gens Gartnait de Heb*er*nia.
Iugulatio ¹ Bráin Find m*ai*c Mail-Fothar*lai*g.
Mors Dunchadha nepotis Ronai*n*.

[AU. 670. CS. 667. FM. 669.

Kl. Mors Ossu m*ai*c Etilbrith r*í*g Saxan [« Death of Oswiu, son of Æthelfrith, King of the Saxons »].
Iugulatio ⁶ Seachnusaigh m*ai*c Blaithm*i*c regis ⁷ Temoria[e] initió h[i]emis.

> Ba sríanach, ba hechlascach ⁸
> a teach a mbith [Sechnasach].
> ba himdha fuidhell ⁹ for slait
> istaigh a mbidh m*a*c Blaithm*ai*c.

1. MS. ailbe abaitéis iea
2. abateiss
3. mailfotharataig
4. Iugalatio... fillii
5. Nigis *facta est* occid magna escolt
6. iugal.
7. rieg*us*
8. Bass ríanan bahecioscach
9. fuighell

[« Full of bridles, full of horsewhips was the house in which Sechnasach used to be. Abundant were the leavings besides plunder in the house wherein dwelt Blaithmec's son »].

Dub duin rex Generis[1] Cairpri iugulauit[2] illum.

Bran Find mac Mail ochtraigh, rí na nDeisse Muman [« The king of the Dési of Munster »] mortuus est. [AI. 660].

Mael-Ruba in Britaniam nauigat. [FM. 671].

AU. 671. CS. 668. FM. 670].

Kl. Cath Dungaile maic Maile tuile, rí Ceneoil Boguine. [« The battle of Dungal, son of Mael-tuile, king of Cenél Bóguine ».] Loingseach uictor fuit. Dungal cecidit.

Loscadh Aird Macha 7 Tighi Telle [« The burning of Armagh and of Tehelly »].

Mors Cumascaigh maic Ronain.

Cennfaeladh mac Blaithmic regnaire incipit.

Expuilsió Drostó de reghno et combustio Bennchair Britonum.

[AU. 672. CS. 669].

iiiim.d.cl.uiii. Kl. Iust[in]ianus minor, filius Cons[t]ant[ini] annis .x. regnauit.

Guin Domanguirt maic Domnuill Bricc, ríg Dail Riata [« The slaying of Domongort, son of Domnall Brecc, king of Dalriada »].

Nauigatio Failbe abbad Iae[3] [« abbot of Iona »] in Iberniam.

Mael ruba fundauit eclesiam[4] Aporcrosan.

Combustio Muighe luinge [« The burning of Magh luinge »].

[AU. 673. CS. 670. AI. 662].

Kl. Guin Congail Cendfata maic Dunchadha, ríg Ulad, o

1. MS. genais
2. iugal.
3. ab iea
4. fundabit 7 l. siam

The Annals of Tigernach. Third Fragment.

Béc Boirche mac Blaithmic [« The slaying of Congal Longhead, son of Dunchad, king of Ulaid, by Bécc Boirche, son of Blaithmec »].

Nub[e]s tenu[i]s et tremula ad speciem[1] celestis arcus, quarta uigilia noctis, quinta feria ante pasca, ab oriente[2] in occidentem per serenum[3] caelum apparuit. Luna in sang[u]enem uersa est.

[AU. 674. CS. 671. AI. 663. FM. 673].

Kl. Cath for Cennfaelad mac Blaithmic, maic Aeda Slaine, oc Tigh hui Maine i nDail Cealtru, re Findachta Fleadhach mac nDunchadha. [Findachta Fledach] uictor erat. Finachta Fledhach[4] regnare incipit. [« A battle gained over Cennfaelad, son of Blaithmec, son of Aed Slaine, at Tech húi Maini in Dál Celtru, by Findachta the Festive, son of Dunchad. Findachta the Festive », etc.].

Mors Noi maic Dainel. Mors filii Panntea.

[AU. 675. CS. 672. AI. 665. FM. 674].

Kl. Columban episcopus[5] Insole Vacce Albe[6] [7] Finan mac Airennain[7] pausant.

Coscradh Ailigh Frigrend la Findachta Fledach[8] [« Destruction of Ailech Frighrenn by Findachta the Festive »].

Failbe de Hibernia reuertitur[9].

Congal [fo. 11ᵃ 2] mac Maile duin et filii Scandail et Urthuile iugulati[10] sunt.

1. MS. sbeciam
2. oirienti
3. senenum
4. fleghach
5. Colam banespoc
6. ailbe
7. finæn asrennam
8. flegach
9. reuendtur
10. iugal.

[AU. 676. CS. 673. FM. 675].

Kl. Stella cometes¹ uisa *est* luminosa in mense Septem*bir*² *et* Oct*imbir*.
Duncadh m*ac* Ulltai*n* ri Oirgiall [« king of Oriel »] oc*cisus est* la Mael dui*n* m*ac* Maeli fithrigh [« by Mael-duin son of Mael fithrig »].
Cath eti*r* Find*ach*ta 7 Laighnecho [« A battle between Findachta and the Leinstermen »] *in* locó *proximo* Locha Gabra, in q*uo* Fin*n*achta uicto*r* erat.
*C*ongresio Cuile Maine ubi ceciderunt³ da m*ac* Maile Achdai*n* [« The conflict of Cúil Maini, wherein fell two sons of Mael Achdain »].
Beccan Ruim*ean* q*u*ieuit [i*n*] i*n*sola Britania.

[AU. 677. CS. 674. FM. 676].

Kl. Mors Colgan m*ai*c Failbe Flai*n*d, r*í*g Muma*n* [« Death of Colgu, son of Failbe Fland, king of Munster »]. Fi*n*dgaine m*ac* Co*n* cen m*á*thair r*í* M*u*ma*n* moritur⁴? [« Findguine, son of Cú cen máthair (motherless Hound) dies »]
Dairchill m*ac* hui Rite, esp*oc* Glindi da lacha [7] Co*m*ane esp*oc* [7] Maeldogar esp*oc* Fernan*n* pausant [« Dairchill, great-grandson of Rete (?), bishop of Glendalough, and bishop Comane, and Mael-dogar, bishop of Ferns, rest »].
Interfectio generis Loairn*n* i Tirin*n* .i. et*er* Ferchair Fotai 7 Britonés [« between Ferchair the Tall and the Britons »,] qui uictores erant⁵.
Tuai*m* snama r*í* Osraighi·⁶ mort*uus est* la Faelan Senchostal. [« Túaim-Snáma, king of Ossory, died by Faelán Senchostal »].

1. MS. comites
2. cept*im*bir
3. uibí cecit er*unt*
4. añ

5. et*er* ferchair fectio geniris .i. fotai 7 britonés q*u*i uictores erant lo airn*n* itírin*n*
6. osraidhi

The Annals of Tigernach. Third Fragment.

Bass Drosto maic Domnaill [« Death of Drost, son of Domnall »].
Cath i Calitros [« A battle in Calitros »], in quo uictus est Domnoll Breacc.

[AU. 678. CS. 675. AI. 667. FM. 677].

Kl. Quies[1] Failbe ab[b]atis Iea. Cendfaeladh sapiens pausat.
Cath Tailltcn re Findsnechta contra Beicc mBoirche. [« The battle of Telltown gained by Findsnechta against Beicc Boirche ».] Dormitacio Nechtain.

[AU. 679. CS. 676. AI. 668. FM. 678].

Kl. Colman ab[b]as Benncair [« abbot of Bennchor »] pausat.
Cathal mac Ragallaigh mortuus est.
Guin Fianamla maic Maile tuile rig Laighen[2], 7 Foidseachan, dia munntir fein, rod-geoghuin[3] ar Finachta [« The slaying of Fianamail, son of Mael tuile, king of Leinster; and Foidsechán, one of his own household, slew him for sake of Finachta »].
Bellum[4] Saxonum ubi cecidit[5] Almuine filius Osu.
Mors Maele Fothartaigh espuic Aird sratha [« Death of Mael Fothartaig, bishop of Ardstraw »].
Bran mac Conaill ri Laigen añ [« Bran son of Conall, king of Leinster, died ?]
Cath i mBa[db]ghna, ubi ceci[di]t Conall Oirgnidh[6], ri Ceneoil Cairpri [« A battle in Badbgna, where fell Conall the Destroyer, king of the Kindred of Cairbre »].
Lepra grauissima[7] in Hiberniam, quae uocatur Bolgach.

1. MS. Quieis
2. laighin
3. rogeodhain
4. Cath
5. ccesit
6. conaill oirgnigh
7. leapra grauisiam

[AU. 680. CS. 677. FM. 679].

Kl. Combustio regum[1] i nDun Ceithirn .i. Dunghal mac Scandail rí Cruithnech 7 Cendfaeladh rí Cianachta Glindi Gemín in initio[2] estatis la Maelduin mac Maile fithrigh [« Burning in Dún Cethirn of the kings, namely Dungal, son of Scandal, king of the Picts, and Cennfaelad, king of the Cianachta of Glenn Gemin, at the beginning of summer by Maelduin, son of Mael-fithrig »]. Cath Blái slebe postea iter Mael-duin mac Maile fithrigh 7 Fland [Find] mac Maile [tuile] la Cianachta Glinne Gemin [« The battle of Blae Slébe afterwards, between Mael dúin, son of Mael-fithrigh, and Fland the Fair, son of Mael tuile, by the Cianachta of Glenn Gemin »].

Bass Conaill Chail, maic Dunchad[a], i Cind tire. Bass Sechnusaigh, maic Airmedhaigh, 7 Conaing, maic Congail. Ciar ingen Duibre[a] quieuit [« Death of Conall the Slender, son of Dunchad, in Cántire. Death of Sechnasach, son of Airmedach, and of Conaing, son of Congal. Ciar, daughter of Duibrea, rested »].

[AU. 681. CS. 678. AI. 670. FM. 680].

Kl. Guin Cindfaeladh maic Colgan, rig Condacht, 7 Ulcha derg o Caellaighe, do Conmacne Cuile, occidit eum iar ngabail tighe fair do Conmacne [« The slaying of Cennfaelad, son of Colgu, king of Connaught, and Ulcha Derg [« Red Beard »] O' Caellaige, of the Conmacne of Cúil, slew him, after his house had been stormed by the Conmacne »].

Dunchad Muirsce mac Maelduib, rí Connacht añ [« Dunchad of Muirisc, son of Mael-duib, king of Connaught, died »].

Cath Ratha Moire Muige Line contra Britones, ubi cecidit[3]

1. MS. regnum
2. inito
3. britois uibí ccesit

The Annals of Tigernach. Third Fragment. 207

Cathussach mac Maile duin, rí Cruithne, 7 Ulltan mac Dicholla [« The battle of Raith Mór of Mag Line, against the Britons, wherein fell Cathasach, son of Mael-duin, king of the Picts, and Ultan son of Dichuill »].

Obitus Suibne maic Mail-umae, principis Corcaighe [« abbot of Cork »].

Orcades deletae[1] sunt la Bruidhe [« by Bruide »].

Iust[in]ianus, ob culpam perfidiae[2] regni gloria priuatus[3], exul in Pontum secédit[4].

[in marg. iiiim.dcl.xi]. Kl. Leo .iii. annis regnauit. Papa Sergius[5] in sacrario beati Petri apostoli capsam argenteam[6] quae in angulo obscurissimó diutissime[7] iacuerat et in ea crucem diuersis ac pretiossis lapid[ib]us adornatam[8], Dominó reuelante, reperit; de qua tractis .iiii. petalis quibus gemme inclusae[9] erant, mirae[10] magnitudinis portionem lighní saluitiferí dominice crucis interius repositam inspexit[11]: quae ex tempore[12] [illo] annis omnibus, in basilica Saluatoris[13] quae appellata[14] Constantiniana, dié exaltatiónis[15] eius ab omni osculatur atque adoratur[16] populo.

[AU. 682. CS. 679. AI. 671. FM. 681].

Dunchad Muirsce mac Maelduib rí Con[n]acht iugulatur[17] [« Dunchad of Murrisk, son of Maelduib, king of Connaught, is murdered »].

Feargal Aidhne mac Artgaile, rí Con[n]acht. [« Fergal of Aidne, son of Artgal, king of Connaught »].

Cath Coraind in quo cec[id]it Colgu mac Blaithmic 7 Fergus mac Maile duin, rí Ceneoil Cairpri. [« The battle of Corann,

1. MS. Orcadeis deletea
2. perfidiea
3. pribatus
4. ponntum secétid
5. seregis
6. argenteim
7. obscuirisimó iutisimo
8. adornatom
9. incausa
10. mirea
11. repositum inspeicsit
12. ect emore
13. saluatores
14. appellato
15. exaltadiónis
16. aculatur ataque atoratur
17. iugal.

in which fell Colgu, son of Blaithmec, and Fergus, son of Mael-duin, King of the Kindred of Cairbre »].

[fo. 11ᵇ 1] Initium mortalitaitis puerorum in mense Ochtimbri[s].

Dormitacio Airmedhaigh na Craibe. Colman di Airtiuch, ab Cluana maic Nois, quieuit [« The falling asleep of Airmedach of the Craeb (Laisre). Colmán of Airtech, abbot of Clonmacnois, rested »].

[AU. 683. CS. 680. AI. 672. FM. 682].

Kl. Mortaili[ta]s paruolorum. Mors Maine ab Naendroma [« Death of Maine, abbot of Noendruim »].
Cath Caisil Findbairr [« The battle of Caisel Findbairr »].
Loch n-Eachach do sódh a fuil. [« Loch Neagh was turned into blood »].

[AU. 684. CS. 681. FM. 683].

Kl. Uentus magnus [et] terrae¹ motus in Ibernia insola.
Saxones² Campum [Breg] uastauerunt, et eclesias³ plurimas, in mense Iuni.
Mors Conaill maic Guaire. Mors Bresail maic Fergusa ríg Coba [« Death of Conall, son of Guaire. Death of Bresal son of Fergus, king of Coba »].

[in marg. iiiim.dc.lxuiii.] Tiberi[u]s annis [uii.] regnauit.
Gisulphus dux gentis Long[o]bardorum Beneuenti⁴ Campaniam ighne, gladio et captiuitate⁵ uastau[it], cumque non esset qui eius impetui resisteret, apostolicus⁶ papa Iohan[n]és, qui Sergio successerat⁷, mis[s]is ad e[u]m sacerdotibus ac donariis perplurimis⁸, uniuersos redemit captiuos⁹ atque ho[s]tes do-

1. MS. terri
2. saxenes
3. eclinsias
4. benebennti
5. cam diuitate
6. apostolicas
7. succesierat
8. donairis perpluribus
9. uniuersus redemid captibos

mum redire fecit¹. Cui succes[s]it alius² Iohannes, qui inter multa operum illustrium fecit oratorium sancte Dei genitricis, opere pulcherrimó³ intra eclesiam⁴ beati apostoli⁵ Petri.

Hereberctus rex Long[o]bardorum multas cortes⁶ et patrimonia Alpium Cotiarum, quae quondam ad i[u]s p[er]tinebant apostolice⁷ sedis, sed a Longobardis multó tempore fuerant ablata, restituit⁸ iuri eiusdem sedis, et hanc donationem aureis scriptam⁹ litteris Romam direxit.

[AU. 685. CS. 682].

Cath Duín Nechtain [« The battle of Dún Nechtáin »] uicesimo die mensis¹⁰ Maii, sabbati¹¹ die factum est, in quo Ecfrith¹² mac Osu, rex Saxonum, quinto decimo anno reighni sui consummato, magna¹³ cum caterua militum suorum interfectus est la Bruidhi mac Bili regis Fortrenn [« by Bruide, son of Bile, king of Fortriu »].

Tolar[g] [mac] Aithicain obit.

Domnoll Breacc, mac Eachach Buidhi, do thoitim la hAan rig Breatan, i cath Sratha Carun¹⁴ [« Domnall Brecc, son of Eochaid the Yellow, fell by Owen, king of the Britons in the battle of Srath Carun »].

Iugulatio¹⁵ Rotechtaig 7 Dargartó, filii Findgaine.

Mors Banbain os cach¹⁶ [sapientis], fer-légind Cilli dara [« Death of Banbán, wise above every one, lector of Kildare »].

Forcron ab Cluana maic Nóis [« abbot of Clonmacnois »] quieuit.

1. MS. fecid
2. aliius
3. pulcermió
4. exclinsiam.
5. op.oslí
6. multus cartus
7. apostolsice
8. restibid
9. aures scribtam
10. indsis
11. sabaiti
12. ecsrith
13. magno
14. carn
15. iugal.
16. Oscach

[AU. 686. CS. 683. AI. 675. FM. 685].

Kl. Iugul*atio*¹ Feradhaig m*ai*c *Con*gaile [« The slaying of Feradach, son of Congal »]. Q*ui*es do *Chu*maighanocc ab*baid* Vallis² da lacha [« abbot of Glendalough »]. Dormitatio Roseni ab*bad* Corcaighe moire [« abbot of Cork »]. Mors Oseni esp*ui*c monas*teri*[i] Fin*n*tan, .i. Mundu, m*ai*c Tulchain [« bishop of the monastery of Fintan, i. e. Mundu (mo Findu), son of Tulchán »].

Adom[n]an*us* captiuos reducsit ad Hib*er*nia*m* .lx. [FM. 684].

[AU. 687. CS. 684. AI. 676. FM. 686].

Kl. Q*ui*es Séigine esp*ui*c Aird Macha [« Rest of Ségine, bishop of Armagh »].
Occis[i]ó Canon*n* m*ai*c Gartnain [leg. Gartnait ?].
Fin*nach*ta clericatum suscepit³.
Cath Imleacha Fich re Níall, m*a*c Cernaigh Sotail, *fo*r *Con*galach m*a*c *Con*aing, ubí cecid*erunt* Dub da inb*er*, rí Arda Cianach*t*a, 7 Uairchridhe h*ua* Ossine, rí *Con*aille. *Con*galach m*a*c *Con*aing fugiti*uus*⁴ euasit. [« The battle of Imbliuch Fich gained by Niall, son of Cernach the Proud, over Congalach, son of Conaing, wherein fell Dub dá inber, king of Ard Cianachta, and Uairchride, grandson of Ossine, king of Conaille. Congalach », etc.]

[AU. 688. CS. 685. FM. 688].

Kl. Fin*n*achta reu*ertitur* ad reghnum.
Iohan*nes* espo*c* Cind Galaráth *(sic)* obit⁵.

1. MS. iugal.
2. uaillis
3. succepit
4. fuigiti*us*
5. This entry should probably be: Iolan epscop Cinn Garath obit.

Iugulatio ¹ Diarmuda maic Airmedhaigh .i. rí Midhi, la hAedh mac nDluthaigh, ríg Fer Cúl [« The slaying of Diarmait, son of Airmedach, king of Meath, by Aed, son of Dluthach, king of the Fir Cul »].

Mors Cathasaigh huii Domnaill Bricc, maic Feradhaigh, maic Thuathail, maic Maile duin, maic Conaill Chrand-omnai [« Death of Cathasach, grandson of Domnall Brecc, son of Feradach, son of Tuathal, son of Mael duin, son of Conall Crann-omna »].

Opscurata est pars solis.

Adamnanus reduxit captiuó[s] in Iberniam [FM. 684].

[AU. 689. CS. 686. AI. 670. FM. 689].

Kl. Congal mac Maile duin, maic Aeda Bennan, rí Muman [« king of Munster »] 7 Ailill mac Dungaile 7 Eiine mac Scandail iugulati ² sunt.

IN hocc anno Beda fecit librum [de Natura Rerum] et Temporibus et in pagin ³ et [in figell].

[Mors Finguine Longi et Feradhaigh Meith maic] Nectlecc, 7 Coblait [fo. 11ᵇ 2] filia Canond mortua [est].

Da Beoóc [leg. Becóc?] Cluana hIraird [« thy Becóc of Clonard »] quieuit.

Bran mac Conaill, rí Laigen, [« king of Leinster »] moritur⁴.

Iust[in]ianus minor filius Constanti[ni], annis .x. [regnauit].

Gnathnad ab[b]atis[sa] Cille dara [« abbess of Kildare »] dormiuit.

Cellach Cualand mac Geirrthighe, rí Laigen [« king of Leinster »] añ [leg. moritur].

[AU. 690].

Kl. Cronan maccu Cauine abb Bennchair obit [« Cronan, greatgrandson of Caulne, abbot of Bennchor, dies »].

1. MS. IUghal
2. iugal.
3. pagni (« paginare breuiter scribere summatim de re aliqua disserere », Ducange)
4. mortuitur

Teodorus [epi]scopus Britaniae quieuit.
Fi[d]chellach mac Flaind, rí Hua Maine [« king of the Húi Maini »] mortuus est.

[AU. 691. CS. 688].

Kl. Adomnanus xiiii. anno¹ post pausam Failbe[i] Ea ad Hiberniam pergit².
Luna in sanguineum colorem in natali³ sancti Martini [uersa est].

[AU. 692. CS. 689. FM. 690].

Kl. Iustinianus secundo⁴ cum Tiberió filio regnauit annis .ui. Hic auxilio Trebelli regis Bulgarorum regnum⁵ recipiens, occidit eos qui se expulerant patricios, et Leonem qui locum eius usurpauerat, necnon et successorem⁶ eius Tiberium⁷, qui eum de regno ei[e]ctum, toto quo ipse regnabat in eadem ciuitate tempore in custodia⁸ tenuerat. Callinicum uero Patriarcham⁹, erutis oculis, misit Romam et dedit episcopatum Ciro, qui erat abbas in Pontó¹⁰, e[u]mque alebat exulem¹¹ Qui cum exercitum mitteret¹² in Pontum, multum prohibente papa apostolico Constantino, ad comprehendum¹³ Philippicum, quem¹⁴ ibi religauerat, conuersus omnis exercitus ad partem Philippici, fecit eum ibidem¹⁵ imperatorem reuersusque cum eó Constantinopolim¹⁶. pugnauit contra Iustinianum, ad duodecimum ab Uirbe milliarium¹⁷, et uictó atque occiso Iustiniano regnum su[s]cepit P[h]ilippicus.

Bruidhe mac Bile rex Fortrend [« king of Fortriu »] moritur et Ailpin mac Nechtain.

1. MS. axiiii. annis
2. pergid
3. sanguineam colerim inatalii
4. fo
5. regnom
6. succisorem
7. tiberiam
8. custotia
9. patriercum
10. abbass in ponntó
11. exulim
12. mitertid
13. compreheandum
14. qui
15. pilipicus fecid emibidem
16. constantinobolem
17. milarum

The Annals of Tigernach. Third Fragment.

Mors Dirath esp*uic* Fernand [« bishop of Ferns »] 7 Bran mac [leg. hua ?] Faelai*n* r*í* Laige*n* [« king of Leinster »] mortuí s*unt*.

Cath iter Osraighi¹ 7 Laig*niu,* 7 is and ro*marbad* Faelch*ur* h*ú*a Mail Ódr*ai* [« A battle between Ossory and Leinster, and therein Faelchur, grandson of Mael Odrai, was killed »].

Cith fearthana [fola] il-Laignib, co raibe 'na srothaib re teora la 7 teora aidhche. [« A shower of blood in Leinster, so that it was like streams for the space of three days and three nights »].

[AU. 693. CS. 690. AI. 682. FM. 692].

Kl. Cronan Becc ab Cluana m*ai*c Nois do t*est*ail .i. Cronan Bec, a Cuailgne a cenel [« Cronan the Little, abbot of Clonmacnois, departed, i.e. Cronan Becc whose kindred was of Cuailgne »].

Domnall mac Auin rex Alo Chluaithe² [« king of Ail Cluai the « Dumbarton »] mori*tur*.

Bass Cronain Bailne [« Death of Cronan of Balla »].

[AU. 694. CS. 691. AI. 683. FM. 693].

[in marg.: r*í* Erenn.] Kl. Finachta³ mac Dunchadha m*ai*c Aeda Slane r*í* Erenn 7 Bresal f*ilius eius* iugulati⁴ s*unt* i cath ac Grellaigh Dollaith do Aed mac Dluthaigh, r*í* Fear cul, mac Ail*ell*a m*ai*c Aeda Slaine 7 do Congal mac Co*n*aing m*ai*c Congaile m*ai*c Aedha Slaine. Moling Luach*ra* [dorigni in r]andso ar Finachta⁵ :

> Ba dirsan do Finacht[a],
> ind*i*u laighidh crolighe.
> ro*m*be la firu nime
> i*m* dilgud na borai*m*e.

1. MS. osraidhi
2. aloch luaithe
3. Findacht
4. iugal
5. findachta

Adhomnan[1] *cecinit* :

Fin*ach*ta m*a*c Dùnchada
romaith mor do*n* nae*m*,
tri *cóecait cét* boslabraidh,
is gach bó *cona* laegh.

Moling cecinit :

IN bern*n* forsm-bith Fin*ach*ta
imóreithdis rig riadhai [leg. ria ghái ?]
ed *co n*-dothchernsa dochuill
atas-rolaicc nis-riadha.

[« Finachta, son of Dunchad, son of Aed Sláine, king of Ireland, and his son Bresal were slain in battle at Girley by Aed, son of Dluthach, king of Fir-cul, son of Ailill, son of Aed Sláne, and by Congal, son of Conaing, son of Congal, son of Aed Slane. Moling of Luachair made this stave on Finachta :

« Twas sad for Finachta! Today he lies on a gory bed, May he be with the men of heaven for forgiving the tribute! »

Adamnán sang : « Finachta, son of Dunchad, remitted much to the saint, a hundred and fifty hundreds of dower-kine, and every cow with her calf ».

Moling sang : « The gap whereon Finachta was slain, round which kings would run before his spear.....[2]].

Quies Mind Bairind, ab Achaid bo [3] [« Rest of Menn Bairenn, abbot of Aghaboe »].

Marbad Taidhg m*ai*c Failbe i nGlend in croccind [« The killing of Tadg, son of Failbe, in the Glen of the Hide »].

Loingseach regnare incipit.

[AU. 695. CS. 692. FM. 694].

Kl. Iugulatio[4] [Domnaill filii] *Conaill* Crandomna. Findghaine

---

1. MS. adhdhomnan
2. The rest of this quatrain is obscure to me.
3. This entry comes, in the MS., next after *Aedha Slaine*.
4. Iugal.

The Annals of Tigernach. Third Fragment.

m*ac* Con cen m*áthai*r ri Mum*a*n [« Findguine son of Cú cen máthair, (Hound-without-mother), king of Munster »] moritur¹. Ail*ill* m*ac* Con cen m*áthai*r añ Mum[an].

Feargal Aidhne m*ac* Artgaile [« Fergal of Aidne, son of Artgal »] 7 Fianamail m*ac* Maenaigh [« son of Maenach »] *mortuus est*.

Lochene Mend .i. dune ecnaidh, abb Cille dara [« a wise man, abbot of Kildare »] iugul*atus*² *est*.

Cumeni Mugdor*n*ni [« of Mugdorn »] pausat³. Congal*ach* m*ac* Con*a*ing, m*ai*c Congaile m*ai*c Aedha Slane m*ortuus est*. Muiredhach Muillethan ri Con[n]*acht* [« Muiredach Broadcrows, king of Connaught »] añ [leg. m*oritur*].

[AU. 696. CS. 693. AI. 685. FM. 695].

Kl. Tarachin arna sc*r*iss assa flaithi*us* [« Tarachin expelled from his princedom »]. Fearcar Fota [« the Tall »] moritur. Adhomnan tuc recht⁴ lecsa *(sic)* i *n*Erind in bl*iadain* sea. [« Adamnán brought a law into Ireland this year »].

IMairec Crannchae [« The conflict of Crannach »] [fo. 12ᵃ 1] ubi ceci[di]t F*er*adhaig m*ac* Maile doit*er* [leg. doith ?]

Moling Luachra dor*m*iuit.

Britones⁵ *et* Ulaid uastauer*un*t Campum M*ur*them*n*e.

[AU. 697. CS. 694. AI. 686. FM. 696, 697].

Kl. Cath i Teláig Garraisc⁶ i Fernmuigh, ubi cecidit Conchobur Macha m*ac* Maile duin, ri na n-Airr*ther*, 7 Aed Oiread, ri Dalaraidhe [« A battle on the Hill of Garrasc in Fernmag, where fell Conchobar of Macha, son of Maelduin, king of the Airthir, and Aed Oired, king of Dalaradia »].

1. MS. mortuí
2. iugal.
3. pausad
4. I take *recht* to be a gloss on *lecsa* (i. e. *lexa*), a loan from Lat. *lex*.

Hence *lexaire* (gl. legista) Ir. Gl. no. 11.
5. *inter* britonen
6. garraist

Cath et*er* [« A battle between »] Saxones *et* Pictos, uibi cecidit fili*us* Bernith, q*ui* dicebat*ur* Brechtraidh¹.

M*ors* Forandan, ab Cille dara [« Death of Forannan, abbot of Kildare »].

[AU. 698. CS. 695].

Kl. P[h]ilipic*us* an*n*o unó *et* m*en*sib*us* .ui. reg*nauit*.
Bouina straghés i*n* Saxonia².

[AU. 699. CS. 696. FM. 698, 699].

Kl. Accensa *est* bouina mortalitas i*n* Hibernia in kl. Feb*r*ai in campo Trego i Tebthai [« on 1st February in Magh Trego in Teffia »].

Q*u*ies ancorite Aedha o Sleibtiu [« Rest of the anchorite Aed of Sletty »].

Fianam*ail* mac h*ui* Dunchadha, r*í* Dal Araidhi, ⁊ Fland mac Cind faelad m*ai*c Suibne, r*í* Ceneoil Eoghai*n*, iugula t*3* [sunt] [« Fianamail, greatgrandson of Dunchad, king of Dalaradia, and Fland, son of Cennfaelad, son of Suibne, king of the Kindred of Eogan, were slain »].

Anrothan mac Cru*n*nmail r*í* Ceneo[i]l Eoga*in* [« king of the Kindred of Eogan »] de r[e]gno expuls*us*, in Britania*m* p*er*git⁴.

Fames *et* pestilentia trib*us* annis⁵ in Hibernia facta⁶ *est* ut [homo] hominem co*m*ederet⁷.

Fland mac Maile tuile, r*í* Cenéoil Eoga*in* [« king of the Kindred of Eogan »], nepos Crundmael [moritur].

Colman Lin[n]e Uachaille⁸ [« of Linn Uachaille »] obit.

Co*n*all mac [Suibni] r*í* na nDeissi [« the king of the Dési »] *mortuus est*.

1. MS. brechtraigh
2. saxononia
3. iugal.
4. p*er*gid
5. andis
6. hib*er*nia*m* scat
7. henem co*m*ederat
8. nacaill

The Annals of Tigernach. Third Fragment. 217

[AU. 700. CS. 697. AI. 687. FM. 700].

[in marg. iiii*m*.dc.lxxui] Kl. Anastasius annis [1] *tribus regnauit.* Hic P[h]ilipicu*m* captu*m* oculis [2] priuauit, nec [3] occidit.
Luidbrand*us* rex Long[o]bardor*um* donatione*m* patrimoni Alpiu*m* Cottiarum [4] papae Gregorio [5] dedit.
Ecberctus [6] uir sa*n*ct*us* de gente Anglor*um et* sacerdotium monachica uita [7] etia*m* p*r*o celesti patria [8] exor*n*ans, pluri*m*as [9] p*r*ouincias Scoticae [10] gentis ad canonicam [11] paschalis temporis obseruantia*m*, de q*u*a diuti*us* aberrauerant [12], pia praedicatione *con*uertit, anno [13] ab I*n*car*n*atio*n*e Domi*n*i .d.cc.xu.
Bouina mortalitas [14].
Colman aue Oirc, ab Cluana hIraird [« Colmán, grandson of Orc, abbot of Clonard »] mort*uus est*.
Ail*i*ll *m*ac Con cen m*á*thair, r*i* Mum*an* [« Ailill, son of Cú cen máthair, (Hound-without-mother), king of Munster »].
Co*n*all *m*ac Donendaig r*i* H*u*a Fi[d]gente [« Co*n*all, son of Donennach, king of the Húi Fidgenti »] mortuus est.
Occisio Ne[i]ll m*a*ic C*er*naigh i nD*r*umai*n* h*u*a Casan. [« The slaying of Niall, son of Cernach, at Drumain Hua Casáin »] hIrgal*ach* h*u*a C*on*aing occidit illu*m*.
Cor*m*ac *m*ac Ail*i*lla ri Muman [« king of Munster »] añ.

[AU. 701. CS. 698. FM. 700].

Kl. Muiredhach Muillethan, r*i* Cond*acht*, do ég [« Muiredach Broadcrown, king of Connaught, died »].
hIrgalach *m*ac Co*n*aing a Britonib*us* iugulatus est [15].
Faeldobar ab Clochair [« abbot of Clogher »] dorm*i*tauit.

1. Anastacius andis
2. occuilis
3. *et* nec
4. cottiru*m*
5. *gregoria*
6. *etberctus*
7. monaichia cauita
8. fatria
9. pluri*m*ans
10. scoticea
11. cronicam
12. de q*u*a pascalis te*m*poris obseruantia*m* diuiti*us* oberra uer. ant
13. and*am*
14. mortulis
15. iugal.

[AU. 702. CS. 699. AI. 692. FM. 701].

Kl. Cath Campi[1] Cuilind a n-Aird Hua n-Echach eter Ulltu 7 Briton[es ubi cecidit] filius Radhgaind, aduersarius ecclesiarum[2] Dei. Ulaith u[i]ctores erant.

Cath Coraind la Cellach mac Raghallaigh 7 la Condachtaib, [« The battle of Corann gained by Cellach, son of Ragallach, and by the Connaughtmen »], in quó cecidit[3] Loingseach mac Aengusa ri Erenn [« King of Ireland »] cum tribus filiis suis[4] .i. Artgal 7 Connachtach 7 Fland Gerg[5] 7 da mac Colgen [« and two sons of Colgu »] 7 Dub diberg mac Dungaile 7 Fergus Forcraidh 7 Conall Gabra, et ceteri multi duces. Quart id Iuil[6], [« On the 4th of the ides of July »] tertia [h]ora diei sabati, hoc bellum confectum[7] est. Cellach mac Ragallaigh uictor erat.

Colman mac Findbairr ab Lismoir [« abbot of Lismore »] mortuus est.

Aillenn daingen aedificatur[8].

[AU. 703. CS. 700. AS. 693, 694. FM. 702, 703].

[in marg. iiiim.dc.] Kl. Theodosius[9] anno uno regnauit. Hic electus imperator An[ast]asium apud Neceam ciuitatem graui praelio uicit, datóque sibi sacramento clericum fieri ac[10] praespeterum fecit[11] ordinari. Ipse uero ut regnum accepit[12], cum esset[13] catholicus, mox in regia urbe imaginem illam uenerandam[14], in qua sancte sex senodi erant depictae[15], et a Philippico[16] fuerant deiecta[e], praestino in locó resti[t]uit.

1. MS. campe
2. aduersus arius exlinarum
3. incó ceccit.
4. nibus fils. iis iss.
5. greg
6. iiii. iduul
7. confetcum
8. ailleand aingen eadi ficatur
9. Totosius
10. ca
11. fecid
12. accedit
13. eent
14. immaigenum illum uenerandum
15. depitcia
16. pilspio

The Annals of Tigernach. Third Fragment.

Straighés Dail Riada i nGlenn Lemnae [« *Strages* of the Dál Riada in the valley of the Levin Water »].

Adam[n]anus [fo. 12ᵃ 2] .lxx. *septimo* anno etatis sue, in nona¹ kalendas Octimbris, abbas Íe, pausat.

Altfrith mac Ossa .i. Fland Fina la Gaedhelu, ecnaidh, [« Aldfrith, son of Oswin, called Fland Fina by the Gaels, a wise man »], rex Saxonum fuit (.i. dobí).

[Bellum for Cloenath, ubi uictor fuit] Ceallach Cualann, in quo cecidit² Badbchadh Midhe mac Diarmuta [« Badbchad of Meath, son of Diarmait »]. Fogartach hua Cernaig fu[g]it.

[AU. 704. CS. 701. FM. 704].

[in marg. iiii.*m*.dc.lxxxuiii.] Kl. Leo annis .ix. *regnauit*.

Saraceni³ *cum* im[m]ensó exercitu⁴ Constantinopolim uenientes⁴ triennio ciuitatem obsident⁵, donec pert[a]esi obsidiónis abscederent⁶.

Luidbrandus⁷ rex Long[o]bardorum audiens *quod* Saraceni depopulata⁸ Sardinia etiam loca foedarent⁹ illa, ubi ossa *sancti* Augustini¹⁰ episcopi *propter* uastationem Barbar[or]um olim translata, *et* honorifice fuerint¹¹ *condita*, misit, *et* dató maghno pretio accepit *et* trans[t]ulit ea in Ticinis¹², ibique *cum* debito tantó *patri* honore recondidit¹³.

Haec de cursu¹⁴ *praeteriti saeculi* ex Ebreica ueritate *prout* potuimus ostendere curauimus.

Ceannfaeladh hua hAeda Bricc ab Bennchair [« Cenn-faelad, grandson of Aed Brecc, and abbot of Bennchor »] dormiuit.

Cath Corcomruadh [« The battle of Corcomruad »] ubi cecidit Celechair mac Coma[i]n.

Cellach mac Ragallaigh rí Condacht [« king of Connaught »]

1. MS. nonas
2. cecinid
3. saracimi
4. exersitu constaninopolium uenientis
5. obsetant
6. abscederunt
7. Luigbrandus
8. sarsimite ppulata
9. federint condita
10. agistini
11. fuerant
12. proticinis
13. re conditit
14. cursa

post cleiricatum obit. Congal Chind magair mac Fergusa Fanat regnare incipit.

[AU. 705. CS. 702. AI. 695. FM. 704].

Kl. Da Chonda Daire 7 Osseni — .i. Fremand, di Callraighe[1] Tebtha dó — filius Galluist, ab Cluana maic Nóis, pausant [« Thy Conna of Daire and Osséne — of Fremann, of the Callraige of Teffia was he — son of Gallust, the abbot of Clonmacnois, rest »].
Bruide Derile mortuus est.
Concobar mac Maili duin rí Cenéoil Cairpri [moritur].
Fland Febla mac Scandlain, ab Aird Macha [« abbot of Armagh »] mortuus est.

[AU. 706. CS. 703. AI. 696. FM. 705].

Kl. Conodur Fabuir [« of Fobar »] obit.
INdrechtach rí teora Con[n]acht[2] [« king of the three Connaughts »] mortuus est. Feargal mac Maile duin rí Ceneoil Eogain[3] [« king of Cenél Eogain »] 7 Feargal mac Loingsig rí Ceneoil Conaill [« king of Cenél Conaill »] 7 Conall Mend rí Ceneoil Cairpri [« king of Cenél Cairbri »] occiderunt[4] eum.
Coibdean[ach] espoc Aird sratha [« bishop of Ardstraw »] quieuit.
Sloigedh Congail Chind magair maic Fergusa Fanat for Laigniu [« The hosting of Conall of Cenn magair, son of Fergus Fanat, on Leinster »].
Dunchadh principatum[5] Iae tenuit.

---

1. MS. callraidhe
2. in marg. rí Connacht
3. in marg. rí Hérenn
4. occideruint
5. principatom

[AU. 707. CS. 704. FM. 706].

Kl. Cu Cuara[i]n, rí Cruithne Ulad, do guin la Findchoin hua Raban, 7 romarbadh e féin ind [« Cú Cuarain, king of the Picts of Ulster, was slain by Findchu, grandson of Raban, and Findchu himself was killed therefor »].

Fiachra mac Dungaile rogáed la Cruithniu. [« Fiachra, son of Dungal, was mortally wounded by the Picts »].

[AU. 708, CS. 705. AI. 698. FM. 707].

Kl. Cath[1] Dolo in[2] Campo Elni, ubi iugulati[3] sunt Lethlobair mac Eachach, Cu allaid[4] 7 Cu dhinesc [« The battle of Dol(?)in Magh Elni, wherein were slain Lethlobair, son of Eochaid, Cú allaid and Cú dinesc »].

Cath Segsa [leg. Selge?] i Fortuathaib Laigen, in quo ceciderunt da mac Cellaig Chualand [« The battle of the Hunt in the Fortuatha of Leinster, wherein fell two sons of Cellach of Cualu »], Fiachra 7 Fiandamail, 7 Luirigh cum Britonibus Cellaig, et post[5] pau[lu]lum Cairpre mac Con-colum (sic) iugulatus[6] est.

Mael doborchon espoc Cillé dara [« bishop of Kildare »] pausauit.

Pestis quae dicitur bacach cum uentris proflu[u]ió[7] in Hibernia.

[AU. 709. CS. 706. AI. 699. FM. 708].

Kl. Conmael [leg. Conamail?] mac [Failbi], abb Iae[8] [« abbot of Iona »] pausat.

---

1. MS. Cat. Hennessy, Chron. Scot. p. 116 n. thinks that the following word, dolo, is Latin, = the per dolum of CS. Read, perhaps. dolose.
2. im
3. uibí iugal.
4. allaig
5. prae
6. iugal.
7. praefluuió
8. mac ab. chilli dara iæ

Combustio Cilli dara [« The burning of Kildare »].
Congal Cind magair mac Fergusa [Fanat] subita morte[1] periit, id est ri Temrach. [« king of Tara »].
Colman mac Sechnusaigh abbas Lothrai moritur[2].
Iustinianus secundus[3] cum Tiberio [filio] annis[4] .ui. regnauit.
Feargal [mac] Maile duin [« Fergal, son of Mael duin » : in marg. rí Erenn [« king of Ireland »] regnare[5] incipit.

[AU. 710. CS. 707. AI. 700. FM. 709].

Kl. [Faelán] húa Silne[6] mortuus est.
Cath Sleibe Fuait la ua Cremthaind ríg Hua Meith, ubi [Tnuthach mac Moch] loingsig 7 Curai [mac Aedo] maic Dluthaigh ceciderunt[7]. Fergal uictor fuit.
Strages Pictorum[8] in Campo Manand apud[9] Saxonés, uibi Findgaine mac Deleroith inmatura morte iacuit.
Cennfaelad ab Fabair [« abbot of Fore »] mortuus est.
Congresio Britonum et Dal Riada for Loirg Eclat [« on Lorg Eclat »], ubi Britones deuicti.

[AU. 711. CS. 708. AI. 701. FM. 710].

Kl. Ceode espoc Iae [« bishop of Iona »] pausat[10].
Cath [« a battle »] inter duós nepotes Aeda Slane, in quo Maine [fo. 12[b] 1] mac Néill, maic Cernaig Sotail, [i]ugulatus est. Fland mac Aeda, maic Dluthaigh uictor fuit. Ulaith prostraiti, uibi Dubthach mac Beicc Boirchi occubuit[11]. Da mac Feradhaig maic Maile duin [« two sons of Feradach, son of Mael duin »] in c[a]ede geniris Laeghaire perierunt.

1. MS. mortue
2. abuite morte lothrai
3. serd6
4. andis
5. rex
6. filne
7. .h. meith .i. (.h.) loingsig ubi cecid 7 curai mac dluthaigh ceciterunt
8. Straighes pictorom
9. ab
10. pausad
11. ocubit

The Annals of Tigernach. Third Fragment. 223

Cu cerca rí Osraighe¹ [« king of Ossory »] mortuus est.
Cath [« a battle »] apud Lagenenses dexteriores ¹, uibi Bran nepos Maile duin et filii eius ceciderunt ².
Dub guaile, ab Glindi da lacha [« abbot of Glendalough »] perit.
Dluthach mac Fidhcellaigh igne u[ri]tur.
Cath Chairnn Feradhaigh, uibi cecidit Cormac mac Maenaigh, rí Muman, lasin Deis tuaiscertaigh [« The battle of Carn Feradaig, in which Cormac, son of Maenach and king of Munster, fell by the Northern Dési »].
IN h[oc] anno fécit³ Béda librum magnum .i. Berba [leg. Bérla?] Béid.

[AU. 712. CS. 709. AI. 701. FM. 711].

Kl. Baedan espoc Indsi bo findi [« bishop of Inisbofin »] obit.
Failbe espoc, do Gaileangaib in Coraind [« a bishop, of the Gailenga of the Corann »] mortuus est.
[Failbeus Mo]dicus, ab Cluana maic Nois, pausat⁴ [« Failbe Becc, abbot of Clonmacnois, rests »].
Filia Osu in monasterio⁵ [H]ild moritur⁶.
Cinaedh mac Derili et filius Mathgernan iugulati⁷ sunt.
Dorbeni cathedram⁸ Iae obtenuit et .u. mensibus peractis in primatu .u.kl. Nouem[bris] die sabati obit.
Cormac mac Ailello rí Muman [« Cormac, son of Ailill, king of Munster »] in belló iugulatus⁷ est.
Tolarg mac Drostain ligatur apud fratrem suum Nechtan regem.
Sechnusach⁹ rex Húa Maine mortuus est.

1. MS. lagenensis dexterioris
2. est ceciderant
3. fécid
4. Dicus... pausad. This and the preceding entry seem to refer to the same person, Failbe.
5. filina ossu in monosterio.
6. morri.
7. iugal.
8. cath etrom
9. sechnusaigh

183

[AU. 713. CS. 710. FM. 712].

Kl. Cath immesech in Campo Singite ic Bile tenidh i n-Asal ria Murchad Midhi, ubi¹ Fland mac Aedha, maic Dluthaigh et Dub duiu húa Beicce ceciderunt in ailtera congresione belli², et Colgu et Aedh Cluasach [mac] Diarmuta in prima congressione³ belli interfecti sunt. [« A .... battle in Mag Singite at Bile tened in Asal, gained by Murchad of Meath, ubi » etc.].
Dun Ollaig construitur apud Selbacum.
Ailen daingen destruitur⁴.
Fogartach nepos Cernaig, de reghno expulsus, in Britaniam⁵ iuit.
Coscradh⁶ Gar[b]salcha am-Midhi [« The slaughter at Garbsalach in Meath »] in quo cecidit Forbusach nepos Congaile, rex Hua Failghe, apud uiros Midhi⁷ uno die et bellum praedictum⁸.
Siccitass magna.
Cath eter da mac Beice Boirche [« A battle between two sons of Becc Boirche »] et tilium Bresail regem⁹ Nepotum Echach, in quo uictores erant filii Becci.
IN hoc annó interfecti sunt perigrini apud Mumenens[es], id est in Clairineach [« the Tableface »] cum omni familia sua¹⁰.
Nox lucida¹¹ in autumno.

[AU. 714. CS. 711. AI. 703. FM. 713].

Kl. Cellach Cualand ri Laigen [« king of Leinster »] moritur, secundum quosdam¹². Fland Febla, ab Aird Macha [« abbot of Armagh »], Cilline espoc, ab Ferna, mortui sunt¹³.

1. MS. ubi cecidit
2. bile
3. congressioni
4. ailenna ingen struibitur
5. britanium
6. Cosch. radh
7. apud uiros rex h. failghe midhi
8. bellom praedictom
9. regnum
10. familitasua
11. Nochluict
12. .s. quostom
13. m. est

184

Guin Murchadha, maic Diarmata Caich, rig Hua Ne[i]ll, la Conall nGrant hua Cernaigh [« The slaying of Murchad, son of Diarmait the One-eyed, king of the Húi Néill, by Conall Grant, grandson of Cernach »].

Aedh Dub ri Ua Fi[d]gente [« Aed the Black, king of the Húi Fidgente »]. Flaithnía mac Colgan, sapiens, et mo Chonda Cuerne dormiuit.

Slogadh Murchadha maic Brain, do Chaissil [« The hosting of Murchad, son of Bran, to Cashel »]. Dorbene abb Iae (« abbot of Iona »).

[AU. 715. CS. 712. FM. 714].

Kl. Guin rig Saxan [« The slaying of the king of the Saxons »] .i. Osrith mac Aidfrith nepotis Osu.

Fogartach hua Cernaigh iterum regnat.

Pasc[h]a in Eó[a] ciuitate commotatur [« Easter is changed in the monastery of Iona »]. Faelchu mac Doirbeni cathedram[1] Columbe .lxxx.uii. etatis [sue] anno in .iiii.kl. Septimbris die[2] sabati suscepit.

Obitus Céli Tigernaigh, ab Cluana auis [« abbot of Clones »].

Flann Foirbte mac Fogartaigh [« Flann the Perfect, son of Fogartach »] mortuus est.

Bass Artbrain maic Maile duin [« Death of Artbran, son of Mael duin »].

Ternóc mac Ciarain obit [« Thy Ernóc, son of Ciarán, dies »].

[AU. 716. CS. 713. FM. 715].

Kl. Dunchadh mac Cindfaelad ab Ie obit. [« Dunchad, son of Cenn-faelad, abbot of Iona, dies »].

Etulb mac Eouilb [« Eadulf son of... ? »] obit.

Expulsio familiæ Ie trans Dorsum Britanie[3] a Nectano[4] rege.

1. MS. cath⁊rum
2. sep.udie
3. tras dorms britonie
4. nectono

Congresio Dal Riada *et* Britonu*m*[1] in lapide[2] qu*i* uocat*ur* Minuircc, *et* Britones deuicti su*n*t.

Cumusc Aenaigh Thaillten[3] la Fogartach, ub*i* cec*idit* m*a*c Maile ruba m*ai*c Duib slebe [« The disturbance of the Assembly of Teltown by Fogartach, where fell the son of Maelruba, son of Dub-slébe »].

[AU. 717. CS. 714. FM. 716].

Kl. M*a*c Cuitin [« the son of Cuthwine »] rex Saxonu*m mortuus est*.
Becc Boirchi [fo. 12ᵇ 2] obit.
Cath Cenandsa [« The battle of Kells »], ubi Tuathal h*ua* Faelchon 7 Gormgal m*a*c Aedha m*ai*c Dluthaigh 7 Amalgaid h*ua* Co*n*aing 7 Fergal frater eius cecider*un*t. Co*n*all Grant uictor erat.
Co*n*all Gr*a*nt nepos[4] Cer*n*aigh in fine duor*um* me*n*siu*m* po*st* bellum i*n*t*er*fect*us* *est* la Feargal [« by Fergal »].
Cronan h*u*a hEoai*n* ab Lis moir [« Cronan, grandson of Eoan, abbot of Lismore »] m*ortuus* *est*.
Tonsura corona super famil[i]am Íae dat*ur*.
Hí sunt uiri sapientes[5] q*u*i mortuí su*n*t : Fianamail h*ua* Bogai*n*e m*ai*c Find, insola[e] p*r*inceps Muige sam [« abbot of Inishmacsaint »], 7 Dub-dui*n* h*ua* Faelai*n*, esp*o*c, ab Cluana Iraird [« bishop and abbot of Clonard »], Co*nn*ri m*a*c Co*n*gail Cen*n*íada 7 Ail*i*ll m*a*c Finnachta iugul*a*ti[6] su*n*t.
Pluit fross mela f*o*r Othain mBicc, fross argaid f*o*r Othain Moir, fross fola super Fos[s]am Laghinar*um* [« A shower of honey pours on Othan Becc, a shower of silver on Othan Mór, a shower of blood on Ráith Laigen »], *et* inde uocabat*ur* Niall Fr*a*sach m*a*c Feargail [« Niall the Showery, son of Fergal »], quia[7] *tu*nc nat*us* *est*.

1. MS. britono*m*
2. lapite
3. thailti*n*
4. sapiens
5. sapientis
6. iugal.
7. ar

[AU. 718. CS. 715. FM. 717].

Kl. Airmedhach mac Taidhg 7 Crichan mac Taidhg, ri Hua maic Uais [« king of the Húi Maic Uais, iugulati sunt »].
Drostan Dairthaighe quieuit in Ard Breccan.
Congressio apud Laginensés, ubi[1] Aedh mac Cellaig cecidit[2] .i. cath Findabrach [« the battle of Findabair »].
Cath Finnglinne eter da mac Fearchair Fota [« the battle of Findglenn between two sons of Ferchar the Tall »] in quo Ainbhcellach iugulatus[3] est die quintae feria[e] [sext]id Septimbris. [« on Thursday the 8th of September »].
Cath maritimum Ardde anesbi eter Duncadh mBecc cum Genire Gabrain 7 Selbach cum[4] genere Loairn, [« The seafight of Ard Anesbi(?) between Dunchad the Little with the Kindred of Gabrán, and Selbach with the Kindred of Loarn »], et uersum est super Selbacum[5] .ii. nonas Octimbris die septime feriae, in quo quidam com[i]tes corruerunt.
Iugulatio[6] familia[e] Suibne in Ard Macha.
Uastatió Lagenarum .u. uicibus in uno anno la Húu Neill [« by the Húi Néill »].

[AU. 719. CS. 716].

Kl. Aestas[7] pluuialis. Sinach Indsi Clothrand [« Sinach of Inis Clothrann »] dormiuit.
Murbrucht mor [« A great seaburst »] in mense Octimbris.
Theodosius anno uno regnauit[8].

[AU. 720. CS. 717. AI. 707. FM. 717].

Kl. Duncadh Becc, ri Cindtiri [« Dunchad the Little, king of Cantyre »] mortuus est.

1. MS. laginensis uibi
2. cice
3. iugal.
4. selbaccum
5. selbacom
6. ter iugal.
7. Eastas
8. Teodorus ... rex

Cath eter Conn*ach*taib 7 Corco Baisci*nd*, ubi ceci*dit* m*a*c Tom*a*ltaigh [« A battle between the Connaughtmen and the Corco-Baiscinn, wherein the son of Tomaltach fell »].

Uastatio Maigi [Breg] do Cathal m*a*c Findgaine 7 do Mur*c*h*a*d m*a*c Broi*n*. [« The laying-waste of Mag Breg by Cathal, son of Findguine, and by Murchad, son of Bron »].

Mors Chuanna Rois Eua [« Death of Cuanna of Ross eo »].

INdredh Laig*en*, 7 naid*m* na Boroma, 7 naid*m* na ngiall ar Laig*nib* la Feargal m*a*c Maile dui*n* [« The harrying of Leinster and the binding of the *Boroma* (« tribute »), and the binding of the hostages on Leinster by Fergal, son of Mael-duin »].

INmesach religiosus legem c*um* pace *Christ*i s*uper* insolam Hibernia[m] *cons*tituit .i. *in* Campo Delen*n*.

[AU. 721. CS. 718. FM. 718].

Kl. Maelruba in Apurchrosan anno[1] .lxxx. etaitis sue tr*ibus* mensib*us* et .x.ix. dieb*us* peractis in .xi. Kl. Maias t*er*cie ferie die pausat.

Mael[cor]gais o Drui*m* Íng. Bili m*a*c Elphine rex Alo Cluaithe[2] mortuus est. [« Mael-corgais of Druim Ing. Bile, son of Elphin, king of Ail Cluaithe (« Dumbarton »), died »].

Fear da crich m*a*c Congalaig obit.

Cuanan Cilli delgi [« of Cell delge »] 7 Derir Dam-innse [« of Devenish »], nepos Colla. Cuana Droma cuili*nd* [« of Druim cuilinn »]. Cilline Locha Gerc[3] [« of Loch Gerc »] mo*ritur*.

Feidli*mid* principat*um* Iae tenet[4].

Cath Almuine it*er* Murchadh m*a*c mBrai*n*, *rig* Laigen 7 Fergal m*a*c Maile duin, ri[g] Ere*nn*, t*er*tid Decimbris die sexte ferie [« The battle of Almuin between Murchad, son of Bran, king of Leinster and Fergal, son of Mael-duin, king of Ireland, on the 3d of the ides of December, on a Friday. Nu*mer*us *u*ero Laigine[n]siu*m* .ix.*m*. Hi s*un*t reghes Geniris Cuinn

---

1. MS. apurchro oso*n*ando
2. aloch luaithe
3. grec
4. tenedh

qui in bello ceciderunt [5]. Feargal mac Maile-duin ri Erenu [« king of Ireland »] cum .clx. satellitibus [6] suis, ocus Forbusach ri Ceneoil Bogaine, 7 Conall Menn, ri Ceneoil Cairpri, [« and Forbasach, king of Cenél Boguine, and Conall the Dumb, king of Cenél Cairbri »] 7 Fergal hua Aithechta, 7 Fergal mac Eachach Lemna ri Tamnaighe [« king of Tamnach »], 7 Condalach mac Conaing, 7 Ecneach mac Colga ri in Airrthir [« the king of the Airther »] Coibdenach mac Fiachrach, 7 Muirgus mac Conaill. Letaitech mac Concarat, 7 Anmchadh mac Oircc, ri Guill 7 Irguill [« king of Rossguill and Hornhead »], et .x. nepotés Maile fithrig. IT e andsin rig in tuaiscirt. [« Those are the kings of the North »].

Hi sunt reges Húa Neill in desceirt [« the kings of the Southern Húi Néill »] .i. Flann mac Roghellaigh 7 Ailill mac Feradhaigh. Aedh Laigen hua Cernaigh. Suibne mac Congalaig. Nia mac Cormaic, Dub da crich mac Duib da inber. Ailill mac Conaill Grant, Flaithemail mac Dluthaigh, Fergus hua hEogain. Hic totus numerus de regibus .cc. et clx. de amsaib Fergaile [« and 160 of Fergal's soldiers »], et alii et .ix. uolatiles .i. geltai [« persons who went mad with terror and flew »].

Cu Bretan mac Conghusa cecinit:

> Ataghur cath forderg flann,
> [fo. 13ª 1] a fir Fergaile, a deghlind.
> bronach muinter Muire de
> iar mbreth a taige dia cind.

> Bó in chlaim
> rogáet inarradh in daim.
> mairg laim rogheoghain a brath
> re techt a cath co mac mBrain.

> Ma beth neach dobera cath
> matain derb main [3] fri mac mBrain,
> andsa lium inas in drai
> in cai rochechttair in chlaim.

---

5. MS. cecinderunt
6. satilibus
1. leg. mata in dremain? The copy of these verses in YBL. 206ª has *ma trem dreman*

[« I fear a crimson, red battle, O man of Fergal, O goodly ..... Mournful is Mary's family because their house was taken from them.

The leper's cow was slaughtered near the ox. Woe is the hand that slew its... before entering battle with Bran's son.

If there be anyone who will deliver battle..... against Bran's son, more troublesome to me than the wizard is the wail which the leper...

Nuadha h*ua* Lomthuile *cecinit* :

> Do dith laithe Almui*ne*
> a[c]cosn*um* buair Bregmuighe,
> roláe badb beld*er*g birach
> ilach im chend Fergaile.
>
> Buaidh ard Almui*ne* ni fan,
> adguidhi dal do gach duil,
> im *secht* milib, dermar dal,
> Fergal mar m*a*c Maile dui*n*[1].
>
> Atbath c*ét* ruirech rat[h]ach
> cu cét[2] costadhach carnach.
> im *secht* ngelta cen mi*n*e,
> im *secht* mile fer n-ar*m*ach.

[« Of the destruction of Almain's day, contending for the kine of Magh Bregh, a red-mouthed, sharp-beaked raven uttered a paean round Fergal's head.

The noble victory of Almain, not feeble — I entreat respite from every element, — together with seven thousand — a vast assembly — (and) Fergal the great, son of Maelduin.

There perished a hundred gracious lords, with a hundred contentious ... together with seven furious flying madmen, and seven thousand men-at-arms »].

---

1. Thus in LL. 43ª 30 : Buaid dál | Fergal már mac Maile duin. n-ard n-Almaine ni chél | adguide   2. MS. cumac ; but YBL. 206ª has bél doc*ach* dúil | co nói milib, dermar co cet

[AU. 722. AI. 711. FM. 719].

Kl. Combustió Cluana maic Nois. [« Burning of Clonmacnois »].
Bass Faelcon Mainistreach Buitte. [« Death of Faelchu of Monasterboice »].
INdrechtach mac Muireadhaigh, rí Connacht, moritur i n-ailithri a Cluain [« Indrechtach, son of Muiredach, king of Connaught, dies in pilgrimage at Clonmacnois »].
Cleiricatus Selbaigh regis [1] Dal Ríada.
Sinach Thaillten [« Sinach of Telltown »] moritur.

[AU. 723. AI. 712. FM. 720].

Kl. Faelchu mac Dorbene, abbas [Iae], dormiuit. Cillénius Longus ei in principatum Iae successit [2].
Clericatus [3] [N]eactain reigis Pictorum. Drust postea [4] regnat.
Cath Chind delg[d]en, [« The battle of Cenn Delgden »], in quo cecidit Fogartach nepos Cernaigh. Cinaeth mac Irghalaigh [in marg. rí Erenn] uictor erat, nonis Octimbris, die sabbati.
Cuindles abb Cluana maic Nois obit. Di Soghain Condacht dó [« Cuindles, abbot of Clonmacnois, dies. Of the Sogain of Connaught was he »].
Caech scuile, scriba Daire Chalgaigh [5], quieuit.

[AU. 724].

Kl. Cilline nepos Collae, ab Athaine Moire [« abbot of Athan Mór »].

1. MS. reghes
2. primatom ies sucsecit
3. clericatum
4. druxst posteam
5. chalgaidh

Ailen maic Craich [« Mac Craich's Island »] construitur.
Simal filius Druist const[r]inguitur.

Colman Uamach .i. sai scribind Aird Macha [« professor of writing at Armagh »], Ruibin filius [filii] Connaidh, scriba Muman [« of Munster »], filiusque Broccain o Thigh Thelle [« of Tech Telle »], qui magister[1] bonus euangelii Christi erat, et Colman Banban scriba, omnes dormierunt.

Teichedh Ulad re Cinaeth mac Irgalaig [« Flight of the Ulaid before Cinaeth, son of Irgalach »].

[AU. 725. AI. 714].

Kl. Nechtan mac Derili const[r]inguitur apud[2] Druist regem Cillenus Longus, ab Ie [« abbot of Iona »] pausat[3].

Da Chonda craibtheach, espoc Conneri Moire [« Thy Conna the Devout, bishop of Connere Mór »].

Dungal de reghno iectus est, et Druist de reghno Pictorum iectus et Elphin pro eo regnat[4].

Guin Crimthaind maic Cellaig Chualand a cath Belaigh Licce inmatura etate [« The slaying of Crimthann, son of Cellach, of Cualu in the battle of Belach Licce, at an unripe age »].

Quies Mainchin Leithglindi [« of Leighlin »].

Guin Ailello maic Badbchadha a Midhi [« The slaying of Ailill, son of Badbchad, in Meath »].

Cath Maine re Cinaeth mac Irgalaigh for Laignib [« The battle of Maine gained by Cinaeth son of Irgalach over Leinster »].

Eochaid mac Eachach regnaire incipit.

[AU. 726. AI. 715. FM. 721].

Kl. Bass Aelchon ab Cluana Iraird [« Death of Aelchu, abbot of Clonard »].

1. MS. maghester
2. abp.
3. pausad
4. regant

The Annals of Tigernach. Third Fragment. 233

Gui*n* Each*ach* m*ai*c Fiach*r*ach [« The slaying of Eochaid, son of Fiachra »].

Cath Dro*m*a Fo*r*nochta ria Flaithb*er*tach m*a*c Loi*n*gsigh for Aedh nAllan m*a*c Fergaile it*er* Co*n*all ⁊ Eogan, ubi Fland m*a*c Errthaile ⁊ Snedghu*s* De*r*g hua Mbrachaighe iugulati [1] su*n*t [« The battle of Druim Fornochta gained by Flaithbertach, son of Loingsech over Aed Allan, son of Fergal between (Cenél) Conaill and (Cenél) Eogain, where Fland, son of Erthaile and Snedgus the Red, grandson of Mrachaide, were slain »].

Co*n*all m*a*c Moudai*n* mart*i*rio coro*n*at*ur* [2].

Adom*n*áni reliqu*i*e tra[n]sferu*n*t*ur* in Ibe*r*niam *et* lex re*n*ouat*ur*.

Murch*a*d m*a*c Broi*n* rí Laig*en* [« king of Leinster »] m*o*ritur.

Cath Indsi Breguin*n* [« The battle of I*n*is Breguinn »], in quo cecid*erunt* Et*er*scéoil, m*a*c Cell*ai*g Cualan*n*, ⁊ Co*n*gail, m*a*c Brai*n*. Faela*n* uicto*r* fuit.

Dub da inb*er* m*a*c Congal*ai*g, r*í* Cruithne [« king of the Picts »] mo*r*tuus est.

Dormitatio Ceile Crist.

Gui*n* Cathail Chuirr, ríg desc*eir*t Breagh [« The slaying of Cathal Corr, king of the south of Bregia »].

[AU. 727. AI. 716. FM. 722].

Kl. Cath Dro*m*a Corcai*n* et*i*r Flaithb*er*tach m*a*c Loi*n*gsigh ⁊ Cinaeth m*a*c Irgal*ai*g, in quo Cinaeth ⁊ Eudos m*a*c Ailello, Maeldui*n* m*a*c Feradhaigh, Du*n*chad m*a*c Co*r*m*ai*c cecid*erunt* (.i. do toit*e*dar) [« The battle of Druim Corcain (Corcráin ?) between Flaithbertach, son of Loingsech, and Cinaeth, son of Irgalach, *in quo,* etc.].

Cath Aillinde it*er* da m*a*c M*ur*cadha m*ai*c Broi*n* .i. Du*n*chadh ⁊ Faelan, ⁊ [rogonadh] Du*n*chadh in sin*n*ser, ⁊ rogab Faelan righe arabelaib [« The battle of Aillenn between two

---

1. MS. iugal.   2. caro*n*at*ur* martie

sons of Murchad, son of Bron, namely, Dunchad and Faelán; and Dunchad the elder was slain, and Faelán took the kingship after him¹ »].

Fland o Aentrib, ab Bendchair, obit [« Flann of Antrim, abbot of Bennchor, dies »].

Cath Monaidh² Craebi iter Picardachaib fein .i. Aengus 7 Alpine, issiat tuc in cath, 7 romemaidh³ ria n-Aengus, 7 romarbad mac Ailpin and, 7 rogab Aengus nert [« The battle of Monid Craebe between the Picts themselves, that is Oengus and Alpine, 'tis they that fought the battle, and Oengus routed his foes, and Alpin's son was killed there, and Oengus took the (royal) power »].

Cath truagh⁴ iter Picardachaib ac Caislen Credhi, 7 romemaidh³ ar in Ailphin cetna, .7 robenadh a cricha 7 a daine de uile, 7 rogab [fo. 13ᵃ2] Nechtain mac Derili righi na Picardach [« A lamentable battle between the Picts at Caislén Credi, and the same Alpin was routed, and deprived of all his territories and people; and Nechtain, son of Derile, took the kingship of the Picts »].

Domnall mac Cellaig, ri Condacht, mortuus est. Mac Beitheach isin ló chétna .i. neach robe hecnaidhi sa Mumain [« Domnall, son of Cellach, king of Connaught, died. On the same day (died), one who was a sage in Munster »].

Flaithbertach mac Loingsigh do gabail rigi n-Erind [« Flaithbertach, son of Loingsech, took the kingship of Ireland »] In marg. rí Erenn [« king of Ireland »].

.

[AU. 728. FM. 723].

Kl. [Eicbericht] Ridire Crist do éc la casc, 7 in Gall Ulcach, fear as glicca bai 'na aimsir, do éc in la cétna [« Ecgberht, Christ's Knight, died on Easter-day, and the Bearded Foreigner, he who was wisest in his time, died on the same day »].

---

1. literally « in front of him » 3. romebaigh
2. MS. monaigh   4. truadh

The Annals of Tigernach. Third Fragment.

Tri .l. long Picardach do brisidh ir-Ross Cuissine sa bl*iadain* cetna [« An hundred and fifty Pictish vessels were wrecked at Ross Cuissine in the same year »].
Fachtna m*a*c Folochtaig, ab Cluana Ferta Brenaind, *moritur*. [« Fachtna, son of Folochtach, abbot of Clonfert, dies »].
Cath Droma D*eirg* Blathuug et*er* Piccardaib .i. Drust 7 Aeng*us* r*í* na Piccardach, 7 romarb*ad* Drust and, *i*ndara la deg do mi[s] Aughuist [« The battle of Druim Derg Blathug between the Picts i.e. Drust and Oengus King of the Picts, and therein Drust was killed, on the twelfth day of the month of August »].
Andsa bl*iadain* si róscuir Beda don croi*n*ic .i. leb*ur* oiri[se]n, doscr*ibad* [« In this year Bede finished the chronicle, that is, the book of history, which he was writing »].

[AU. 729. FM. 724].

Kl. Reuersió re[li]quiar*um* Adomna*in* de Hibern*í*a mensi Octim*br*is.
F*ilius* Onchon, scriba Cille dara (« of Kildare »), mor*itur*. F*ilius* Concu*m*bu, scriba Clu*ana* maic Nóis (« of Clonmacnois ») dorm*iuit*.

[AU. 730. FM. 725].

Kl. Comb*us*tio Cuile Rathai*n* [« Burning of Coleraine »].
Clericat*us* Eachada m*a*ic Cuitine¹. Rex Saxan *constringitur*.
Cath id*er* Cruithniu 7 Dal Riada im-Murbuig [« A battle between the Picts and Dál Riada in Murbolg »] ubi Cruithne deuict*í* [fuerunt]. Cath et*er* m*a*c Aeng*us*a 7 m*a*c Cong*us*a sunt [« A battle here between the son of Oengus and the son of Congus »]. Brudheus ² uicit Talorc*um* fug[i]ente*m*.

---

1. *Ceolwulf*, son of Cutha, son of Cuthwine, became a monk in 737. Our « eachada » is probably a corruption of *maic Cluda*
2. MS. bruidhens

[AU. 731. FM. 726].

Kl. Bass Flaind Ch[u]aland, ab Cluana maic Noís, húi Colla; do uib Cremt[h]aind dó [« Death of Flann of Cualu, grandson of Colla, and abbot of Clonmacnois. Of the Húi Cremthainn was he »].

Guin Dathgusa maic Baith, ri na nDessi [« The slaying of Dathgus, son of Baeth, king of the Dési »].

Cath Con[n]acht [« the battle of Connaughtmen »] in quo cecidit Muredach mac Indrachtaig.

Pontifex[1] Muighe hEo Saxonum[2], Garailt, obit. [« Gerald, abbot of Mayo of the Saxons, died »].

Caillech ingen Dunc[h]adha, di Uib Liathan, [« Caillech (leg. Cellach?) daughter of Dunchad, of the Húi Liathain »], regina optima et benigna, dormitauit.

Temnen Cille Garadh, religiosus clericus[3], quieuit.

Nechtan mac Derile moritur.

Cath iter Laighniu Desgabair 7 Mumu [« A battle between the Southern Leinstermen and Munster »], in quo Aedh mac Colgan uictor erat.

Sebdand filia[4] Cuirc, dominatrix Cilli dara, obit.

Fergus mac Conaill Oirgnigh [« Fergus son of Conall the Destructive »] 7 Ferrdomnach scriba Aird Macha [« the scribe of Armagh »] obierunt.

Congalach Cnucha moritur.

[AU. 732. FM. 727].

Kl. Dungal mac Selbaig doríndi toisc a Toraígh 7 toisc aile a n-Inis Cuirenn righe, cor'airg [« Dungal, son of Selbach, made an expedition into Torach, and another expedition into Inis Cuirennrige, and he destroyed... »].

1. MS. fontifex
2. saxanom
3. reig legionisus cleiricus
4. mac

The Annals of Tigernach. Third Fragment.

Muireadach mac Ainbchellaig regnum Geniris Loairn assumit.

Congressio iterum inter Aedh mac Fergaili et Genus Conaill in Campo Itha [« Mag Itha,»] ubi cecidit Conaing mac Congaile, maic Fergusa Fanat, et ceteri multi.

Flaithbertach clas[s]em Dal Riada in Iberniam duxit, et caedes[1] magna facta est de [e]is in insola hOine, ubi[2] hi trucidantur uiri: Concobar mac Locheni et Branchu mac Brain, et multi in flumine demersi sunt [quod] dicitur in Banna [« the Bann »].

Eochaid mac Echach, ri Dail Riada [« king of Dalriada »], 7 Conall mac Concobar mortuus est.

Natiuitas Donnchadha maic Domnaill, rig Erenn [« Birth of Donnchad, son of Domnall, king of Ireland »].

Uacca uisa est in Delginis Chualand quae ter [in die] mulsa est, et butirum eius et galmarium multi comedere[3], cuius forma[4] haec est: unum caput et unum collum, et post scapulam[5] duo corpora cum .ii. caudis et sex pedibus habebat[6].

[AU. 733. FM. 728].

Kl. Rechtabra hua Cathasaigh, ri Hua Tuirtri, [« king of the Húi Tuirtri »] mortuus est.

Eclipsis[7] lunae in .xi.kl. Februarii.

Comotatio martirum Petair 7 Poil 7 Padraic ad legem perficiendam[8]. [« The disinterment and enshrining of the relics of SS. Peter, Paul and Patrick to fulfil the law »].

Tolarg mac Congusa a brathair fen dia gabail 7 tuc il-laim na Piccardach, 7 robáidhedh[9] leo-siden he [« Tolarg, son of Congus, seized his own brother and delivered him into the hand of the Picts, and by them he was drowned »].

Cath i Muig Itha iter mac Loingsig 7 mac Fergaile .i. Sil Eachach 7 Cenel Eogain, 7 tucadh a n-ar leath ar leath and.

1. MS. ceades
2. honie uibi
3. galamirum muilti comedire
4. p.ma
5. scapulum
6. habebad
7. exlipsis
8. perficie andam
9. robaighedh

[« A battle on Mag Itha between (Flaithbertach) son of Loingsech, and (Aed Allan) son of Fergal, that is, the Race of Eochaid and the Kindred of Eogan ; and therein a slaughter of them was made on both sides »].

Taithleach mac Cindfaeladh rí Luigne [« king of the Luigni »] moritur.

Aedh Allan regnat[1].

[AU. 734. AI. 723. FM. 730].

Kl. Oeghethchair[2] espoc Naendroma [« bishop of Noendruim »] pausat.

Cath Fotharta [leg. Fochartu?] in regionibus[3] Murthem[ne] eter Sil Ne[i]ll 7 Ullto, et uibi Aed Roin — a nDurt[h]aigh Fothart rucadh he da marbadh — 7 Concadh mac Cuanach, rí Coba, ceciderunt. Aed Allan mac Fergaile [fo. 13ᵇ 1] uictor fuit. [« The battle of Faughard in the regions of Murthemne, between the Race of Niall and the Ulaid, wherein Aed Roin — he was taken into the oratory of Faughard to be killed — and Conchad, son of Cuana, king of Coba, fell. Aed Allan, son of Fergal, was victor »].

Cath Fele [leg. Belaig Ele ?] eter Mumain 7 Laighniu, uibi muilti do Laignib et pene innumerabiles[4] de [Mu]main perierunt, in quo Cellach[5] mac Faelcair, ri Osraige, cecidit ocus[6] da mac Gormaic Rosa ríg na nDessi. Cathal mac Findghaine, rí Muman, euasit [« The battle of Belach Éle between Munster and Leinster, where many Leinstermen and an almost countless number of Munstermen, perished : wherein Cellach, son of Faelchar, king of Ossory, fell, and two sons of Cormac Rossa, king of the Dési. Cathal, son of Findguine, king of Munster, escaped »].

Airechtach hua Dunchadha Muirsce, rí d'Ib Fiachrach Muaidhe ar Chondachtaib, et Cathal mac Muiredhaigh, rí

1. MS. regnant
2. Aedh ethchair
3. inreighi oinibus
4. pane inumerabiles
5. Cellaigh
6. sed

The Annals of Tigernach. Third Fragment.

Connacht, moriuntur¹. [« Airechtach, grandson of Dunchad of Muirisc, king of the Hui Fiachra of Muad in Connaught, and Cathal, son of Muiredach, king of Connaught, die »].

Gui*n* Flai*n*d m*ai*c *Con*aing, abb Chilli Moiri Dithroib [« The slaying of Flann, son of Conaing, abbot of Cell Mór Dithruib² »].

Dracco *in*gens in fi*n*e autum*n*i *cum* tonitruo magno post se uisus³ est.

Beda⁴ sapiens Saxonu*m,* quieuit.

Mo Bricco Belaig Feli [« My Bricco of Belach Feli »] pausauit.

[AU. 735. FM. 731].

Kl. Aengu*s* m*a*c Fergu*s*a, rex Picc*t*oru*m* uastauit regio*n*es⁵ Dail Riata, *et* obtenuit Dun Ad, et combussit⁶ Creic, *et* duos fili*o*s Selbaich catenis⁷ al[l]igauit .i. Dondgal *et* Feradhach, *et* pauló post⁸ Brudeus m*ac* Aengusa m*ai*c Fergu*s*a obit.

Bass Fia*n*amla m*a*ic Gerrthighe [leg. Gerrthidhi?], ab Cluana Irai*r*d [« Death of Fianamail, son of Gerrthide, abbot of Clonard »].

Bas Crun*n*mail m*ai*c Colg*an* [« Death of Crunnmael, son of Colgu » abbot of Lusk].

Gui*n*⁹ Mail Fothartaigh m*ai*c Mail tuile di Laignib [« The slaying of Mael Fothartaig, son of Mael tuile, of Leinster »].

Uir sapiens *et* ancorita Insola[e] Uacc*a*e albae¹⁰ [.i.] Indsi bó finde — do Cian*a*chtaib Bregh dó — [« of the Cianachta of Bregia was he, Dublitir, *et* Samson nepos Corcrain dormierunt].

Badbchadh m*a*c *Con*aill Gabra, ri Cair*p*ri [« king of Cairbre »] m*or*tu*us* est.

---

1. MS. m. *est*
2. now Kilmore, co. Roscommon
3. MS. pr*e* seuistus
4. Bede
5. regio*n*is
6. compusit
7. selbaiche cathensiss
8. *prae*
9. Guin m*ai*c
10. ailbe

[AU. 736. AI. 725. FM. 732].

Kl. Bass Ronain, ab Cind Garadh [« Death of Ronán, abbot of Kingarth »].

Failbe mac Guaire .i. haeres Mael rubai[1] Apuircrosan, in profundo pelagi[2] demersus est cum suis nautis numero[3] .xxii.

Conmael hua Loichene, ab Cluana maic Noiss, [« abbot of Clonmacnois »] pausat.

Congresió inuicem[4] inter nepotes Aeda Slaine, ubi Conaing, mac Amalgaidh, Cearnacum uicit et Catal mac Aedha cecidit: iuxta lapidem[5] Ailbe ab orientali parte[6] gesta est.

Dal eter Aedh n-Allan 7 Cathal mac Findgaine oc Tir da glass [« Meeting between Aed Allan and Cathal, son of Findguine, at Terryglass »].

Lex Patrici tenuit Hiberniam.

Fiangalach mac Murcadha, rí Hua Mail, [« king of the Húi Mail »] mortuus est.

[AU. 737. AI. 726. FM. 733].

Kl. Faelan mac Broin, rí Laigen [« king of Leinster »] inmatura aetate[7] ac inopinata morte interit.

Tola mac Dunchadha, espoc Cluana hIraird [« bishop of Clonard »] dignus Dei miles[8], in Christo quieuit.

Cernach mac Fogartaig maic Neill, maic Cernaigh Sotail, maic Diarmuda, maic Aedha Slaine a suis sceleratis sociis[9] dolose iugulatur[10], quem uaccarum uituli[11] et infimi orbis mulieres tediose fleuerunt[12].

Cath Atha Senaigh .i. cath Ucbadh, hi .xiiii.kl. Septimbris die tertio .i. mairt, [« The battle of Áth Senaig, i. e. the battle of Ucba, on Tuesday, August 19 »] inter Nepotes

1. MS. Mael eire bai eiris .i.
2. filaighi
3. nuno
4. inuitcem
5. lapitem
6. orientaili pairti
7. etates
8. mileis
9. sociss
10. uilatus
11. uacarum uituléi
12. muilieris tediorse fluuerunt

The Annals of Tigernach. Third Fragment.

Ne[i]ll *et* Laig*n*iu crudeli*ter* gestum *est, in* quo bi*n*ales [1] reges celsi uigoris pectoris [2] armis alternati*m* co*n*gresi su*n*t .i. Aedh Allan m*ac* Fergaile r*í* Te*m*rach 7 Aedh m*a*c Coigan r*í* Laighen, [« Aed Allan, son of Fergus, king of Tara and Aed son of Colgu, king of Leinster »] e q*ui*b*us* un*us* sup*er*stes uuineratu*s* u[i]xit, ali*us* uero militari mucroine capite truncat*us est*. Tunc Nepotes Cuind i*n*mensa uictoria ditati *sunt* cum [3] Laigenós suos emuios [4] insolitó more in fuga*m* mit[t]unt, calcant, st*er*nunt, subuertunt [5], *con*sumunt, ita ut us*que* ad i*n*ternicio*n*em uniu*er*sus hostilis pene dele*retur* exerci*tus* paucis [6] nunti[i]s remanentib*us* [7], *et* in tali bello [8] tantos cecidisse [9] fer*tur* qu*a*ntos p*er* transacta retro s*a*ec*u*la in uno succubuisse impetu *et* feroci ru[is]se *con*flictu n*on* comperimus. Cecide*runt autem* optimi [10] duces, Aedh m*ac* Colgan, r*í* H*ú*a Cendsiiaigh][« king of Húi Cennselaig »] *et* Bran Becc m*ac* M*u*rchadha da ri[g] Laige*n*, [« and Bran the Little, son of Murchad, two kings of Leinster »], *et* Fergus m*ac* Maenaig *et* Dub da crich, m*ac* h*úi* C*e*llaigh, m*aic* Trena, da r*íg* Fothart [11] [« and Dub da chrich, greatgrandson of Cellach, son of Trén, two kings of Fothart »,] Fiangalach h*ua* Mail-Aithgen, [fo. 13^b 2] Conall h*ua* Aithechda, ceit*h*ri m*aic* Floind h*úi* *Con*gaile. [« four sons of Fiann grandson of Congal »]. Eladach h*úa* Maeluidir, *et* ceteri multi [qui] compendii [12] causa omissi su*n*t.

Gui*n* Fer*gusa* m*aic* Cremt*hain*. [« The slaying of Fergus, son of Cremthan »].

Sa*m*thand cecinit [13] :

> Madh *con*riset in da Aedh
> bidh morsaeth a n-ergairi,
> madadh codhal [14] damsa i[s]saeth
> Aed la hAedh [15] m*ac* Fergaili.

1. MS. bi*n*ailis
2. rigoris rextoris
3. ditate c*um* su*n*t
4. emuius
5. subuntu*n*t
6. pausis
7. remenentib*us*
8. uello
9. cecitise
10. hoptimmi
11. In the MS. the words *da rig Fothart* come next after *Dub da crich*.
12. MS. campentu
13. dr.
14. codhal
15. bidh laidh aedh

[« If the two Aeds shall come together it will be great trouble to forbid them: if there is a meeting, 'tis to me a trouble, Aed (to be slain.) by Aed son of Fergal »]. [Quidam cecinit:]

O cath Uchbadh *co n*-aine
a mbith truchlum fer Fene,
ni fuil fo gre[i]n gil gan*m*igh
sil nach Laighnigh a n-Eri.

Nái mile dorochratar
i cath Uchbadh *co n*deni
do slogh Galian ger gartglan,
mor in martgal fer Féine.

[« Since the splendid battle of Uchbad, wherein there was a slaughter (?) of the men of the Féni, there is not under the bright ... sun the seed of any Leinsterman in Ireland »].
In the vehement battle of Uchbad there fell nine thousand of the keen generous Galians (Leinstermen) — great (was) the carnage (?) of the men of the Féni »].

Aedh Allan fei*n* dorone so:

I*n* t-Áed issi*n* uir 7rl.

[« Aed Allan himself made this: « The Aed in the mould, etc. »].
Sloigedh la Cathal m*ac* Findgaine co Laighniu, co ruc giallu o Bran Becc m*ac* Murchada 7 co ruc maine mora [« A hosting by Cathal, son of Findguine, to Leinster, and he took hostages from Bran the Little, son of Murchad, and also took great treasures »].

[AU. 738. AI. 727. FM. 734].

Kl. Ferg*us* Glut r*i* Coba, 7 is e bés donidh, seledha im*d*ha docum [leg. do chur?] asa bel, *con*idh dib fuair bass [« Fergus

The Annals of Tigernach Third Fragment.

Glut, king of Coba, and this was his practice, to put (?) poisonous spittles out of his mouth, so that of them he died [1] »].

Dormitacio (.i. collad) Samthain*d*e Cluana Bro*n*aig, 7 dor*m*itacio ma*i*c ma*i*c Mail aithgen, esp*uic* [« The falling asleep of Samthann of Clonbroney, and the falling asleep of the grandson of Mael-Aithgein, a bishop »].

Cuanu m*a*c m*ai*c Peasain, [« grandson of Besán] s*cr*iba Treoit, pausat [2].

Combustió [3] mun*t*eri Do*m*naill hi mBodbraith. Is and dotuit Ail*i*ll Brí Leith i*n* domo [4] c[a]en*a*e [« The burning of the family of Domnall in Bodbraith. 'Tis there fell Ailill of Brí Léith in the banqueting-house »].

Fland m*a*c Cell*aig,* m*ai*c Crundmail, esp*oc* Rec*h*rainne, *m*oritur. [« Flann, son of Cellach, son of Crundmail, bishop of Rechrann, dies »].

Tolarcan m*a*c Drostan, rex Athíotla, a bathadh la hAeng*us* [« Tolargan, son of Drostan, king of Athol, his drowning by Oengus »].

[AU. 739. FM. 735].

Kl. In clericat*um* Dom*n*all exit.

Guin F*o*rbu*s*aigh, m*ai*c Ail*e*llo, r*íg* Osraige [« The slaying of Forbasach, son of Ailill, king of Ossory »].

Gui*n* hú*i* Ail*e*llo, tigerna Cene[ói]l Fiachr*ach* [« The slaying of Húa Ailello, lord of Cenél Fiachrach »].

Bass Cellaigh m*a*ic Secdi .i. o Buide*m*naigh do Co*n*maicnib, ab Cluana m*ai*c Nois [« Death of Cellach, son of Secne, from Buidemnach of Conmacne, abbot of Clonmacnois »].

Dub da boirend ab Fabuir [« abbot of Fore »] *m*oritur.

Dormitacio s*a*n*c*ti Bra[i]n Lain*n*i hEala [« of Lann Ela »].

Fland Febla ab Gairt *C*on*a*igh [« abbot of Gort Conaig »] m*ortuus est*.

---

1. This obit is differently given in AU. 738: Ferghus Glutt, rex Cobho: sputis uenenatis maleficorum hominum obiit. And see FM. 734.
2. MS. pausad
3. Com*b*ustió
4. du*m*o

[AU. 740. FM. 736].

Kl. Bass Chondla Thefrha 7 Amalgaidh[1] maic Cathasaigh rig Conaille [« Death of Connla of Teffia and of Amalgad, son of Cathasach, king of Conaille »].

Guin Murchadha[2] maic Fergaile, maic Maile-duin. [« The slaying of Murchad son of Fergal, son of Muel-duin »].

Cath Chairnn Fearadaig, in quo cecidit Torcan Tiniréidh [« The battle of Carn Feradaig, wherein fell Torcán Tiniréid »].

[AU. 741. AI. 730. FM. 737].

Kl. Bass Airechtaigh maic Cuanach, abbad Fernann[3] [« The death of Airechtach, son of Cuanu, abbot of Ferns »].

Foirtbi Ceneoil Fiachach 7 Dealbna la hOsraige [« The smiting of the Cenél Fiachach and the Delbna by Ossory »].

Cathal mac Finguine, ri Muman, mortuus est, et Fland Feorna, ri Ciarraige [« Cathal, son of Finguine, king of Munster died, and Flann Feorna, king of Kerry »].

Bass da Chua maic Indaige ancarite [« Death of thy Cua, son of Indaige, an anchorite »].

Tachtad Conaing Craig maic Amalga[da], rig Cianachta la hAedh n-Allan [« The strangling of Conaing Crag (?), son of Amalgaid, king of Connaught, by Aed Allan »] in qua perit.

Guin Artrach maic Aithechtai, rig Húa Cremthaind [« The slaying of Artru, son of Aithechtae, king of the Húi Cremthainn »].

Guin Aeda, rig Ceniuil Cairpri a nGranard [« The slaying of Aed, king of Cenél Cairbri, in Granard »].

Bass Fir da crich, abadh Imléach 7 Leithglindi [« Death of Fer dá chrich, abbot of Emly and Leighlin »].

Bass Aeda Bailb, maic Indr[e]achtaigh, rig Con[n]acht. [« Death of Aed the Dumb, son of Indrechtach, king of Connaught »].

1. MS. amalgaigh
2. mc. orcadha
3. ab fernani

[AU. 742. AI. 731. FM. 738].

Kl. Mors Aitricci, banab Cille dara [« Death of Africc, abbess of Kildare »].

Cath Daim deirg a mBregaib, in quo ceciderunt Dungal mac Flaind, rí Fer cul, 7 Fergus mac Ostigh. INrechtach hua Conaing uictor erat [« The battle of Dam Derg in Bregia, wherein fell Dungal son of Flann, king of Fir-cul, and Fergus, son of Ostech. Indrechtach, grandson of Conaing, was victor »].

Cath Seredhmuige i Cenannus eter da Thefa, in quo ceciderunt Aedh Allan mac Fergaile, rí Erenn, 7 Cumascach mac Concobair, rí na n-Airrther, 7 Maenach mac Condalaigh, rí Húa Cremthaind. Muiredhach mac Fergusa Forcraidh rí Húa Turtri. Domnall mac Murchadha uictor erat [« The battle of Seredmag in Kells between the two Teffias, wherein fell Aed Allan, son of Fergal, king of Ireland, and Cumascach son of Conchobar, king of the Oriors, and Maenach, son of Condalach, king of the Húi Cremthainn, and Muredach, son of Fergus Forcraid, king of the Húi Turtri. Domnall, son of Murchad, was victor »].

Cat[h] Luirg iter Hú Ailello 7 Gailinga [« The battle of Lorg between the Húi Ailello and the Gaiienga »].

Haec .iiii. bella pene in una aestate perfecta sunt.

Lex Húi Suanaigh [« the Law of Suanach's grandson »].

Conchend ingen Cellaig Cualand [« Conchenn, daughter of Cellach of Cualu »] moritur.

Guin Duib Dothra ríg Húa mBriuin 7 Conmacne [« Slaying of Dub Dothra, king of the Húi Briuin and Conmacni » in marg. rí Brefne « king of Brefne »].

Afiath ab Muige bili [« Afiath, abbot of Movilla »].

Cath eter Húu Mane 7 Húu Fiachrach Aidne [« A battle between the Húi Mani and the Húi Fiachrach of Aidne »].

Bas Dlut[h]aig maic Fidhchellaig, ríg Húa Mane [« Death of Dluthacb, son of Fidchellach, king of Húi Mani »].

Com[m]otatio martirum Treno Cille Delge 7 in bolgach [« Translation of the relics of Trian of Cell Delge, and the bolgach « smallpox »].

Domnall regnaire incipit (in marg. rí Erenn «king of Ireland»).

[AU. 743. FM. 739].

Kl. Guin Laidgnen maic Donennaigh, ab Saighri [« The slaying of Laidgnen, son of Donennach, abbot of Saigir »].

Domnall in clericatum[1] iterum.

[fo. 14ᵃ 1] Guin Colmain, espuic L[e]ssain, la Huib Tuirtri [« The slaying of Colmán, bishop of Lissan, by the Húi Tuirtri »].

Cath Cliach in quo cecidit Concobar de Uib Fi[d]gente [« The battle of Cliu, wherein fell Conchobar of the Húi Fidgente »].

Bass Reachtabrad, maic Fergaile, do Connachtaib [« Death of Rechtabra, son of Fergal, of Connaught »].

Cath Aileoin da berrach, in quo cecidit Dub da dos mac Murgaile, de Uib Cellaig Cualand. Cathal 7 Ailill interfecti sunt [« The battle of Ailén dá berrach (« the isle of two heifers »), wherein fell Dub dá doss, son of Murgal, of the Húi Cellaig Cualann. Cathal and Ailill were slain »].

Fortbe Corcomruadh don Des [« The smiting of the Corcomruad by the Dési »].

Lex Ciarain filii[2] artif[i]cis et lex Brenaind simul la Fergus mac Cellaig, rig Con[n]acht [« The law of Ciaran mac in tsáir and the law of Brénand at the same time, (enforced) by Fergus, son of Cellach, king of Connaught »].

Bass Fergusa, maic Colmain Cutlaigh, sapientis [« Death of Fergus, son of Colmán Cutlach, a wise man »].

Aird[e] ingnadh tarfass a mBoirche in-aimsir Fiachna maic Aeda Roin, rig Ulad, 7 i n-aimsir Eachach maic Bresail rig O n-Eachach .i. mil mór rola in muir docum tire 7 tri fiacla oir ina chind 7 .l. uinge in gach fiacail dib, 7 rucadh fiacail dib co raibe for altoir Bennchair fri re ciana [« A strange sign was manifested in Boirche, in the time of Fiachna, son of Aed Ron, king of the Ulaid, and in the time of Eochaid, son of Bresal, king of the Húi Echach, to wit, a whale which the sea cast

1. MS. clericatom   2. fis.

to land with three golden teeth in its head and fifty ounces in each of these teeth; and one of the teeth was taken, and remained on the altar of Bennchor for a long time »].

[AU. 744. FM. 740].

Kl. IN [n]octe sign*um* horribile *et* miraibile uis*um est* in stellis [1].

Forandan ab Cluana hIraird [« abbot of Clonard »] obit, *et Con*gas ancorita[2] Cluana Tibrindi [« anchorite of Clontirrin »].

Cumaine h*úa* Maenaich, ab Laindi Leire, m*oritur* [« Cumaine, grandson of Maenach, abbot of Lann Leire (Dunleer), dies »].

Cath it*er* H*uu* T*uir*tri 7 na hAirrt*ber*a [« A battle between the Húi Tuirtri and the Oriors. »] Congal mac Eicnig uictor [3] fuit, *et* Cu congelt mac h*úi* Cathasaigh fugitiu*us*[4] euasit, *et* ce*cidit* Bochaill mac C*on*cobair *et* Ailill h*úa* Cathasaig. A n-Inis et*er* da Dabull [« In the Island between the two Dabulls »] gest*um est*.

Bass C*on*aill Foltchai*n* scribae [5] [« Death of Conall Fairhair, a scribe »].

Bass Cindfaeladh princi*pis* Cilli Cuilind [« Death of Cennfaelad, superior of Kilcullen »].

Mors fil*íi* in f*er*taigse, ab Tighe Telli [« Death of Mac ind fertaigse, abbot of Tehelly »].

[AU. 745. FM. 741].

Kl. Dormita*cio* Corma[i]c espuic Atha truim [« The falling asleep of Cormac, bishop of Áth Truimm (Trim) »] q*ui*.

Bás [B]eochaill Ardachaidh [6] [« Death of Beochall of Ardagh »].

Dracones in caelo uisi s*un*t.

1. MS. stellif
2. *con*gasan corita
3. uictur
4. fuigh*ius*
5. scribi
6. ardachaigh

Ar Húa mBriuin in desceirt la Fergus [« A slaughter of the Húi Briuin of the South by Fergus »].

Bass Mail anfaid[1] Cilli achaidh, drumfota [« Death of Maelanfaid of Killeigh »].

Fingal Lis moir [« Fingal of Lismore (died) »].

Bas Duib da boirend húi Beccain, ab Cluana hEois [« Death of Dub-da-boirenn, grandson of Beccan, abbot of Clones »].

Bass Aengusa maic Tipraite, ab Cluana fota Baetain aba, 7 Cialtrogh, ab Glaissi Naedhe[n], moritur [« Death of Oengus, son of Tipraite, abbot of Clonfad, and Cialtrog, abbot of Glasnevin, dies »].

Bass Sechnusaig maic Colgan[2], rig Hua Cendsilaig [« Death of Sechnusach son of Colgu, king of the Húi Cennselaig »].

Sarughudh Domnaigh Patraic .ui. cimidhi cruciati [« Desecration of Donaghpatrick, six prisoners tortured »].

Cath Ratha Cuili ria hAnmcadh, hi torchair Uargus mac Fiachrach enboth na nDesi i n-Aird maic Uidhir [« The battle of Ráith Cuile gained by Anmchad, wherein fell Uargus son of Fiachra..; of the Dési, in Ard maic Uidir »].

[AU. 746. FM. 742. AI. 733].

Kl. Mors Aibiel ab Imlecha Fia [« Death of Abel, abbot of Imbliuch Fia »].

Bass Muiredhaigh Find, rig Hua Meith, hi Cul Cumaisc, la hUlltu [« Death of Muredach the Fair, king of the Húi Meith, in Cúil Cumaisc, by the Ulaid »].

Cuan[an] Glinne, ab Muighe bile, moritur [« Cuanan of Glenn, abbot of Movilla, dies »].

Aedh Munderg, mac Flaithbertaigh, rí in Tuaisceirt, moritur [« Aed Redneck, son of Flaithbertach, king of the North, dies »].

Sechnusach mac Colgan, rí Laigen Desgabair [« king of Southern Leinster »], obit.

Cu cumine sapiens obit,

1. MS. anfaig
2. colgal

※. 5. for Fingal of Lismore (died) read The parricide of Lismore.
I was misled by O'Donovan, who, in the corresponding passage of the Annals of the Four Masters, takes fingal to be a proper name. But no such name ever existed save in Macpherson's Ossian, and here, as in Fingal na Fothad

The Annals of Tigernach. Third Fragment.

Ruman mac Colmáin, poeta optimus, quieuit.

Bass Sarain ab Bendchair [« Death of Saran, abbot of Bangor »].

Bass Aidnigh Basligi [« Death of Aidnech of Baslick »].

Cath Cairnn Ailche la Mumain, in quo cecidit Cairpre mac Condinisc [« Battle of Carn Ailche (fought) by Munster, wherein fell Cairbre, son of Cú-dinisc »].

Mors Tuathalain ab Cind-righ-monaidh [1] [« Death of Tuathalán, abbot of St Andrews »].

Guin Aedha Duib, maic Cathail [« The slaying of Aed the Black, son of Cathal »].

Dormitatio Comain releghiosi .i. in Rois, do Sogan dó [« The falling asleep of Coman the Pious, i. e. of the Ross: of the Sogan was he »].

Quies Fir [2] da chrich Dairindsi [« The rest of Fer dá chrích of Dairinis »].

Bass Rudhgaile do Laignib [« Death of Rudgal, of Leinster »].

Cath ria n-Anmchadh, i torchair Cairpre 7 Fergus 7 Caither mac Cumscraig, et .xui. reges [3] léo [« A battle gained by Anmchad, wherein fell Cairbre and Fergus and Caithier, son of Cumscrach, and sixteen kings with them »].

Badud Fiachrach maic Garbain Midhi il-Loch Ri[b] [« The drowning of Fiachra, son of Garbán, of Meath, in Lough Ree »].

[AU. 747. FM. 743].

Kl. Badhudh Arascaigh, ab Muicindsi Reghuile [« The drowning of Arascach, abbot of Riagail's Pig-island » — in Lough Derg].

Quies Cuain Caimb [4] sapientis [« The rest of Cuan Camb the sage »].

Nix insolite magnitudinis [5], ita ut pene pecora deleta sunt totius Hibernie, et postea insolita siccitate mundus exarsit [6].

---

1. MS. monaigh
2. fear
3. regis
4. caimper
5. magitutinis
6. mundi exersit

INrechtach h*ua* C*on*aing, ri Cian*acht*, [« king of the Cianacht »] m*oritur*.

Dor*mitatio* do Di*m*oc anchorite abb*ad* Cluana hIraird 7 Cilledara [« The falling asleep of thy Dimmóc, an anchorite, and abbot of Clonard and Kildare »].

Do-C*hum*mai sapi*entis* q*uies*.

Cobt[h]ach abb*as* Reclaindi [moritur « Cobthach, abbot of Rechrann, dies »].

Muireand, i*ngen* Chellaigh Cualand, regi*na* hIrgalaig, m*oritur* [« Muirenn, daughter of Cellach of Cualu and Irgalach's queen, dies »].

Occisio Congail [fo. 14ª 2] m*a*ic Ecnigh, r*í*g na n-Airr*ther* i Raith Esclai la Donn bó m*ac* Co*n* Breatan [« The slaying of Congal, son of Ecnech, king of the Oriors, in Ráith Esclai, by Donn-bó, son of Cú-Bretan »].

Lex H*úi* Suanaigh, *for* Leath Cuind [« the Law of Húa Suanaig over Conn's Half, » i. e. the northern half of Ireland].

Fland F*or*bthe m*ac* Fog*ur*taigh [7] Cuan ancorita o Lilchach m*oriuntur* [« Flann the Perfect, son of Fogartach, and Cuan the anchorite of Lilcach, die »].

IMairec Atha H*úa* Fiach[rach], ár Laigen sit¹ [« The combat of the Ford of the Húi Fiachrach. A slaughter of Leinstermen there »].

Naues i*n* [a]ere uise s*un*t c*um* uiris suis².

[AU. 748. FM. 744].

K. Iugulatio³ Cathasaig m*a*ic Ailello r*í*g Cruithne, hi Raith Betheach [« Murder of Cathasach, son of Ailill, king of the Picts (of Ulaid) in Ráith Bethech »].

Mors Bresail m*a*ic Colgan, ab Fernann⁴ [« Death of Bresal, son of Colgu, abbot of Ferns »].

Bass Ail*ello* h*u*i Dai*m*ine, r*í*g H*úa* Maine [« Death of Ailill, grandson of Daimine, king of the Húi Maini »].

1. MS. arlaigensit
2. *cum*uris iss.
3. Iugal.
4. fernani

The Annals of Tigernach. Third Fragment. 251

Combustio Cluana ferta Brenaind [« Burning of S. Brénainn's Clonfert »].

Mors Condmuigh maic Naenenaigh [« Death of Conmach, son of Naenenach »].

Cath Arda Cianachta, in quo cecidit Ailill mac Duib da crich, óa Chind faeladh, in quo cecidit Domnall filius Cinadon i frithguin catha, id est rex qui uicit prius. Dungal mac Amalgaidh uictor erat [« The battle of Ard Cianachta, wherein fell Ailill, son of Dub dá chrich and grandson of Cenn-faelad, wherein also fell, in the counterstroke of battle, Domnall, son of Cinad, the king who at first was victorious. Dungal, son of Amalgad was conqueror »].

Cairpre mac Murchadha Midhi moritur, et Becc Baile mac Eachach, 7 Liber ab Muige bili [« Cairbre, son of Murchad of Meath, dies, and Becc Baile, son of Eochaid, and Liber abbot of Movilla »], et uentus maghnus.

Demersi[o] famil[i]e Íae.

Mors Conaill ab Tuama Grene [« Death of Conall, abbot of Tomgraney »].

Mors sapientis, de Ceneul[1] Cairpri .i. mac Cuanach. [« Death of a sage, one of the Kindred of Cairbre, namely Mac Cuanach »].

Mors Segen[i] Claraig [« Death of Segéne of Clarach »].

[AU. 749. FM. 745].

Kl. Combustió Fabair et combustio Domnaig Patraic.

Bass Suairlig espuic Fabair [« Death of Suairlech, bishop of Fore »]. Quies Congusa espuic Aird Macha [« Rest of Congus, bishop of Armagh »].

Cath eter Pictones et Britones, i testa Tolargan mac Fergusa 7 a brathair, 7 ár Picardach imaille friss [« A battle between Picts and Britons, wherein Tolargan, son of Fergus, and his brother perished, and together with him a slaughter of the Picts »].

1. MS. nenul

211

Cathal Maenmuige, rí O Maine, moritur [« Cathal of Maenmag, king of the Húi Maini, dies »].

Mors Duib da lethe na graifne, ab Cilli Sciri [« Death of Dub dá lethe of the writing, abbot of Kilskeery »].

Blathmac mac Coibdenaigh, rí Muscraighi[1], (« Blathmac, son of Coibdenach, king of Muskerry »] mortuus est.

Mac Nemnailli ab Biror [« abbot of Birr »] moritur.

Mors Duib da boirenn rig Hua Fi[d]gennti, 7 Anmcadha, rig Hua Liathain. [« Death of Dub da boirenn, king of the Húi Fidgenti, and of Anmchad, king of the Húi Liatháin »].

IMairec Indsi snaic ria n-Anmchadh mac Con-cerca [« The combat of Inishnag, gained by Anmchad, son of Cú cerca »].

[AU. 750. FM. 746. AI. 739].

Kl. Cuanghus ab Léith[móir] moritur [« Cuangus, abbot of Liath mór, dies »].

Fland húa Conghaile, rí Húa Failge [« king of Offaly »] moritur.

Losclaig[d]e sapiens moritur.

Fergus mac Fogartaig, rí Desceirt Breagh, moritur [« Fergus son of Fogartach, king of the South of Bregia, dies »].

Combustio Lethairle Cluana hIraird in uellenio [« The burning of Lethairle (?) of Clonard in a bathroom »].

Mors Eachach Cilli Tomai [« Death of Eochaid of Kiltoom »].

Mors Céle du-L[as]si ó Daiminis [« Death of Céle du-Lassi (= Mo-Lassi) of Devenish »].

Mors Colma[i]n na m-Bretan, maic Faelain, ab Slaine, 7 Bran mac Duib sleibi, ab Cluana Eóiss [« Death of Colmán of the Britons, son of Faelán, abbot of Slane, and Bran, son of Dub sléibe, abbot of Clones »].

Mors Furso, abbad Lecne Midhi, 7 Maele imarchuir, espuic Eachdroma [« Death of Fursu, abbot of Lecan of Meath, and of Mael-imarchuir, bishop of Aughrim »].

Bás Muirghiusa maic Fergusa, rig na nDeise, 7 mac Lui-

---

1. MS. muscraidhi

The Annals of Tigernach. Third Fragment.

ghedh Lismoir, 7 Fland Fortri rí Corco Láidhi [« Death of Muirgius, son of Fergus, king of the Dési, and Mac Luiged of Lismore and Fland Fortri, king of Corco Láigde »].

[AU. 751. FM. 747].

Kl. Mors Cilline droic[h]tigh ancoritae Iae [« Death of Cilline the pontifex (abbot) and anchorite of Iona »].

Taudar mac Bile, rí Alo cluaide.[1]. Cathal mac Forandáin, abb Chille dara; Cumine hua Becce, religiossus Eco, mortui[2] sunt [« Teudubr, son of Beli, king of Ail Cluade (Dumbarton), Cathal, son of Forannán, abbot of Kildare, Cummine grandson of Becc, the religious one of Eig, died »].

Cath Asreith [« The battle of Asreth (?) in terra Circin inter Pictones inuicem, in quo cecidit Bruidhi mac Maelchon.

Mors Dicolla maic Menaidhi, ab Indsi Muredhuigh [« Death of Dicuill (Dicolla ?) son of Menaide, abbot of Inishmurray »].

Mors Fiachna búi maic Niadh, abb Cluana ferta Brenaind [« Death of Fiachna, grandson of Mac Niad, and abbot of S. Brénann's Clonfert »].

Flaithbertach mac Conaill Mind, rí Cenéoil Cairpri, moritur [« Flaithbertach, son of Conall Menn, king of the Kindred of Cairbre, dies »].

INdrachtach mac Muredaigh Mind [« son of Muredach Menn »] moritur.

Foidmend mac Fallomain, rí Conaille Murtemne [« king of Conaille Murthemne »] moritur[3].

Bass Cilline maic Congaile i n-Hi [« Death of Cilline, son of Congal, in Iona »].

Conaing hua Duibduin, rí Cairpri Teftha, moritur [« Conaing, grandson of Dub-duin, king of the Cairbri of Teffia, dies »].

Bass Maile tuile, ab Thire da glas [« Death of Mael-tuile, abbot of Terryglass »].

Mors Osbrain ancorite 7 espuic Cluana Crema[4] [« Death of Osbran, an anchorite and bishop of Clooncraff »].

1. MS. alochlandaid
2. morte
3. .i.
4. creman

213

Mors Rechtabrat[1] húi Guaire, ab Tuama Grene [« Death of Rechtabra, grandson of Guare, abbot of Tomgraney »].

Fland mac Cellaigh, rí Muscraigi[2], moritur [« Fland, son of Cellach, king of Muskerry, dies »].

[AU. 752 (recte 753). FM. 748. AI. 740].

Kl. Sol tenebrosus.

Dormitatio Maccoicedh, ab[bad] Lismoir [« The falling asleep of Maccoigi, abbot of Lismore »].

Quies [Lucrid] de Corcelig [sic : leg. Corcoláigde?] ab Cluana maic Nois [« Rest of Lucrid of... abbot of Clonmacnois »].

Lex Colaim cilli la Domnall Midhi [« Colomb cille's « law » (enforced) by Domnall of Meath »].

Mors Cellaigh, ab Cluana ferta Brénaind. Mors Scandláin Duin lethglaissi. Mors moBai. Mors Firblai maic Uargusa sapientis [« Death of Cellach, abbot of Clonfert. Death of Scandlán of Down. Death of my Bai. Death of Ferblai, son of Uargus, a sage »].

Interfec[t]io húa [n]Ailello la Gregraighe[3] [« The slaying of the Húi Ailello by the Gregraige »].

Mors Scandlaige[4] Cluana Boirend. Mors Fursu Eassa mac n-Eirc [« Death of Scandlach of Cloonburren. Death of Fursu, of Ess mac n-Eirc (Assylin) »].

Guin Tomaltaigh maic Maile tuile [« the slaying of Tomaltach, son of Mael-tuile »].

Ár Fothart [« Slaughter of the Fothairt »].

Dath fola forsin esca isin bliadainse [« The colour of blood upon the moon in this year »].

[AU. 753. AI. 741. FM. 749].

Kl. Fland mac Concobair, rí Muighe hÁei, mortuus est [« Fland, son of Conchobar, king of Mag Aei, died »].

1. MS. rechtabrad
2. muscraidi
3. gregraidhe
4. scandlaine

The Annals of Tigernach. Third Fragment.

Mors Tuathlaithi filie Cathail, regine Laginor*um* [1].
Loingseach [fo. 14^b 1] m*a*c Flaithbertaigh, r*i* Ceneoil Conaill [« Loingsech, son of Flaithbertach, king of the Kindred of Conall »] mortuus est.
Sleibine ab Iae [« abbot of Iona »] in Hiberniam uenit.
Quies Cerbain Daimliag [« Rest of Cerbán of Duleek »].
Foirtbe Fothair[t] Fedha la hOsraighi [2] [« Devastation of the Fothart Fea by the Ossorians »].
Cath Aird Naiscin et*er* H*uu* mBriuin 7 Cenel Coirp*ri* [« The battle of Ardneeskan between the Hui Briuin and the Kindred of Cairbre »] in quo ceciderunt multi [3].
Mors Abiel Atha omnae [« Death of Abel of Áth Omnai »].
Cath et*er* H*uu* T*uir*t*ri* inuicem [4] [« A battle among the Hui Tuirtri between each other »].
Fergus Rod mac Cellaig, r*i* Con[n]acht, regn*auit* [« Fergus Rod, son of Cellach, king of Connaught, began to reign »].

[AU. 754. AI. 742. FM. 750].

Kl. Flaithniadh m*a*c Tnuthaigh, r*i* H*ua* Meith, moritur [« Flaithnia, son of Tnuthach, king of Húi the Meith, dies »].
Combustio Cluana maic Nois in .xii. kl. Aprilis [« Burning of Clonmacnois on the 21st March »].
Mors Fiachrach Mairt*ir*[th]aige [« Death of Fiachra of Martur-thech « relic-house »].
Felcmaire mac Comgaill, Tuathal mac Diarmata, sapiens, Daelgh*us* ab Cilli Scire mort*ui* sunt. [« F. son of Comgell, T. son of Diarmait, a sage, and D., abbot of Kilskeery, died »].
INdrachtach m*a*c Dluthaig, r*i* H*ua* Maine Con[n]acht [« Indrachtach son of Dluthach, king of the Húi Maini of Connaught »] moritur.
Flaithnia mac Flaind h*ui* Conchobair, r*i* H*ua* Failge, [« Flaithnia, son of Fland Hua Conchobair, king of Offaly »] [Fiangalach, mac Anmchada,] maic Maile Curaig [5], ab Indsi bó

1. MS. leginor*um*
2. hosraidhi
3. cecinderant muilti
4. inuictem
5. cuaraig

215

finde for Loch Ri, [« Fiangalach, son of Anmchad, son of Mael Curaig, abbot of Inis bó finde on Loch Ri »] Mac Roncon do Cenel Cairpri [« of the Kindred of Cairbre »], Snetcest ab Naendroma [« abbot of Noendruim »] mortui sunt.

Quies Fidhmaine húi Suanaig.

Cath Chind abrad, hi torcair Badbcadh mac Fergaile [« the battle of Cenn abrat, wherein fell Badbchad, son of Fergal »].

Loscodh Cluana maic Nois in .xii. kl. Aprilis [« Burning of Clonmacnois on the 21st March »].

[AU. 755. AI. 743. FM. 751].

Kl. Combustio Benncair moir [« Burning of Bangor the Great »] in feria Patrici.

Feargus mac Cellaig, ri Con[n]acht [« king of Connaught »] moritur.

Aelgal ancorita[1] Cluana [« of Clonmacnois »], Cormac mac Faelan húa Silne, Forandan espoc Met[h]uis Truim [« bishop of Methus Truim »], Baethgalach mac Colmain húa Suibne, ab Átha Truim [« abbot of Trim »] mortui sunt.

Sluaighedh Laigen la Domnall mac Murchadha fri Niall, co mbatar a Muigh Murtemne. [« An expedition of the Leinstermen led by Domnall son of Murchad against the Húi Néill, so that they were in Mag Murthemne »].

Naufragium[2] Delbna for Loch Ri ima taissech .i. Dimusach [« Shipwreck of the Delbna on Lough Ree, together with their chief, Dimmusach »].

Cath Belaigh Chró ria Crimthand for Delbna Húa Maine, ubi Find mac Airb ri Delbna, cecidit o Tipraite Find, 7 ár Delbna uime, 7 is de sin ata Lochan Belaigh Cró 7 Tipra Find. [« The battle of Belach Cró gained by Crimthann over the Delbna of Húi Maini, wherein Find, son of Arb, king of the Delbna, fell by Tipraite Find, and a slaughter of the Delbna including him. And hence are (the place-names) Lochán Belaig

---

1. MS. incorita   2. Nafraigem

Cró « the Lakelet of the Pass of Gore » and *Tipra Find* [« Find's Well »].

Cath Gronnae[1] [Magnae] .i. mona moire, in quo Cenel Cairpri prostratum est [« The battle of Gronna Magna, that is, the Great Bog — *móin mór* — wherein the Kindred of Cairbre were overthrown »].

[AI. 756. AI. 744. FM. 752].

Kl. Quies Fidhmuine ancorite Rathain Húi Suanaigh [« Rest of Findmuine, anchorite of Húa Súanaig's Rahen »].

Édalbald[2] rí Saxan [« Æthelbald, king of the Saxons, »] *mortuus est*.

Combustió Cille moire dithrib hó Uib Crimthaind [« The burning of Cell mór dithrib « the great church of the desert » (now Kilmore) by the Húi Crimthainn »].

Mors Finnchon[3], ab Lismoir [« Death of Finnchu, abbot of Lismore »].

Cath Chind Febrat eter Mumunenses[4] inuicem, in quo cecidit Bodbgal princeps[5] Mungairit [« The battle of Cenn Febrat among the Munstermen between each other, wherein fell Bodbgal, abbot of Mungret »].

Occissió Cumascaigh[6], rig Hua Failge. Mael duin, mac Aeda Bennan, rí Muman. uictor fuit. [« The slaying of Cumascach, king of Offaly (in a battle in which) Maelduin, son of Aed Bennan (and) king of Munster, was victor »].

Quies Siadhail Lindi Duachaill [« The rest of Siadal of Linn Duachail »].

Guin Duinn maic Cumascaigh, ríg Húa mBriuin in desceirt [« The slaying of Donn, son of Cumascach, king of the Húi Briuin of the South »].

Lex Colu[i]m cille la Slebine [« Columb cille's « law » enforced by Slébíne » (abbot of Iona)].

---

1. MS. *graindi*
2. Edabard
3. sincon
4. mumuinensis
5. princips
6. cumascaidh

[AU. 757. FM. 753].

Kl. Niallgus mac Baith, ri na nDessi Bregh; [Muredach mac Cormaic] Slane, ab Lughmuidh. Cathal húa Cinaedha, rí Húa Cendsilaigh; Elpine Glaisi Naidin; Fidbadach Chille delge *mortui sunt*. [« Niallgus son of Báeth, king of the Desies of Bregia; Muredach, son of Cormac of Slane, abbot of Louth; Cathal, grandson of Cinaed, king of the Húi Cennselaig; Elpine of Glasnevin and Fidbadach of Cell delge, died »].

Reuersio Slebine in Ibernia[m].

Martha filia Maic Dubain, dominatrix Cille dara, obit. [« Martha, daughter of Mac Dubain, abbess of Kildare, dies »].

Cath Droma Robuigh eter Húu Fiachrach, 7 Húu Briuin, in quo ceciderunt Tadhg mac Murdebair 7 tri hui Cellaigh .i. Cat[h]arnach, Cathmug, Ardbrand [leg. Artbran?]. Ailill húa Duncadha uictor fuit. [« Battle of Druim Robaig, between the Húi Fiachrach and the Húi Briuin, wherein fell Fadg, son of Murdebar, and three grandsons of Cellach, that is, Catharnach (Cathrannach?), Cathmug and Artbran. Ailill, grandson of Dunchad, was victor »].

Muiredhach mac maic Muirchertaigh, rí Laigen, [« M., grandson of Muirchertach and king of Leinster »] mortuus est.

Gorman comurba Mochta Lugbaidh .i. athair Torbaig[1] comurba Patraig, isse robai bliadain for usci thibrat Fingen a Cluain maic Nois, 7 adbath a n-ailithri i Cluain. [« Gorman, successor of S. Mochta of Louth, and father of Torbach a successor of S. Patrick. 'Tis he that lived for a year on the water of Fingen's well in Clonmacnois, and died in pilgrimage at Cluain »].

[AU. 758. AI. 746. FM. 754].

Kl. Eochaid mac Conaill Mind, ab Fobren; Domnall mac Aedha Laigen; Eochaidh[2] [mac] Fiachrach sapiens *mortui sunt* [« Eochaid, son of Conall Menn, abbot of Fobren, Dom-

---

1. MS. torbaid   2. Eochaigh

nall son of Aed of Leinster, and Eochaid, son of Fiachra, a sage, died »].

Cath Eamna Macha eter Ulltu 7 Húu Neill in desceirt [« The battle of Emain Macha between the Ulaid and the Húi Néill »] cogente Airechtach sacerdote [1] Aird Macha per discordiam ad abbatem Fer da crich, ubi Dungal hua Conaing et Dond-bo interfecti sunt. Fiachna mac Aeda Roin uictor fuit.

Guin Rechtabrad maic Dunchon, ríg Mu[g]dhorn [« The slaying of Rechtabra, son of Dunchu, king of the Mugdoirn »].

Dub druman ab Tuilen [« abbot of Duláne »] [fo. 14ᵇ 2] mortuus [est.]

Beand Muilt [« The Wether's Peak »] effudit [2] amnem cum pi[s]cibus.

Cath [Gabrain] re n-Anmchadh for Laignib [« The battle of Gowran gained by Anmchad over Leinster »].

Aengus rí Alban [« Oengus, king of Scotland »] moritur. In marg. rí Alban.

Mors Coisetaig, ab Lugbaidh [« Death of Coisetach, abbot of Louth »].

[AU. 759. FM. 755].

Kl. Muiredhach mac Murchadha, húa Bruin, rí Laigen [« Muiredach, son of Murchad (and) grandson of Bran, king of Leinster »] mortuus est.

Fames 7 mes mor sa bliadain sin [« and a great crop of acorns in this year »].

Mors Concobair húi Taidhg Temin 7 C[on]ait, ab Lis moir 7 Falartach mac Bricc ancorita [3]. Suairleach ab Benncair, Ailgino mac Gnai, secundus abbas Cluana hIraird, mortui sunt.

Cath eter muntir Cluana 7 muintir Biror im-Moin coisse Blái [« A battle between the community of Clonmacnois and the community of Birr, in Móin coisse Blái » (the Bog at foot of (the river) Blái)].

Occisio Eachthigirn espuic a sacerdote [4] ac altoir Brighde. Is ássin connach denand sacart aiffrind in conspectu episcobi o sin

---

1. MS. Cogenti airecthach saserdote
2. efuit
3. incorita
4. sarserdota, the first r cancelled

ille a Cill dara [« The slaying of Echthigern a bishop, by a priest at Brigit's altar. Hence from that time forward no priest performs mass at Kildare in the presence of a bishop »].

Fland mac Eirc, rí Húa Fidgente, moritur [« Fland, son of Erc, king of the Húi Fidgenti, dies »].

[AU. 760. FM. 756].

Kl. Findachta, mac Fogartaigh, húa Cernaig, moritur [« Findachta, son of Fogartach, (and) grandson of Cernach, dies »].

Cath Atha duma iter Ulltu 7 húiu Eachach, in quo cecidit Ailill mac Fedlemtho [« Battle of Áth duma between the Ulaid and the Húi Echach, wherein fell Ailill, son of Fedlimid »].

Cath Belaig Gabrain iter Laigniu 7 Osraighe, cor muid¹ ria mac Concerca, in quo cecidit Dungal mac Laidhgnen, rí Húa Cendsilaig, et alii [« Battle of Belach Gabrain (Gowran) between the men of Leinster and Ossory, and Cú-cerca's son had the victory, and therein fell Dungal son of Laidgnen, king of the Húi Cennselaig, and others »].

Aengus mac Fergusa, rex² Pictorum, moritur.

Mors Domnaill maic Muirchertaigh, ríg Húa Neill, [« Death of Domnall, son of Muirchertach, king of the Húi Neill »] 7 Dubluighe maic Ledhaidich.

[AU. 761. FM. 757].

Kl. Nix maghna et luna tenebrosa.

Occisio Eachtigirn episcobi a sacerdote³ a nderthaigh Cilli dara [« in the oratory of Kildare »].

Quies Cormaic ab Cluana maic Nois, 7 do Síl Cairpri do [« Rest of Cormac, abbot of Clonmacnois, and of the Race of Cairbre was he »].

1. MS. muig
2. regis
3. sarserdote

The Annals of Tigernach. Third Fragment.

Nox lucida[1] [in autumno].

Cath Cailli Tuidhbic [« The battle of Caill Tuidbic »], uibi Luighne *prostrati sunt*. Gen*us* Cairp*ri* uictoriam accepit.

Fer-fio fi*lius* Fairbri [leg. Faibri ?] saipiens, ab Co*m*raire Midhi, [« abbot of Comrar of Meath (Conry) »] obit.

Cath Sleibe truim [« The battle of Sliab Truim »].

Robartach p*ri*nceps Athnae [« abbot of Fahan »] moritur.

Fógartach r*í* Ele [« king of the Eli »] moritur.

Suibne ab Cluana ferta Br*é*naind [« abbot of S. Brénann's Clonfert »].

[AU. 762. AI. 750. FM. 758].

K. Domnall mac Murchada r*í* Te*m*rach .i. c*é*tr*í* Er*e*nn do cla*i*nd Floind [leg. Colmáin] in .xii. kl. Deci*m*bris *m*oritur [« Domnall, son of Murchad, king of Tara, the first king of Ireland of the Clan Colmáin, dies on the 20th November »].

Mors Becc-laitne, ab [Cluana hIraird], 7 Faelchu Find-glaise 7 Fidairle h*úa* Suanaig, ab Rathain, mortui sunt [« Death of Becc-laitne of Clonard, and Faelchu of Finglas and Fidairle, grandson of Suanach, abbot of Rahan, died »].

Mors Reodaide ab Ferna [« abbot of Ferns »].

Mors Anfadai*n*[2] ab Linde Duachaill [« abbot of Linn Duachaill »].

Sol tenebrosus[3] in hora .iii. d[i]ei.

Straighes Cuilnighe moire [« of Cuilnech Mór »] uibi Con*n*ach*t*[a] *prostrati sunt*.

Cath eter H*ii*u Fidgen*n*te 7 Corcomruadh 7 Corcobaiscind [« A battle betwen the Húi Fidgenti and the Corcomruad and the Corcobaiscinn »].

Bruidhi r*í* Fortrenn[4] mortuus est.

Niall Frossach [in marg. r*í* Er*e*nn « king of Ireland »] regnare incipit.

---

1. MS. nix luicita
2. fernadai*n*
3. Soltene brass*us*
4. fortchern*n*

[AU. 763. FM. 759].

Kl. Nix magna :iii. fere mensibus.
Quies Ronain, ab Cluana maic Nois, do Luaignib do [« Rest of Ronán, abbot of Clonmacnois. Of the Luaigni was he »].
Cormac mac Ailello, ab Mainistreach Buite [« abbot of Monasterboice »] moritur.
Cath Argamain[1] iter familiam Cluana maic Nois 7 Durmuig, ubi cecidit Diarmuit mac Domnuill [« The battle of Argaman between the community of Clonmacnois and that of Durrow, wherein fell Diarmait, son of Domnall », and Diglach, son of Dubless, and 200 men of the community of Durrow »].
Siccita[s] maghna ultra modum.
Ailill Medraighe, mac Dunchadha, ri Connacht [« king of Connaught »] mortuus est.
Scandlan Femin, mac Aedgaile [« S. of Femen, son of Aedgal »] moritur.
Domnit mac Duenge pausat.
Sruth (?) fola [« a flux of blood »] in tota Ibernia.
Cath Duin bile le Donnchadh mac Domnaill for Firu Tulach [« The battle of Dún bili gained by Donnchad, son of Domnall, over the Fir Tulach »].
Murchadh mac Indrachtaig 7 Murc[h]ad mac Murchataigh la Condachtaib moritur [« is killed by the Connaughtmen »].
Moll ri Saxan [« king of the Saxons »] clericus eficitur.

[AU. 764. AI. 752. FM. 760].

Kl. IN[n]octe signum horribile et mirabile[2] in stellis uisum est.
Flaithbertach mac Loingsig, ri Temrach [« king of Tara »] in cler[i]catu.
Quies Tola Aird Breccain [« of Ardbrackan »].

---

1 MS. Cathargain   2. 7 murabili

Guin tSuibne maic Becce [« The slaying of Suibne, son of Becc »] a suis sociis dolose.

Guin tSuibne maic Murchada [« the slaying of Suibne son of Murchad »] cum duobus filiis suis.

Cath Chairn Fiachach iter da mac Domnaill .i. Dunchad 7 Murchad. Fallamuin mac Concoingelt la Dunchad. Ailgel rig Tebtha la Murchad. In bello cecidit[1] Murcadh. Ailgel in fugam[2] uers[us] est [« The battle of Carn Fiachach between Domnall's two sons, namely Dunchad and Murchad, Fallamuin, son of Cú coingelt, with Dunchad. Ailgel, king of Teffia, with Murchad. In the battle Murchad fell and Ailgel was put to flight »].

Folachtach ab Biror [« abbot of Birr »] mortuus est.

Loarn ab Cluana Irairó [« abbot of Clonard »] quieuit.

Cellbil Cluana Bronaigh [« of Clonbroney »] quieuit.

Defectio panis.

Dungalach, ri Húa Liathain [« king of the Húi Liathain »] 7 Uargal ri Conaille [« king of Conaille »] mortui sunt.

[AU. 765. AI. 753. FM. 761].

Kl. Quies Crimthainn, ab Cluana ferta Brénainn [« Rest of Crimthann, abbot of S. Brénann's Clonfert »].

Guin Fallomain maic Concongelt, rig Midhi, dolose [« the slaying, treacherously, of Falloman, son of Cú-congelt, king of Meath »].

Cath Sruthra eter Húu Briuin 7 Conmacne [« A battle between the Húi Briuin and the Conmacne »].

Desunt folia aliquot.

(*A suivre.*)   Whitley STOKES.

---

1. MS. cecitit   2. fughom

PP. NOTES

39

RASSINA ? ETRUSCANS 5

155 GOTHS/ ARIAN/
190 OSWY